Droit du travail
aux concours

COLLECTION MAJOR

DIRIGÉE PAR PASCAL GAUCHON

CODIRIGÉE PAR CHRISTIAN LÉPAGNOT

Droit du travail aux concours

par

Delphine Beloucif

Docteur en droit.
Avocat à la Cour,
Aix-en-Provence

Presses Universitaires de France

ISBN 978-2-13-056468-3
Dépôt légal — 1re édition : 2009, janvier

6, avenue Reille, 75014 Paris

Sommaire

TITRE II
LE LICENCIEMENT

TITRE III
LES CONDITIONS DE TRAVAIL

TITRE IV
LES CONTRATS SPÉCIAUX

TITRE V
LES RELATIONS COLLECTIVES DE TRAVAIL

Introduction

Le travail a une « signification humaine »[1]. Le travail renvoie à l'image de soi dans la société. Grâce au travail, la personne gagne en bien-être psychologique, elle acquiert « des rôles sociaux valorisés, exerce ses compétences, développe un réseau de support social »[2]. Depuis l'ère moderne, le travail se traduit en termes de performance, il occupe une place centrale dans l'estime de soi. « Par-delà les gains matériels intrinsèques, le travail représente une source intrinsèque de profits psychologiques »[3], le travail est une force structurante de la vie sociale[4]. Le travail participe à l'équilibre de l'individu, à sa « normalité » dans la société. Ainsi, quand il est demandé à Freud : « Qu'est-ce qu'un être normal ? »[5], il répond : « Être normal, c'est aimer et travailler. » Le travail, outre sa fonction manifeste (apporter un revenu), remplit cinq fonctions indispensables : « Il impose une structure temporelle à la vie ; il crée des contacts sociaux en dehors de la famille ; il donne des buts dépassant les visées propres ; il définit l'identité sociale et il force à l'action. »[6] S'interrogeant sur le point de savoir si, dans leur perception du travail, les Européens mettent plus ou moins en avant l'une des trois dimensions du travail que sont l'effort, les avantages concrets ou la réalisation personnelle, Hélène Riffault et Jean-François Tchernia concluent : « Si l'exercice d'un travail a longtemps été un signe d'appartenance sociale, en même temps qu'un devoir moral, il semble qu'aujourd'hui les Européens tendent à le considérer avant tout comme un moyen d'expression de leurs potentialités et comme une voie de réalisation personnelle (...). Le travail tend aujourd'hui à être davantage chargé d'attentes relatives à la réalisation personnelle, et moins ressenti comme une norme sociale que ce n'était le cas il y a vingt ans. »[7]

1. R. Fargeas, « Un responsable d'entreprise », *Projet,* 1976, n° 108, p. 74.
2. G. N. Fischer, *Traité de psychologie de la santé,* Paris, Dunod, 2002, p. 513.
3. *Ibid.*
4. M. (de) Coster, F. Pichault, *Traité de sociologie du travail,* Bruxelles, De Boeck Université, coll. « Ouvertures sociologiques », 2e éd., 1988, p. 63.
5. Pour Freud, la « normalité » est la capacité à être heureux.
6. M. Jahoda, « L'homme a-t-il besoin de travail ? », 1984, *in* F. Niess, *Leben wir zum arbeiten ? Die Arbeitswelt im Umbruch,* Köln, 1984.
7. H. Riffault, J.-F. Tchernia, « Les Européens et le travail, un rapport plus personnel », *Futuribles*, juillet-août 2002, n° 277, p. 77.

Ainsi, le travail est un facteur d'épanouissement de la personne. Mais il peut également être le vecteur de souffrances, de conflits et d'inégalités. Le droit du travail a alors pour fonction de protéger les travailleurs. Le droit du travail désigne l'ensemble des règles qui gouvernent le travail effectué dans un rapport d'inégalité, c'est-à-dire le travail salarié. L'inégalité est au cœur des relations de travail : le travailleur salarié est globalement dans une situation de dépendance économique et culturelle par rapport à son employeur.

Le droit du travail peut être considéré comme appartenant au droit privé et au droit public. Les relations de travail sont soumises au droit privé et notamment au droit des obligations. Le droit du travail est également relié au droit public en raison de l'intervention directe de l'État : ce dernier veille à l'application des règles de droit du travail. Il est également lié au droit de la Sécurité sociale dans la mesure où tous les deux partagent le même objectif : la protection du salarié. Le droit de la Sécurité sociale assure la protection des individus contre les risques auxquels ils sont exposés, notamment durant la vie professionnelle. Ces deux matières constituent le droit social. Le droit du travail offre au salarié une protection minimale obligatoire à travers un certain nombre de dispositions sur le salaire, le temps de travail, les congés, l'hygiène et la sécurité... Mais il a également pour objet de favoriser le dialogue entre les partenaires sociaux et de résoudre les conflits individuels ou collectifs. Le droit du travail s'est enrichi tout au long de l'histoire (I) tout en marquant son originalité à travers ses nombreuses sources (II).

I. L'histoire du droit du travail

1. De la naissance au Second Empire

Le droit du travail est né au moment des premières immixtions de l'État dans la définition des conditions d'exécution du travail subordonné, c'est-à-dire vers 1840. Avant la Révolution de 1789, il n'existait pas de règles régissant les rapports de travail. Les relations de travail relèvent essentiellement de la liberté contractuelle à l'exception du droit particulier des manufactures et la police des activités professionnelles. L'organisation corporative des métiers et jurés et des métiers libres coexiste avec le travail agricole, celui des manufactures et de la domesticité. La corporation est apparue vers le XVIIe siècle et regroupe dans un même secteur géographique l'ensemble de personnes qui ont une activité de commerce ou un métier identique. Ces statuts déterminent les conditions de travail des compagnons qui sont sous la subordination des maîtres. Le compagnon doit signer un contrat avec le maître qui définit la durée de sa tâche et le mode de sa rémunération. Le statut lui est alors applicable. Ce statut n'a pas pour objet d'assurer la protection du compagnon : celui-ci bénéficie du monopole d'embauche mais il ne peut pas refuser le travail. Les compagnonnages ont existé jusqu'en 1791. La Révolution a remis en cause les fondements de l'Ancien Régime et supprimé l'ordre corporatif[1]. La liberté du travail est alors proclamée. Mais les coalitions sont interdites[2]. Sous l'influence du libéralisme, le rapport de travail est assimilé au louage d'ouvrage régi par le Code Napoléon. Ce contrat est réglementé : les engagements pour la vie sont interdits, les règles de preuve de paiement du salaire sont favorables aux patrons. Il n'existe que quelques dispositions qui réglementent le travail au sein des manufactures[3].

2. La création du Code du travail

Les premières interventions de l'État se fondent sous l'influence des doctrines sociales. En 1868, l'État offre aux organisations syndicales ouvrières la tolérance de fait dont jouissent les chambres syndicales patronales. La loi du 22 mars 1841 réduit la durée du travail des enfants dans les manufactures. À partir de 1848, plusieurs textes se succèdent avec l'avènement de la République : la liberté du travail est proclamée, une commission du gouvernement pour les travailleurs est créée (commission Luxembourg) et le marchandage est aboli. Ces dispositions n'ont cependant pas été appliquées et ont même été remises en cause avec l'échec de la Révolution. Le droit du travail a connu une évolution intéressante pendant la IIIe République malgré les soubresauts politiques qui ont marqué cette époque. La loi du 21 mars 1884 a consacré la liberté syndicale. En 1890 apparaît la première loi qui sanctionne la rupture abusive du louage de service à l'initiative de l'employeur. Les conditions d'hygiène et de sécurité au travail sont réglementées par plusieurs textes successifs. En 1906, le repos hebdomadaire est institué. La loi du 9 avril 1898 met en place un régime de protection contre les accidents du travail. La négociation collective et l'action syndicale sont dotées d'un statut[4]. Les inspecteurs du travail créés en 1841 devenus fonctionnaires de l'État se voient attribuer la charge de contrôler l'application du droit du travail. Ils sont autorisés à pénétrer dans les entreprises pour constater les infractions. La loi du 27 janvier 1891 a créé un Conseil supérieur du travail pour préparer les nouveaux textes. Il est aidé par l'Office du travail qui a pour mission de recueillir les informations sur les milieux du travail. Toute cette législation naissante est réunie sous forme de code par la loi du 28 décembre 1910. L'ouvrage ne comporte alors qu'un seul livre dont plusieurs titres sont consacrés au contrat d'apprentissage, au contrat de travail, au salaire et au placement. Le livre II est apparu en 1912 et concerne la réglementation du travail[5]. Les salariés ont le droit d'être représentés, de discuter leurs conditions de travail et de défendre leurs intérêts à travers la grève.

1. Loi d'Allarde de mars 1791.
2. Loi Le Chapelier de juin 1791.
3. Loi du 12 avril 1803 qui pose l'interdiction des coalitions et réglemente l'apprentissage.
4. Lois du 25 mars 1919 et du 12 mars 1920.
5. Loi du 26 novembre 1912.

3. Le renforcement de la protection des salariés

Pendant la période de l'entre-deux-guerres sont apparues les dispositions qui prévoient le maintien des contrats de travail en cas de changement de la situation juridique de l'employeur[1] et la protection du salarié licencié de manière abusive[2]. Avec l'avènement du gouvernement du Front populaire, les salariés ont acquis de nouveaux droits : les congés payés[3], l'institution des délégués du personnel[4], rénovation du statut de la négociation collective[5], réduction de la durée du travail à 40 heures[6]. Le Préambule de la Constitution de la IVe République a consacré le droit syndical, le droit à la participation des travailleurs à la définition de leurs conditions de travail, le droit de grève... Ces principes ont été traduits dans certains textes de loi : la création des comités d'entreprise[7], l'institution des délégués du personnel[8] et un nouveau régime de la négociation collective fondé sur l'autonomie des partenaires sociaux[9]. De plus, l'État garantit à chaque travailleur une rémunération minimale égale au SMIG[10]. Le législateur a institué un préavis au licenciement[11] et posé le principe selon lequel l'exercice du droit de grève ne rompt pas le contrat de travail[12]. Avec la Ve République, le droit du travail s'est considérablement enrichi. La réforme des institutions a offert au pouvoir les moyens d'accomplir sa politique. La participation de chaque travailleur aux fruits de l'expansion économique de l'entreprise a été mise en place à travers l'intéressement[13]. Sous la pression des événements de mai 1968, le SMIG a été augmenté, le droit syndical dans l'entreprise a été reconnu et la négociation interprofessionnelle sur la sécurité de l'emploi a été mise en place. L'année 1973 connaît des réformes essentielles. Le Code du travail est refondu et l'expression « contrat de travail » a remplacé celle de « louage de services ». La loi du 13 juillet 1973 réforme le droit du licenciement. Les droits de la personne au travail sont, désormais, constamment pris en compte. L'arrivée de la gauche au pouvoir accélère encore le mouvement : plusieurs lois veulent promouvoir les droits d'expression du salarié[14], sa sécurité[15] et la sauvegarde de son emploi[16]. Elle renforce la lutte contre toutes les formes de discriminations[17], la protec-

1. Loi du 19 juillet 1928.
2. *Ibid.*
3. Loi du 20 juin 1936.
4. Loi du 24 juin 1936.
5. *Ibid.*
6. Loi du 21 juin 1936.
7. Ordonnance du 22 février 1945.
8. Loi du 16 avril 1946.
9. Loi du 11 février 1950.
10. *Ibid.*
11. Loi du 19 février 1958.
12. Loi du 11 février 1950.
13. Ordonnance du 7 janvier 1959 et ordonnance du 17 août 1967.
14. Loi du 4 août 1982.
15. Loi du 23 décembre 1982.
16. Loi du 17 janvier 2002.
17. Lois du 3 janvier 1985, du 31 décembre 1992 et du 16 novembre 2001.

tion du principe d'égalité de traitement en matière de travail précaire[1], la préservation de l'intégrité physique et morale à travers la lutte contre le harcèlement moral et sexuel[2]. Le droit syndical a été renforcé par la représentation du personnel d'entreprise et du groupe d'entreprises[3].

II. Les sources du droit du travail

1. La Constitution

Les normes de constitutionnalité désignent le « bloc de constitutionnalité » qui se compose des textes inscrits dans le corps de la Constitution du 4 octobre 1958 mais également du Préambule de la Constitution qui renvoie à la Déclaration des droits de l'homme et du citoyen de 1789, et du Préambule de la Constitution du 27 octobre 1946. Ce dernier se réfère aux principes fondamentaux reconnus par les grandes lois de la République. Il évoque également des principes « particulièrement nécessaires à notre temps ». Certains d'entre eux concernent directement le droit social. C'est notamment le cas de l'alinéa 10 du Préambule de 1946 qui affirme : « La Nation assure à l'individu et à la famille les conditions nécessaires à son développement. » D'autres se préoccupent des conditions de travail. Ainsi, le Préambule de 1946 proclame le devoir imposé à chacun de travailler et le droit d'obtenir un emploi[4], le droit à des conditions de travail justes et équitables[5], et la protection contre tout licenciement pour un motif lié à la maternité[6]. Ce Préambule pose également des principes en matière d'égalité : « Nul ne peut être lésé dans son travail ou son emploi en raison de ses origines, de ses opinions ou de ses croyances »[7], la femme a « dans tous les domaines des droits égaux à ceux des hommes »[8]. Il pose également le principe selon lequel « tout homme peut défendre ses droits et ses intérêts par l'action syndicale et adhérer au syndicat de son choix »[9] ou celui selon lequel le droit de grève « s'exerce dans le cadre des lois qui le réglementent »[10]. Le juge élargit peu à peu le bloc de constitutionnalité en incluant les principes qui ressortent des préambules. Le droit à la participation des travailleurs a servi de fondement à la reconnaissance du caractère constitutionnel du statut protecteur des salariés qui négocient des accords collectifs[11].

1. Loi du 13 juillet 1983 et loi du 9 mai 2001 sur l'égalité professionnelle entre les hommes et les femmes.
2. Lois du 2 novembre 1992 et du 17 janvier 2002.
3. Loi du 28 octobre 1982.
4. Alinéa 5.
5. Alinéas 10 et 11.
6. Alinéa 10.
7. Alinéa 5.
8. Alinéa 3.
9. Alinéa 8.
10. *Ibid.*
11. Loi du 12 novembre 1996, Cons. const., décr. n° 93-383 du 6 novembre 1996, *Droit social,* 1997, p. 31.

2. Les traités internationaux

L'internationalisation du droit du travail permet d'uniformiser la condition ouvrière, d'éviter des distorsions de concurrence selon le degré de protection accordé par les législations et d'aménager les conditions de la paix. En 1918 a été créée la première organisation permanente dont l'objet était d'engager sur le plan international une action commune pour instaurer la paix au moyen d'un progrès social et de l'amélioration des conditions de travail. Le traité de Versailles a institué l'Organisation internationale du travail qui est devenue autonome par rapport à la Société des Nations. En 1947, elle a été rattachée à l'Organisation des Nations Unies. L'OIT comprend une conférence internationale du travail annuelle, un conseil d'administration et un Bureau international du travail. Le conseil d'administration se réunit trois fois par an. Le Bureau est permanent. Les représentants des États membres siègent à côté des représentants des employeurs et des salariés. Le conseil d'administration prépare les travaux de la conférence et oriente certaines actions de l'Organisation. La conférence internationale délibère et le Bureau international du travail est le secrétariat permanent de l'Organisation dirigé par un conseil d'administration et par un directeur général.

L'Organisation internationale du travail crée un droit international du travail au moyen de conventions que les États membres doivent appliquer dans l'ordre interne lorsqu'ils les ratifient. Ces conventions proclament les droits fondamentaux des travailleurs, la lutte contre le travail forcé, la liberté syndicale et la non-discrimination. Elles concernent également l'emploi et les conditions de travail. L'Organisation internationale du travail élabore des recommandations qui constituent des propositions afin d'orienter la politique des États membres. L'Organisation internationale du travail contrôle régulièrement l'exécution par les États des textes ratifiés. Lorsque les organisations d'employeurs et de travailleurs forment une réclamation ou lorsqu'un État ou le Bureau dépose une plainte, une procédure d'examen a pour objet d'inviter les États signataires à se conformer à leurs engagements. Un particulier peut se prévaloir d'une convention de l'OIT pour obtenir son application devant une juridiction interne dans la mesure où la convention ratifiée appartient à notre ordre juridique.

Le 4 novembre 1950, la Convention européenne de sauvegarde des droits de l'homme et des libertés fondamentales a été adoptée. Elle a été intégrée dans l'ordre communautaire par le Traité sur l'Union européenne. Ce texte contient quelques dispositions concernant le droit du travail : l'interdiction du travail forcé, la liberté syndicale, la prohibition de toute discrimination... La Charte sociale européenne adoptée le 18 octobre 1961 consacre des droits sociaux tels que le droit au travail, le droit à la dignité dans le travail, le droit à des conditions de travail équitables, le droit des enfants et des adolescents à des mesures particulières de protection, le droit à une protection en cas de licenciement, le droit à la négociation collective, le droit à la formation professionnelle, le droit syndical... Cette charte est dépourvue d'effet direct mais elle inspire le droit communautaire qui y fait directement référence. La Convention de Rome du 19 juin 1980 désigne la loi applicable au contrat lorsqu'il présente un élément d'extranéité. Selon cette convention, s'il résulte de l'ensemble des circonstances que le contrat de travail a des liens plus étroits avec un autre pays, la loi de ce pays lui est applicable[1]. La Convention de Rome garantit la survie du statut légal impératif attaché à la loi du lieu d'exécution et à la loi du lieu d'embauche en cas de mobilité du salarié. La Convention réserve l'application des règles de la loi du pays qui régissent impérativement la situation.

3. Les normes communautaires

Les normes communautaires constituent une source essentielle en droit du travail. Les règlements et les directives émanent du Conseil des ministres et sont proposés par la Commission après avis ou accord du Parlement. Mais il existe une différence importante entre ces deux normes. Le règlement est précis et contraignant, tandis que la directive est plus générale et laisse les États libres du choix des moyens à mettre en œuvre pour atteindre l'objectif qu'elle fixe. La directive doit obligatoirement être transposée en droit interne. Un recours en manquement peut être formé contre l'État qui n'a pas introduit la directive en droit interne dans le délai fixé. Dans une telle hypothèse, les acteurs sociaux peuvent ne pas appliquer la loi interne qui ne serait pas conforme à la directive dans les rapports qu'ils entretiennent avec l'État en raison de son effet direct. Mais cette attitude n'est pas possible entre particuliers. De nombreuses directives ont été adoptées en matière d'hygiène et de sécurité, notamment la directive-cadre du 12 juin 1989 qui énonce les principes généraux de prévention dans l'entreprise, en matière d'égalité professionnelle (la directive du 9 février 1976 modifiée par la directive du 23 septembre 2002), en matière d'égalité de traitement entre les personnes sans distinction de race ou d'origine ethnique, sur la question de la preuve des discriminations (directive du 15 décembre 1997)... La question de l'emploi est au cœur du dispositif mis en place par le traité d'Amsterdam. Elle a fait l'objet de nombreuses directives qui ont eu un impact important sur la législation française, notamment la directive du 17 février 1977 sur le maintien des droits des travailleurs en cas de transfert d'entreprises, d'établissements ou de parties d'établissement. Plusieurs directives concernent les droits collectifs, notamment la directive générale du 11 mars 2002 relative à l'information et à la consultation des travailleurs dans la Communauté européenne, la directive du 8 octobre 2001 concernant l'institution du comité d'entreprise européen qui s'intéresse à l'information et à la consultation des représentants des travailleurs des entreprises ou des groupes d'entreprises de dimension communautaire.

4. La loi, le règlement et la jurisprudence

La loi et le règlement constituent les sources les plus importantes du droit du travail. Ils sont rassemblés dans le Code du travail. Selon l'article 34 de la Constitution

1. Article 6.

du 4 octobre 1958, la loi « détermine les principes fondamentaux du droit du travail et du droit syndical ». Il résulte de cet article que la matière sociale est appelée à être essentiellement réglementaire. En réalité, le Conseil constitutionnel reconnaît au Parlement une marge de manœuvre très étendue pour déterminer les principes fondamentaux. Il appartient aux inspecteurs du travail de s'assurer de l'application de l'ensemble de la réglementation ainsi que des conventions et accords collectifs de travail (art. L. 8113-10 du Code du travail). Il est chargé de constater les infractions aux dispositions du Code du travail.

La jurisprudence est particulièrement abondante en droit du travail. La jurisprudence désigne l'ensemble des décisions rendues par les juridictions sur une question de droit. Elle interprète la volonté du législateur en tenant compte des grands principes de droit du travail. La principale critique qui lui est faite est d'être souvent fluctuante. Les revirements de jurisprudence sont nombreux en la matière et seraient source d'insécurité juridique. La jurisprudence peut parfois donner naissance à des principes généraux du droit. Ce sont des règles qui ont comme la loi un caractère obligatoire. La particularité des principes généraux du droit est qu'il ne figure dans aucun texte. Il existe des principes généraux du droit qui ne sont pas propres au droit du travail : le principe d'égalité devant la loi, la justice, devant les charges publiques, le principe de non-rétroactivité des lois et des actes administratifs... Mais certains principes appartiennent seulement au droit du travail : la règle de la libre conclusion des accords d'entreprises, le principe selon lequel la convention collective peut toujours déroger aux lois et aux règlements dans un sens plus favorable aux travailleurs (cette règle est désormais consacrée par la loi). Il semblerait que ces principes soient inférieurs à la loi mais supérieurs au règlement.

5. Les normes du statut collectif

Les normes du statut collectif se composent des conventions et accords collectifs de travail, des usages et de l'ensemble des normes atypiques. Le Code du travail définit les conventions et les accords collectifs comme « un acte écrit conclu entre une ou plusieurs organisations syndicales représentatives au plan national et une ou plusieurs organisations syndicales d'employeurs pris individuellement » dont l'objet est de fixer les conditions d'emploi et de travail ainsi que les garanties sociales » (art. L. 2221-1 du Code du travail). Le législateur consacre au bénéfice des salariés un droit à la négociation des conditions d'emploi.

Les usages font partie des sources non écrites du droit du travail. Le Code du travail se réfère aux usages dans plusieurs matières, notamment pour la définition des cas de recours aux contrats de travail à durée déterminée[1] ou pour la définition de la durée du préavis en cas de démission[2]. Il appartient au salarié qui entend se prévaloir

1. Article L. 1242-2 du Code du travail.
2. Article L. 1237-1 du Code du travail.

d'un usage d'en établir la preuve[1]. L'usage d'entreprise repose sur une pratique en vigueur au sein de l'entreprise qui devient créatrice de droit sous certaines conditions. L'usage doit présenter les caractères de constance, généralité et fixité[2]. La constance implique la répétition de la pratique[3] à condition qu'elle s'effectue dans des conditions similaires au profit d'une catégorie de salariés homogène. La généralité signifie que la pratique doit concerner un groupe de travailleurs appartenant à la même catégorie professionnelle, un service commun ou occupé à une activité identique[4]. La condition de fixité est avérée lorsque la pratique obéit à des règles précises qui ne dépendent pas de la volonté de l'employeur ou du salarié[5].

Les normes atypiques sont les engagements unilatéraux pris par l'employeur mais également les accords conclus avec les délégués du personnel ou le comité d'entreprise en dehors des cas où la loi l'autorise ou le vote majoritaire des salariés consultés directement par le chef d'entreprise[6]. La jurisprudence assimile ces normes atypiques à des engagements unilatéraux de volonté émanant de l'employeur[7]. Les normes atypiques obligent l'employeur à l'égard des salariés. L'usage et les normes atypiques ont la particularité d'être internes à l'entreprise, contrairement aux conventions et accords collectifs. Ces normes non négociées du statut collectif peuvent disparaître sans l'accord des salariés. La jurisprudence a fixé des règles pour la disparition de ces normes. La suppression d'un avantage émanant d'une de ces normes doit être précédée d'une information individuelle des salariés[8]. L'employeur doit également informer tous les représentants du personnel[9]. La dénonciation ne peut intervenir qu'après un certain délai[10] afin que des négociations puissent s'ouvrir[11]. Toutefois, l'employeur n'a pas l'obligation d'engager la négociation, sauf si l'avantage menacé entre dans le champ de la négociation d'entreprise obligatoire[12]. Le juge fixe la durée du préavis en fonction de la fréquence de la pratique[13]. Si les formalités exigées par la jurisprudence ne sont pas respectées, la dénonciation ne peut avoir aucun effet[14].

1. Cass. soc., 11 juin 1987, *Bull. civ.,* V, n° 382 ; Cass. soc., 13 février 2002, *RJS,* 2002, n° 427.
2. Cass. soc., 7 mai 1991, *Bull. civ.,* V, n° 234.
3. Cass. soc., 19 juillet 1983, *Bull. civ.,* V, n° 452.
4. Cass. soc., 7 novembre 1985, *Bull. civ.,* V, n° 523.
5. Cass. soc., 9 juillet 1986, *Bull. civ.,* V, n° 365.
6. Cass. soc., 5 janvier 1984, *Droit social,* 1985, p. 192.
7. Cass. soc., 7 janvier 1988, *Droit social,* 1988, p. 466.
8. Cass. soc., 17 mars 1999, *RJS,* 1999, n° 769 ; Cass. soc., 20 juin 2000, *Bull. civ.,* V, n° 237.
9. Cass. soc., 17 mars 1999, *RJS,* 1999, n° 769.
10. Cass. soc., 20 juin 2000, *Bull. civ.,* V, n° 237.
11. Cass. soc., 13 mars 2001, *RJS,* 2001, n° 698.
12. Cass. soc., 23 septembre 1992, *Bull. civ.,* V, n° 479 ; Cass. soc., 10 mai 1994, *RJS,* 1994, n° 735.
13. Cass. soc., 4 mars 2003, *RJS,* 2003, n° 687.
14. Cass. soc., 12 mai 1998, *Bull. civ.,* V, n° 240.

TITRE I

Le contrat de travail

Le contrat de travail permet d'individualiser la relation de travail. Comme la relation entre l'employeur et le salarié est basée sur une inégalité certaine, la formation du contrat de travail est soumise à des règles spécifiques (chap. 1). Par la suite, le contrat de travail peut faire l'objet de modifications pour s'adapter aux réalités de l'entreprise (chap. 2). L'employeur, en qualité de chef d'entreprise, détient certains pouvoirs (chap. 4). Mais il doit toujours prendre en compte les droits du salarié durant l'exécution du contrat de travail (chap. 3).

1

La formation du contrat de travail

Le contrat de travail confère au travailleur la qualité de salarié. Il est alors important de définir le contrat de travail (sect. I). Le contrat de travail est conclu après l'embauche du salarié (sect. II) et doit respecter certaines règles de formes (sect. III). Il peut contenir des clauses spécifiques afin d'individualiser la relation de travail (sect. IV).

SECTION I
LA DÉFINITION DU CONTRAT DE TRAVAIL

Le contrat de travail est une convention par laquelle une personne (le salarié) s'engage à travailler sous la subordination juridique d'une autre (l'employeur) qui la rémunère. Dès lors qu'un contrat de travail a été conclu, le travailleur est salarié, ce qui a pour principale conséquence l'application du droit du travail.

Le critère essentiel du contrat de travail est l'existence d'un lien de subordination. Le lien de subordination est caractérisé par l'exécution d'un travail pour le compte et sous l'autorité d'un employeur qui a le pouvoir de donner des ordres et des directives, d'en contrôler l'exécution et de sanctionner les manquements de son subordonné[1]. Le travailleur doit être soumis au pouvoir réglementaire, disciplinaire et de direction de la personne pour laquelle le travail est accompli. L'employeur fixe les conditions de travail : il donne au salarié un travail à exécuter avec plus ou moins de liberté et de possibilité d'expression ; il fixe le lieu, l'horaire et fournit le matériel utilisé pour le travail. Le salarié travaille sous la direction et le contrôle effectif d'un employeur, peu importent les modalités concrètes. Le lien de subordination est apprécié avec flexibilité selon l'activité et la catégorie socioprofessionnelle (cadre ou ouvrier). En effet, le travail peut simplement être effectué dans « le cadre d'un service

1. Cass. soc., 13 novembre 1996, *Droit social,* 1996, 1067, obs. J.-J. Dupeyroux ; *JCP,* éd. E, 1997, II, 911, note J. Barthélemy ; Cass. soc., 23 janvier 1997, *RJS,* 1997, n° 325 ; Cass. soc., 23 avril 1997, *Droit social,* 1997, 642, note J. Savatier ; *RJS,* 1997, n° 645.

organisé »[1]. Par exemple, un médecin sera salarié ou non selon qu'il se trouve intégré dans le service d'une clinique. Pour qu'il existe un lien de subordination, il faut que l'employeur détermine unilatéralement les conditions de fonctionnement du service.

L'existence d'une relation de travail ne dépend ni de la volonté exprimée par les parties ni de la dénomination donnée à leur convention, mais des conditions de fait dans lesquelles est exercée l'activité des travailleurs[2]. Ainsi, lorsqu'un travailleur bénévole perçoit une somme d'argent dépassant le montant des frais réellement exposés, le contrat de bénévolat est requalifié en contrat de travail de droit commun[3].

SECTION II
L'EMBAUCHE DU SALARIÉ

Le candidat à l'emploi bénéficie d'une protection juridique. Dans un premier temps, les principes généraux du droit garantissant les libertés publiques et privées, la loi « Informatique et libertés » du 6 janvier 1978 et l'article 9 du Code civil selon lequel « chacun a droit au respect de sa vie privée » étaient invoqués pour protéger le salarié contre les méthodes de recrutement intrusives et irrespectueuses. La Cour de cassation a également affirmé que « les renseignements demandés lors de l'embauche ont pour but d'apprécier les qualités du salarié (...) pour l'emploi sollicité par lui et ne peuvent concerner des domaines sans lien direct avec l'activité professionnelle »[4]. Malgré cela, les modes de sélection fantaisistes, voire attentatoires aux droits et libertés du salarié se sont développés (notamment la graphologie, la morphopsychologie, la numérologie...). Le législateur est alors intervenu pour édicter des règles spécifiques et précises.

D'abord, les articles L. 1221-8 et L. 1221-9 du Code du travail imposent à l'employeur une information préalable des candidats. Selon l'article L. 1221-8 du Code du travail, « le candidat à un emploi est expressément informé, préalablement à leur mise en œuvre, des méthodes et techniques d'aide au recrutement utilisées à son égard ». Et l'article L. 1221-9 du Code du travail dispose qu' « aucune information concernant personnellement un salarié ou un candidat à un emploi ne peut être collectée par un dispositif qui n'a pas été porté à la connaissance du salarié ou du candidat à l'emploi ». L'employeur a également l'obligation d'informer le comité d'entreprise, « préalablement à leur utilisation, sur les méthodes ou techniques d'aide au recrutement des candidats à un emploi ainsi que sur toute modification de celles-ci » (art. L. 2323-32 du Code du travail).

De plus, le législateur a strictement encadré la recherche d'informations sur la personnalité et la vie du salarié. Toute discrimination à l'embauche est prohibée par

1. Cass. ass. plén., 18 juin 1976, *JCP,* éd. G, 1977, II, 18659, note Y. Saint-Jours, *D.,* 1977, 173, note A. Jeammaud.
2. Cass. ass. plén., 4 mars 1983, *D.,* 1983, 381, concl. P. Cabannes.
3. Cass. soc., 29 janvier 2002, P + B + R, *RJS,* 2002, n° 387, *Droit social,* 2002, 499, note J. Savatier.
4. Cass. soc., 17 octobre 1973, *JCP,* 1974, 11.17.698, note Y. Saint-Jours.

les articles L. 1132-1 du Code du travail et 225-1 du Code pénal. L'article L. 1132-1 du Code du travail dispose qu'« aucune personne ne peut être écartée d'une procédure de recrutement ou de l'accès à un stage ou à une période de formation en entreprise (...) en raison de son origine, de son sexe, de ses mœurs, de son orientation sexuelle, de son âge, de sa situation de famille ou de sa grossesse, de ses caractéristiques génétiques, de son appartenance ou de sa non-appartenance, vraie ou supposée, à une ethnie, une nation ou une race, de ses opinions politiques, de ses activités syndicales ou mutualistes, de ses convictions religieuses, de son apparence physique, de son patronyme ou (...) en raison de son état de santé ou de son handicap ». Ainsi, aucun refus d'embauche, quelle que soit la nature du contrat proposé, ou d'accès à un stage, ne peut reposer sur un motif discriminatoire. Il en résulte que le candidat à un emploi n'est pas obligé de révéler des éléments relevant de son intimité ou tiré de ses croyances[1]. Et le fait de subordonner une offre d'emploi, une demande de stage ou une période de formation en entreprise à un motif discriminatoire est sanctionné[2]. En outre, le recruteur ne peut demander au candidat à l'emploi que des informations qui ont pour finalité d'apprécier sa capacité à occuper l'emploi proposé ou ses aptitudes professionnelles (art. L. 1221-6 du Code du travail). Les informations demandées doivent avoir un lien direct et nécessaire avec l'emploi proposé ou avec l'évaluation des aptitudes professionnelles. Enfin, les informations obtenues par l'employeur à l'aide des méthodes et techniques d'aide au recrutement doivent rester confidentielles.

SECTION III
LES RÈGLES DE FORME DU CONTRAT DE TRAVAIL

L'article L. 1221-1 du Code du travail prévoit que le contrat de travail est « soumis aux règles du droit commun. Il peut être constaté dans les formes qu'ils convient aux parties contractantes d'adopter ». Ainsi, le principe est l'application du droit commun des obligations et notamment le principe du consensualisme. Le contrat de travail est conclu dès lors que la volonté de l'employeur a rencontré celle du candidat. L'écrit n'est donc pas exigé par le Code du travail pour le contrat de travail de droit commun, c'est-à-dire le contrat de travail à durée indéterminée. Le législateur n'exige un écrit que pour certains contrats comme le contrat à durée déterminée, le contrat à temps partiel, le contrat de travail intermittent, le contrat de travail temporaire, le contrat d'apprentissage. Lorsque l'exigence d'un écrit n'est pas respectée, le contrat conclu est requalifié en contrat à durée indéterminée.

1. Avant même que la loi n'organise la procédure de recrutement, la Cour de cassation avait déjà affirmé qu'un prêtre-ouvrier est libre de ne pas révéler sa qualité de prêtre lors de son embauche ; Cass. soc., 17 octobre 1973, *Droit social,* 1974, p. 290. En conséquence, il a été jugé que commet une faute l'employeur qui a tenté de connaître des indications que le salarié pouvait légitimement refuser de fournir.

2. Par exemple, Trib. corr. Morlaix, 20 janvier 1984, *Droit social,* 1984, p. 342 : commet le délit de discrimination le président-directeur général d'une compagnie aérienne qui fait publier une annonce spécifiant : « Recherche hôtesses navigantes. »

Toutefois, la directive adoptée par le Conseil des Communautés européennes le 14 octobre 1991[1] exige que l'employeur informe par écrit le salarié des éléments essentiels du contrat de travail : le lieu de travail, la description du travail, la rémunération, la durée des congés, la durée de travail journalière ou hebdomadaire. Cette directive n'impose pas la rédaction d'un contrat de travail, elle exige seulement que ces informations soient présentées au salarié au moyen d'un écrit qui peut être une lettre d'engagement ou un bulletin de paie. Certaines conventions collectives peuvent imposer la rédaction d'un contrat de travail. Il ne s'agit cependant pas d'une condition de validité du contrat de travail. Si l'employeur ne remet pas un contrat de travail écrit au salarié, celui-ci peut exiger la remise de cet écrit en invoquant les dispositions de la directive. Il peut éventuellement solliciter des dommages et intérêts si la non-remise de l'écrit conventionnellement prévu lui a causé un préjudice. Il convient de préciser que la loi du 31 décembre 1991 qui a pour objectif de lutter contre le travail clandestin oblige l'employeur à effectuer une déclaration nominative auprès des organismes de protection sociale avant l'embauche effective du salarié (art. L. 1221-10 du Code du travail). Cette obligation est sanctionnée pénalement.

Par ailleurs, les dispositions de l'article 1108 du Code civil s'appliquent. Aux termes de cet article, « quatre conditions sont essentielles pour la validité d'une convention : le consentement de la partie qui s'oblige, sa capacité de contracter, un objet certain qui forme la matière de l'engagement, une cause licite dans l'obligation ». De plus, le contrat de travail doit avoir un objet et une cause licites. Le non-respect d'une des conditions de validité du contrat de travail a pour conséquence sa nullité. Mais cette nullité n'a pas les effets habituels, puisqu'elle n'entraîne pas l'anéantissement rétroactif du contrat. Elle n'a d'effet que pour l'avenir.

SECTION IV
LES CLAUSES DU CONTRAT DE TRAVAIL

Les parties peuvent introduire des clauses particulières dans le contrat de travail pour personnaliser la relation de travail. Ces clauses peuvent être relatives à la période d'essai (I) ou à l'exécution du contrat de travail (II).

I. La clause relative à la période d'essai

Le contrat peut prévoir une période d'essai, c'est-à-dire une période pendant laquelle les parties prennent le temps de décider de poursuivre ou non la relation de travail et s'accordent la faculté de rompre le contrat librement. L'insertion d'une

1. Directive CEE, n° 91-533, 14 octobre 1991, *JOCE,* L. 288, *D.,* 1991, L. 455.

clause prévoyant une période d'essai n'est pas obligatoire. La période d'essai pouvait résulter d'une clause du contrat de travail, mais également de la convention collective. Lorsque la convention collective prévoit une période d'essai, il convient de distinguer deux situations. En premier lieu, la convention collective envisage seulement la possibilité d'un essai. Il est alors facultatif. Il ne peut être imposé au salarié que s'il est expressément prévu par le contrat de travail[1]. En second lieu, la convention collective fixe une période d'essai de droit. L'essai s'impose alors au salarié, même en l'absence de clause dans le contrat de travail fixant une période d'essai. Mais il faut que le salarié ait été informé de l'existence de la convention collective au moment de son embauche et qu'il ait été mis en mesure d'en prendre connaissance[2]. Depuis la loi du 25 juin 2008, seul le contrat de travail peut imposer une période d'essai au salarié.

Les parties déterminent librement la durée de la période d'essai lorsqu'elles concluent un contrat à durée indéterminée. La durée de période d'essai est au contraire réglementée pour les contrats à durée déterminée (art. L. 1242-10 du Code du travail). Pour les contrats à durée indéterminée, la limitation légale de la période d'essai est exceptionnelle (c'est le cas notamment pour les VRP). La durée de la période d'essai est souvent envisagée de façon précise par la convention collective. Dans cette hypothèse, les parties ne peuvent pas prévoir une durée supérieure à celle prévue par la convention collective. La durée de la période d'essai peut également provenir d'un usage. Dans ce cas, les parties peuvent conclurent une durée plus longue que l'usage. Indépendamment des clauses collectives ou des usages, les parties ne sont pas totalement libres dans la fixation de durée de la période d'essai. Celle-ci doit être justifiée par la finalité de l'essai[3].

La période d'essai se situe au commencement de l'exécution du contrat de travail. Les parties ne peuvent pas s'entendre pour différer la période d'essai. Il est possible de renouveler ou de prolonger la période d'essai. Cependant, il existe deux conditions cumulatives. La prolongation ou le renouvellement doivent être expressément prévus par le contrat de travail[4]. L'accord exprès du salarié est également exigé au moment du renouvellement de la période[5]. La question s'est posée de savoir si un essai pouvait être convenu au cours d'un contrat de travail. La Cour de cassation a jugé que, même si d'un commun accord de nouvelles fonctions ont été attribuées à un salarié, aucune période d'essai ne pouvait lui être imposée[6]. Elle a également posé en principe que la période d'essai se situe au commencement de l'exécution du contrat de travail, soit le jour de l'engagement, et que les parties ne peuvent convenir

1. Cass. soc., 23 février et 2 mars 1994, *RJS,* 4/94, n° 374, *D.,* 1994, 465, note P. Pochet.

2. Cass. soc., 29 mars 1995, *Droit social,* 1995, *D.,* 1996, 127, note G. Pignarre ; 23 avril 1997, *Droit social,* 1997, 641, obs. G. Couturier ; *RJS,* 6/97, n° 648 ; 3 juillet 2001, *Droit social,* 2001, 1020, obs. C. Roy-Loustaunau.

3. Cass. soc., 18 juin 1996, *CSB,* 1996, n° 83, 262 ; 23 janvier 1997, *Droit social,* 1997, 311, obs. C. Roy-Loustaunau.

4. Cass. soc., 10 novembre 1998, *RJS,* 10/98, n° 1142 ; Cass. soc., 6 avril 1999, *RJS,* 5/99, n° 627, *Droit social,* 1999, 629, obs. B. Gauriau : les parties ne peuvent pas s'entendre pour renouveler une période d'essai une seconde fois si la faculté de renouvellement n'est prévue que pour une fois.

5. Cass. soc., 23 janvier 1997, *RJS,* 3/97, n° 248.

6. Cass. soc., 26 mai 1998, *RJS,* 7/98, n° 821.

de différer le point de départ[1]. Il résultait donc de cette jurisprudence que dans le cadre d'un seul et même contrat, en cas de changement de fonction, si un « essai » peut être imposé au salarié pour vérifier qu'il a bien les qualités requises par le nouveau poste, le fait qu'il ne donne pas satisfaction n'autorise pas l'employeur à rompre le contrat sans indemnité ni formalité, mais seulement à rétablir l'intéressé dans ses fonctions antérieures. C'est ce que confirme la Cour de cassation dans cet arrêt. La Cour de cassation a confirmé cette position dans un arrêt du 30 mars 2005 en ces termes : « Si, en cours de contrat, les parties peuvent convenir, à l'occasion d'un changement d'emploi, d'une période probatoire, la rupture de celle-ci ne peut concerner le contrat de travail et a pour effet de replacer le salarié dans ses fonctions antérieures. »[2]

Par ailleurs, la jurisprudence avait admis qu'il puisse y avoir une période d'essai en cours d'exécution du contrat en cas de novation des relations contractuelles[3]. C'était notamment le cas lorsque le contrat de travail à durée déterminée d'un salarié se poursuivait par un contrat à durée indéterminée assorti de fonctions différentes[4]. Mais la Cour de cassation a infléchi cette jurisprudence dans un arrêt du 30 mars 2005 en décidant qu'en cas de signature de contrats successifs entre les mêmes parties ou d'avenant au contrat de travail, dans le but d'assurer une promotion professionnelle au salarié, seule une période probatoire peut être prévue : « (...) en présence de deux contrats successifs entre les mêmes parties, ou en présence d'un avenant à un premier contrat, la période d'essai stipulée dans le second contrat ou dans l'avenant ne peut être qu'une période probatoire dont la rupture a pour effet de replacer le salarié dans ses fonctions antérieures. »[5] Ainsi, si la période probatoire s'avère non concluante, le salarié doit retrouver ses fonctions antérieures. La période probatoire s'inscrit dans la continuation de la même relation contractuelle ; la rupture du contrat de travail à son issue s'analyse donc en un licenciement qui est sans cause réelle et sérieuse si l'employeur n'a pas envoyé de lettre de licenciement.

Enfin, chaque partie peut rompre le contrat à tout moment durant la période d'essai sans avoir à apporter des justifications. La rupture d'une période d'essai ne constitue ni une démission ni un licenciement. L'employeur doit informer le salarié de la rupture du contrat avant l'expiration de la période d'essai[6]. Cependant, l'employeur ne doit pas commettre d'abus dans l'exercice de son droit de rompre l'essai. Il peut être condamné à des dommages et intérêts si le salarié établit que l'employeur a agi par malveillance à son égard ou avec une légèreté blâmable[7].

1. Cass. soc., 25 février 1997, *RJS*, 4/97, n° 370.
2. Cass. soc., 30 mars 2005, *RJS*, 6/05, n° 594.
3. Cass. soc., 28 juin 1989, *RJS*, 8-9/89, n° 660 ; *D.*, 1990, 297, note J. Mouly ; mars 1992, *D.*, 1992, somm. 285, obs. A. Lyon-Caen ; 12 avril 1995, *Droit social*, 1998, obs. C. Roy-Loustaunau.
4. Cass. soc., 17 mars 1993, *CSB*, 1993, A. 30.
5. Cass. soc., 30 mars 2005, *RJS*, 6/05, n° 594.
6. Cass. soc., 27 mars 1996, *RJS*, 5/96, n° 511.
7. Cass. soc., 2 février 1994, *D.*, 1995, 550 ; Cass. soc., 6 décembre 1995, *Bull. civ.*, V, n° 289, *RJS*, 1/96, n° 2 ; Cass. soc., 18 juin 1996, *RJS*, 8-9/96, n° 891, Cass. soc., 9 octobre 1996, *RJS*, 11/96, n° 1148.

II. Les clauses relatives à l'exécution du contrat de travail

Les diverses clauses insérées dans le contrat de travail permettent de tenir compte de la spécificité des emplois, de la situation particulière du salarié, des besoins de l'entreprise... Si le principe de la liberté contractuelle demeure, celle-ci est strictement encadrée par le juge. Il existe une multitude de clauses possibles. Certaines clauses sont fréquemment employées, comme, par exemple : la clause de discrétion par laquelle le salarié s'oblige à ne pas révéler d'éventuels secrets dont il serait amené à prendre connaissance ; la clause d'exclusivité qui interdit au salarié pendant la durée du contrat d'exercer une activité similaire à son propre compte ou pour celui d'une autre entreprise ; la clause de dédit-formation qui oblige le salarié, en contrepartie d'une formation assurée par l'employeur, de rester à son service pendant une certaine durée ou de lui verser en cas de départ anticipé une indemnité, etc.

Mais, parmi toutes les clauses possibles, la clause d'objectif, la clause de non-concurrence et la clause de mobilité tiennent une place particulière car elles ont posé d'épineux problèmes juridiques et ont donné lieu à une jurisprudence abondante. La clause de mobilité permet à l'employeur de changer le lieu de travail du salarié à son gré : celui-ci peut être muté d'un chantier à un autre, être envoyé en mission, voire être détaché temporairement à l'étranger. L'accord du salarié n'est pas nécessaire. Cependant, la Cour de cassation exerce un contrôle sur l'application de la clause de mobilité : l'employeur ne doit pas abuser de son pouvoir[1].

La clause d'objectifs est prévue dans les contrats de travail de certains cadres et, plus fréquemment, des commerciaux. La jurisprudence s'est prononcée en faveur de ces clauses qui permettent d'impliquer le salarié dans son travail : « Les objectifs peuvent être définis unilatéralement par l'employeur, dans le cadre de son pouvoir de direction. »[2] Cependant, certaines clauses d'objectifs prévoient qu'en cas de non-réalisation des objectifs fixés dans le contrat de travail il pourra être procédé au licenciement du salarié. Les juges du fond doivent alors vérifier la proportionnalité de la clause : les objectifs doivent être réalisables compte tenu de la situation du marché. La non-réalisation de la clause d'objectif ne constitue pas en soi une cause réelle et sérieuse de licenciement. Elle doit être étayée par des faits objectifs (une faute du salarié, par exemple)[3].

La clause de non-concurrence ne doit pas être confondue avec l'obligation de non-concurrence qui s'impose au salarié durant le contrat de travail. Pendant tout le temps où le contrat de travail est exécuté, le salarié a une obligation de non-

1. Cass. soc., 11 janvier 1999, *Droit social,* 1999, 287 ; 6 février 2001, *RJS,* 4/01, n° 412 ; 10 février 2001, *RJS,* 4/01, n° 412 ; 29 janvier 2002, *RJS,* 4/02, n° 392.
2. Cass. soc., 22 mai 2001, *RJS,* 8-9/01, n° 998.
3. Cass. soc., 30 mars 1999, P, *RJS,* 5/99, n° 641 ; 14 novembre 2000, P + B, *RJS,* 1/01, n° 22 ; *Droit social,* 2001, 99, obs. Ph. Waquet ; Cass. soc., 12 février 2002, *RJS,* 5/02, n° 543.

concurrence : il ne doit pas prêter son concours à une entreprise concurrente de celle de son employeur, et ce, en application de l'obligation d'exécution de bonne foi du contrat de travail. Mais cette obligation cesse dès lors que la relation de travail est rompue. Le salarié retrouve la liberté d'exercer de façon subordonnée ou indépendante l'activité de son choix et concurrencer son ancien employeur. Celui-ci peut être intéressé à voir subsister au-delà de la relation de travail une obligation de non-concurrence : tel est l'objet de la clause de non-concurrence qui ne prendra effet que lorsque la prestation de travail ne sera plus assurée.

La clause de non-concurrence pourrait porter atteinte à la liberté du travail et la liberté d'entreprendre[1]. La Cour de cassation a alors posé des limites concernant les clauses de non-concurrence[2]. La clause de non-concurrence ne doit pas avoir pour effet de créer pour le salarié une impossibilité de retrouver un travail conforme à sa formation et à ses compétences[3]. La clause de non-concurrence ne peut concerner toutes les activités professionnelles. Elle ne peut concerner que des emplois dans un commerce ou une industrie déterminés. La portée d'une obligation de non-concurrence doit s'apprécier par rapport à l'activité réelle de l'entreprise et non par rapport à son objet social défini dans les statuts. La clause de non-concurrence doit être limitée dans le temps et dans l'espace. En conséquence, le juge a la possibilité de réduire la clause dans le temps ou dans l'espace[4]. De plus, la clause de non-concurrence n'est valable qu'à condition d'être indispensable à la protection des intérêts légitimes de l'entreprise et proportionnée compte tenu de l'emploi occupé et au travail demandé. La Cour de cassation a posé cette limite pour la première fois dans un arrêt du 14 mai 1992[5] concernant un laveur de vitres qui travaillait pour une entreprise de nettoyage.

Enfin, la clause de non-concurrence doit prévoir une contrepartie financière. La Cour de cassation a affirmé dans trois arrêts du 10 juillet 2002 qu'« une clause de non-concurrence n'est licite que si elle est indispensable à la protection des intérêts légitimes de l'entreprise, limitée dans le temps et dans l'espace, qu'elle tient compte des spécificités de l'emploi du salarié et comporte l'obligation pour l'employeur de verser au salarié une contrepartie financière, ces conditions étant cumulatives »[6]. Ainsi, la clause de non-concurrence stipulée dans un contrat de travail qui ne prévoit pas de contrepartie pécuniaire au profit de l'ancien salarié est nulle. Le salarié qui a « respecté une clause de non-concurrence illicite en l'absence de contrepartie financière peut prétendre à des dommages et intérêts »[7]. Le salarié peut donc, désormais, soit invoquer la nullité de la clause de non-concurrence stipulée dans son contrat de

1. Article 7 de la loi des 2 et 17 mars 1791 dite décret d'Allarde.
2. N. Gavalda, « Les critères de validité des clauses de non-concurrence en droit du travail », *Droit social,* 1999, 582.
3. Cass. soc., 18 décembre 1997, *Droit social,* 1998, 194, obs. J. Savatier.
4. Cass. soc., 25 mars 1998, *Droit social,* 1998, 544.
5. Cass. soc., 14 mai 1992, *JCP,* 1992, II, 21889, obs. J. Amiel-Donat, *D.,* 1992, 350, note Y. Serra, *RJS,* 6/92, n° 735, *Droit social,* 1992, 967, note D. Corrignan-Carsin.
6. Cass. soc., 10 juillet 2002, *RJS,* 1/03, p. 3.
7. Cass. soc, 18 mars 2003, *RJS,* 6/03, n° 734.

travail pour absence de contrepartie financière, soit exécuter la clause et demander ensuite au juge la condamnation de l'employeur au paiement de dommages et intérêts dont le montant viendra se substituer à la contrepartie financière que n'avaient pas prévue les parties. La Cour de cassation a également précisé dans un arrêt du 11 janvier 2006 que « le respect par un salarié d'une clause de non-concurrence illicite lui cause nécessairement un préjudice dont il appartient au juge d'apprécier l'étendue »[1]. Les juges du fond ne peuvent donc plus rejeter une demande de dommages et intérêts au motif qu'il n'existe pas de préjudice, mais ils doivent accueillir toutes les demandes émanant de salariés ayant respecté une clause de non-concurrence illicite. Cependant, il leur appartiendra toujours de fixer l'étendue du préjudice. Dès lors, si ce préjudice n'existe pas, les juges du fond pourront toujours allouer des dommages et intérêts dérisoires.

En l'absence de disposition particulière insérée dans le contrat de travail ou propre à la convention collective applicable, la jurisprudence considère que la mise en œuvre de la clause de non-concurrence est indépendante du motif de la cessation des relations contractuelles. La clause de non-concurrence produit ses effets, qu'il s'agisse d'une démission ou d'un licenciement, d'un départ en retraite ou en préretraite, et même en cas en cas de rupture du contrat de travail consécutive à une liquidation de biens et à la cessation des activités de l'entreprise[2].

Le point de départ de la clause de non-concurrence est déterminée en fonction du préavis. Lorsqu'il n'y a pas de préavis (la convention collective ne prévoit pas de préavis ou l'employeur invoque une faute grave ou lourde), la date d'expiration du contrat se situe à la date de notification de la rupture. Lorsqu'un préavis est prévu : si l'employeur dispense le salarié d'exécuter le préavis, la date d'expiration du contrat se situe à la date convenue entre les parties, et si le salarié n'est pas dispensé d'effectuer le préavis, la relation de travail se poursuit normalement jusqu'à son terme et la clause de non-concurrence entrera en vigueur le lendemain de la date d'expiration normale du préavis.

1. Cass. soc., 11 janvier 2006, *RJS,* 3/06, n° 341.
2. Cass. soc., 11 juin 2003, *RJS,* 11/03, n° 1271.

2

La modification du contrat de travail

Une modification apportée après la conclusion du contrat de travail est contraire aux principes généraux du droit commun des obligations contractuelles : la force obligatoire du contrat énoncée à l'article 1134 du Code civil et le principe de l'autonomie de la volonté prévue à l'article 1156 du Code civil. Mais l'application de ces principes doit être combinée à ceux du droit du travail, notamment le principe de subordination, corollaire du pouvoir de direction de l'employeur.

La question s'est alors posée de savoir si l'employeur pouvait imposer à ses salariés un changement de la durée du travail, de la rémunération, du lieu de travail, d'horaire ou autres. En réponse à cette question, la jurisprudence a établi une distinction entre les modifications substantielles et les modifications non substantielles du contrat de travail. Les modifications substantielles étaient des modifications très importantes qui nécessitaient l'accord du salarié. Inversement, les modifications non substantielles étaient des modifications accessoires qui pouvaient être imposées au salarié sans son accord. Le non-respect d'une modification non substantielle était constitutif d'une faute pouvant justifier une sanction disciplinaire. Cependant, la jurisprudence a abandonné cette distinction. La jurisprudence oppose désormais la modification du contrat de travail qui doit être acceptée par le salarié au changement des conditions de travail qui résulte de l'exercice par le chef d'entreprise de son pouvoir de direction et qui peut donc être imposé au salarié[1].

La modification du contrat de travail correspond à la modification d'un élément qui a été déterminant lors de la conclusion du contrat. Depuis un arrêt du 28 janvier 1998[2], la Cour de cassation exerce son contrôle sur le caractère contractuel de la modification. Elle a, depuis lors, élaboré une jurisprudence afin de déterminer l'étendue de la sphère contractuelle. Cependant, la frontière entre la modification du contrat de travail et le changement des conditions de travail reste floue. Il est pour-

1. Cass. soc., 10 juillet 1996, *Bull. civ.*, V, n° 278, *Droit social*, 1996, 976, obs. Blaise, *JCP G*, 1997, II, 22768, note Y. Saint-Jours, *RJS*, 8-9/96, n° 900.

2. Cass. soc., 28 janvier 1998, *CSB*, avril 1998, A.27, p. 113.

tant essentiel de définir la distinction entre la modification du contrat de travail (sect. I) et le changement des conditions de travail dans la mesure où leur régime juridique est très différent (sect. II).

SECTION I
LA DISTINCTION ENTRE LA MODIFICATION DU CONTRAT DE TRAVAIL ET LE CHANGEMENT DES CONDITIONS DE TRAVAIL

La modification affectant un élément du contrat de travail constitue une modification du contrat de travail qui requiert l'accord du salarié. Lorsque la modification ne concerne pas la sphère contractuelle, il s'agit d'un simple changement des conditions de travail. L'étude de la jurisprudence fait apparaître des éléments qui sont contractuels par nature dont la modification constitue obligatoirement une modification du contrat de travail (I) et des éléments qui peuvent recevoir une qualification juridique différente selon les circonstances (II).

I. Les éléments contractuels par nature

Les éléments contractuels par nature sont la durée du travail (1), la rémunération (2) et le lieu de travail (3).

1. La durée du travail

La durée du travail telle que mentionnée au contrat constitue un élément du contrat de travail qui ne peut être modifié sans l'accord du salarié[1]. Un problème s'est posé au moment du passage à une durée hebdomadaire de travail de 35 heures : la loi Aubry II du 19 janvier 2000 a prédéterminé la qualification juridique du passage de 39 heures à 35 heures : « La seule diminution du nombre d'heures stipulé au contrat de travail en application d'un accord de réduction de durée du travail ne constitue pas une modification du contrat de travail. » Ainsi, les employeurs ont été fortement incités à négocier, puisque, lorsque la réduction de la durée hebdomadaire provient d'un accord collectif étendu, il s'impose aux salariés leur accord. La solution était différente lorsque le passage à une durée hebdomadaire de travail de 35 heures est décidé unilatéralement par l'employeur. L'accord du salarié est nécessaire dans cette hypothèse.

1. Cass. soc., 20 octobre 1998, *Bull. civ.*, V, n° 433, *Droit social*, 1998, 1045, obs. Ph. Waquet.

La gestion des heures supplémentaires constitue une manifestation du pouvoir de direction. L'employeur peut donc imposer à ses salariés des heures supplémentaires dans la limite du contingent dont il dispose légalement et en raison des nécessités de l'entreprise[1].

2. La rémunération

La rémunération contractuelle du salarié constitue un élément du contrat de travail qui ne peut être modifiée même de manière minime sans son accord[2]. La rémunération contractuelle comprend le salaire de base ainsi que les accessoires (c'est-à-dire les indemnités et les primes). La modification du mode de calcul revient à la modification du contrat, « peu important que l'employeur prétende que le nouveau mode serait plus avantageux »[3].

Une clause du contrat de travail peut-elle autoriser l'employeur à modifier unilatéralement la rémunération ? La jurisprudence n'admet pas qu'une clause du contrat puisse conférer à l'employeur le droit de modifier unilatéralement la rémunération contractuelle du salarié ou son mode de calcul en lui laissant la totale maîtrise des critères de cette modification ou en soumettant celle-ci à des critères imprécis. La Cour de cassation a condamné sur la base de ce principe des clauses réservant à l'employeur le droit de faire varier à tout moment le taux et les modalités de calcul des commissions du salarié[4] ou l'autorisant à modifier ces commissions en fonction de l'évolution du marché et des produits de la marque sans autre précision[5]. En revanche, la haute juridiction admet sous réserve qu'elles n'aient pas pour effet de porter la rémunération du salarié en dessous des minima légaux et conventionnels, les clauses de variation du salaire fondées sur des éléments objectifs, indépendants de la volonté de l'employeur et ne correspondant pas à un risque inhérent à l'entreprise[6]. Par exemple, le critère qui fait dépendre le chiffre d'affaires servant de base au calcul des commissions dues au salarié d'un indice fondé sur le système de facturation pratiqué par le fournisseur est considéré comme objectif et étranger à la volonté de l'employeur[7].

Un problème s'est posé lors de la réduction légale de la durée hebdomadaire de travail à 35 heures : l'employeur pouvait-il imposer un changement de rémunération en raison de la réduction de la durée du travail ? Si l'employeur peut imposer une réduction de la durée du travail en application d'un accord étendu, il ne peut dans le même temps modifier la rémunération du salarié sans son accord. La perte de la

1. Cass. 9 mars 1999, *Bull. civ.*, V, n° 103, *RJS*, 1999, 324, n° 524.
2. Cass. soc., 3 mars 1998, *Bull. civ.*, V, n° 109.
3. Cass. soc., 19 mai 1998, *Bull. civ.*, V, n° 265.
4. Cass. soc., 27 février 2001, *RJS*, 5/01, n° 562.
5. Cass. soc., 30 mai 2000, *RJS*, 7-8/00.
6. Cass. soc., 2 juillet 2002, *RJS*, 10/02.
7. Cass. soc., 25 février 2003, *RJS*, 5/03, n° 568.

rémunération consécutive à la réduction de la durée du travail constitue une modification du contrat de travail qui doit faire l'objet, de la part du salarié, d'une acceptation claire et non équivoque[1].

3. Le lieu de travail

Le contrat de travail peut contenir une clause de mobilité. Celle-ci a des conséquences sur la qualification juridique du lieu de travail. En l'absence de clause de mobilité, la jurisprudence a choisi une qualification objective du lieu de travail en élaborant la notion de secteur géographique : un transfert de lieu de travail constitue un simple changement des conditions de travail qui ne peut être refusé par le salarié lorsqu'il est effectué dans le même secteur géographique[2]. Si le transfert a lieu dans un autre secteur géographique que le lieu de travail initial, il constitue une modification du contrat de travail que le salarié peut refuser. Le juge du fond doit apprécier le périmètre du secteur géographique ; le plus souvent, il correspond à la région.

Cependant, la jurisprudence admet qu'un employeur impose à un salarié de travailler ponctuellement hors de son secteur géographique : un salarié occupant des fonctions spécifiques pouvait être tenu à une obligation de mobilité alors même que celle-ci n'aurait pas été prévue dans son contrat ou dépasserait le cadre de la clause de mobilité. Par exemple, la Cour de cassation a jugé qu'un salarié dont le contrat prévoyait uniquement la possibilité de déplacement en province pouvait se voir imposer une mission ponctuelle en Allemagne eu égard à la nature de ses fonctions de consultant et à la circonstance qu'il avait été embauché en raison notamment de ses connaissances de la langue allemande[3]. De même, la haute juridiction a considéré que le changement d'affectation d'un chauffeur de car dont le contrat était muet sur la question du lieu de travail n'emporte pas modification de son contrat, la nature même de l'emploi de l'intéressé impliquant une certaine disponibilité géographique[4]. Puis, dans un arrêt du 22 janvier 2003[5], la Cour de cassation est allée encore plus loin et a posé un principe permettant de délimiter, de façon générale, les conditions dans lesquelles un déplacement ponctuel hors secteur géographique est susceptible d'être imposé à certains salariés : « Le déplacement occasionnel imposé à un salarié en dehors du secteur géographique où il travaille habituellement ne constitue pas une modification de son contrat de travail dès lors que la mission est justifiée par l'intérêt de l'entreprise et que la spécificité des fonctions exercées par le salarié implique de sa part une certaine mobilité géographique. » Ainsi, la Cour de cassation pose deux

1. Cass. soc., 27 mars 2001, *Bull. civ.,* V, n° 109, *D.,* 2001, somm. 2165, obs. Escande-Varniol, *Droit social,* 2001, Rade.

2. Cass. soc., 20 octobre 1998, *Bull. civ.,* V, n° 431, *RJS,* 1999, n° 8.

3. Cass. soc., 21 mars 2000, *RJS,* 5/01, n° 501.

4. Cass. soc., 4 janvier 2000, *Bull. civ.,* V, n° 186, *D.,* 2000, somm. 85, obs. Frossard, *JCP,* éd. G, 1999, II, 1026, note Lefranc-Harmoniaux, *Droit social,* 1999, 737, obs. Ray, *RJS,* 1999, 485, n° 792.

5. Cass. soc., 22 janvier 2003, *Bull. civ.,* V, n° 15, *Droit social,* 2003, 433, obs. Savatier, *JCP,* éd. E, 2003, 993, note Corrignan-Carsin.

conditions pour qu'un déplacement ponctuel hors secteur géographique puisse être imposé au salarié : la nature des fonctions du salarié et l'intérêt de l'entreprise.

En présence d'une clause de mobilité, la qualification juridique du changement de lieu de travail diffère. La mutation d'un salarié en application d'une clause de mobilité constitue un simple changement des conditions de travail. La clause de mobilité doit définir de manière précise sa zone géographique d'application. Elle ne peut conférer à l'employeur le pouvoir d'en étendre unilatéralement la portée[1]. Lorsque l'obligation de mobilité est inscrite dans la convention collective et non dans un contrat individuel, elle s'imposera aux salariés embauchés après conclusion et mise en vigueur de la convention collective à deux conditions : la disposition doit manifester sa force contraignante, sans ambiguïté « se suffire à elle-même », et les salariés doivent avoir été informés de l'existence de la convention collective dès leur engagement et mis en mesure d'en prendre connaissance[2].

L'usage de la clause de mobilité ne doit pas dégénérer en abus. La mise en œuvre d'une clause de mobilité n'est pas sans limite au regard de l'exigence de bonne foi contractuelle posée par l'article L. 1222-1 du Code du travail. La jurisprudence sanctionne les dérives dans l'exercice par l'employeur de son pouvoir de direction en cas d'abus de droit ou de légèreté blâmable de ce dernier. L'exigence de la bonne foi dans l'exécution des contrats implique pour l'employeur l'exercice loyal des pouvoirs qu'il tient du contrat de travail mais également l'obligation de prendre en considération les intérêts du salarié en veillant à ne pas le mettre en difficulté pour la poursuite de la relation contractuelle. L'employeur ne peut faire abstraction de l'intérêt du salarié tout particulièrement lorsque les impératifs de sa vie privée sont en cause. Par exemple, l'employeur ne peut imposer à un salarié dans une situation familiale difficile un déplacement immédiat dans un poste qui aurait pu être occupé par d'autres salariés[3]. La clause de mobilité ne peut être mise en œuvre que dans l'intérêt de l'entreprise, à défaut de quoi le licenciement du salarié ayant refusé la mutation serait sans cause réelle et sérieuse[4]. Toutefois, la Cour de cassation a affirmé dans deux arrêts du 25 février 2005[5] que, « la bonne foi contractuelle étant présumée, les juges n'ont pas à rechercher si la décision de l'employeur de modifier les conditions de travail d'un salarié est conforme à l'intérêt de l'entreprise. Il incombe au salarié de démontrer que cette décision a en réalité été prise pour des raisons étrangères à cet intérêt, ou bien qu'elle a été mise en œuvre dans des conditions exclusives de la bonne foi contractuelle ». La haute juridiction a ainsi clarifié dans ces arrêts la question de la charge de la preuve[6].

1. Cass. soc., 7 juin 2006, *Droit social,* 2006, obs. Favennec-Héry, *JCP,* éd. E, 2006, 2443, note Béal ; Cass. soc., 12 juillet 2006, *RJS,* 2006, 768, n° 1028.

2. Cass. soc., 27 juin 2002, *Bull. civ.,* V, n° 222, *D.,* 2002, 3115, obs. Amauger-Lattès. Dans cet arrêt, la Cour de cassation a appliqué les solutions dégagées pour la clause d'essai et pour la clause de non-concurrence.

3. Cass. soc., 18 mai 1999, *Bull. civ.,* V, n° 219, *D.,* 2000, somm. 84, obs. Escande-Varniol, *Droit social,* 1999, 734.

4. Cass. soc., 29 janvier 2002, *RJS,* 4/02, n° 392 ; Cass. soc., 18 septembre 2002, *RJS,* 12/02, n° 1352.

5. Cass. soc., 23 février 2005, *Droit social,* 2005, 576, obs. Mouly, *RJS,* 2005, 342, n° 477.

6. Cette solution met fin aux incertitudes nées de certains arrêts qui paraissent imposer à l'employeur d'établir que sa décision avait été prise dans l'intérêt de l'entreprise (Cass. soc., 23 janvier 2002, *RJS,* 4/02, n° 392, et Cass. soc., 9 juillet 2003, *RJS,* 10/03, n° 1239).

II. Les éléments à qualification variable

Les éléments à qualification variable sont les horaires (1) et les fonctions (2).

1. Les horaires

En principe, le changement d'horaires relève du pouvoir de direction de l'employeur (sous réserve que la durée du travail et la rémunération contractuelle restent identiques). Mais, dans des situations particulières (changement de forte amplitude, restructuration de l'horaire...), la jurisprudence considère qu'il s'agit d'une modification du contrat de travail. Il en est de même si les horaires ont été contractualisés ou si les parties ont exclu contractuellement le travail du salarié à certains moments de la semaine ou de la journée.

Ainsi, la Cour de cassation qualifie de simple changement des conditions de travail la nouvelle répartition de l'horaire au sein de la journée[1], le fait de demander à un salarié d'être désormais présent le vendredi après-midi[2] ou le samedi[3]. Mais la jurisprudence considère qu'une réorganisation complète constitue une modification du contrat de travail. Il en est ainsi en cas de passage d'un horaire fixe à un horaire variable[4] ou d'un horaire continu à un horaire discontinu[5], le passage d'un horaire de jour à un horaire de nuit ou le passage d'un horaire de nuit à un horaire de jour[6].

2. Les fonctions

En application de son pouvoir de direction, l'employeur peut donner au salarié une tâche différente dès l'instant où elle correspond à sa qualification. Lorsque les nouvelles fonctions font glisser le salarié vers des tâches relevant manifestement d'une autre qualification, le contrat de travail est atteint dans son objet même : il s'agit alors d'une modification du contrat de travail. Ainsi, l'employeur a, dans une certaine limite, la possibilité d'aménager les attributions d'un salarié sans qu'il en résulte une modification du contrat de travail subordonnée à l'accord préalable de l'intéressé. La jurisprudence distingue, d'une part, la demande d'exécution de tâches nouvelles qui, bien

1. Cass. soc., 22 février 2000, *Bull. civ.*, V, n° 67, *D.*, 2000, IR, 82, *JCP*, éd. G, 2000, II, 10321, note Corrignan-Carsin, *RJS*, 2000, 270, n° 374. ; Cass. soc., 9 avril 2002, *Bull. civ.*, V, n° 123, *Droit social*, 2002, 665, obs. Savatier.
2. Cass. soc., 16 mai 2000, *Bull. civ.*, V, n° 181, *Droit social*, 2000, 776, obs. Ray, *RJS*, 2000, 539, n° 771.
3. Cass. soc., 17 octobre 2000, *Bull. civ.*, V, n° 328.
4. Cass. soc., 14 novembre 2000, *Bull. civ.*, V, n° 365.
5. Cass. soc., 18 décembre 2001, *Bull. civ.*, V, n° 388.
6. Cass. soc., 22 mai 2001, *Bull. civ.*, V, n° 178, *Droit social*, 2001, 766, obs. Rade.

qu'elles apparaissent moins intéressantes ou valorisantes, correspondent à la qualification du salarié et, de l'autre, la demande d'exécution de tâches nouvelles remettant en cause le niveau de responsabilité et la nature même de l'activité auparavant exercée par le salarié. Ce n'est que dans cette dernière hypothèse qu'il existe une modification du contrat de travail. L'employeur peut alors demander à une ouvrière agricole chargée de la cueillette de citrons d'effectuer l'engrainage des bananes[1] ou à une femme de ménage affectée à l'entretien des appartements des copropriétaires d'effectuer le nettoyage des parties communes de l'immeuble[2]. En revanche, il ne peut être imposé à un veilleur de nuit d'effectuer le dressage des couverts pour le petit déjeuner[3] ou à un salarié engagé comme peintre d'effectuer le nettoyage des chantiers.

SECTION II
LE RÉGIME JURIDIQUE DE LA MODIFICATION DU CONTRAT DE TRAVAIL ET DU CHANGEMENT DES CONDITIONS DE TRAVAIL

Le régime juridique de la modification du contrat de travail (I) est totalement différent du régime juridique du changement des conditions de travail (II).

I. Le régime juridique de la modification du contrat de travail

1. L'acceptation de la modification du contrat de travail

L'acceptation de la modification entraîne la novation des seuls éléments du contrat de travail qui ont été modifiés. La novation entraîne une situation nouvelle tant pour l'employeur[4] que pour le salarié : ils ne peuvent plus revenir en arrière, sauf en concluant un nouvel accord. L'employeur peut être amené à proposer au salarié une modification du contrat de travail pour un motif personnel ou pour un motif économique. Dans la première hypothèse, elle peut constituer une sanction en raison d'une faute commise par le salarié (mutation, rétrogradation...) ou intervenir en raison d'une inaptitude professionnelle à la suite d'un accident ou d'une maladie (aménagement du temps de travail, du poste...). Dans la seconde hypothèse, elle peut encore avoir lieu pour des raisons économiques (réorganisation de l'entreprise en raison de difficultés économiques, d'innovations technologiques ou de la nécessité de maintenir la compétitivité).

1. Cass. soc., 10 mai 1999, *Bull. civ.*, V, n° 199, *Droit social*, 1999, 736, obs. Gariau, *RJS*, 1999, 484, n° 791.
2. Cass. soc., 24 avril 2001, *Bull civ.*, V, n° 128.
3. Cass. soc., 24 janvier 2001, *RJS*, 5/01, n° 563.
4. Cass. soc., 16 juin 1965, *Bull. civ.*, IV, n° 466.

La preuve de l'acceptation du salarié diffère en fonction des raisons qui sont à l'origine de la modification. Depuis la loi quinquennale du 20 décembre 1995, il faut opérer une distinction entre les modifications ayant une cause économique et celles qui tiennent à la personne du salarié. En cas de modification tenant à la personne du salarié, « la novation ne se présume pas »[1]. La preuve de l'acceptation du salarié peut être établie par tous les modes de preuve admis par la loi[2]. L'acceptation tacite est envisageable mais elle ne peut « résulter que d'actes non équivoques manifestant clairement et certainement l'intention des parties de nover ». Aussi, si le salarié a expressément refusé la modification, la poursuite du contrat de travail ne vaut pas acceptation tacite de celle-ci[3].

En cas de modification pour motif économique, la loi quinquennale a posé une nouvelle règle : l'employeur qui envisage une telle modification doit en informer chaque salarié concerné par lettre recommandée avec avis de réception (art. L. 1222-6 du Code du travail). Cette lettre doit informer le salarié qu'il dispose d'un délai d'un mois pour faire connaître son refus. S'il ne se manifeste pas dans ce délai, il est réputé avoir accepté tacitement la modification : le silence du salarié vaut acceptation. L'employeur ne peut pas licencier le salarié avant le délai d'un mois que la loi accorde au salarié. La jurisprudence a affirmé, dans deux arrêts du 10 décembre 2003 (deux arrêts) : « Le délai d'un mois institué par l'article L. 321-1-2 du Code du travail (nouvel article L. 1222-6 du Code du travail) constitue une période de réflexion destinée à permettre au salarié de prendre parti sur la proposition de modification en mesurant les conséquences de son choix. Il en résulte que l'inobservation de ce délai par l'employeur prive de cause réelle et sérieuse le licenciement consécutif au refus par le salarié de la modification de son contrat de travail. »[4] Plus généralement, la jurisprudence sanctionne le non-respect par l'employeur de l'ensemble des formalités prescrites par l'article L. 1222-6 du Code du travail. Dans un arrêt du 25 janvier 2005, la Cour de cassation a jugé que « l'employeur qui n'a pas respecté ces formalités ne peut se prévaloir ni d'un refus, ni d'une acceptation de la modification du contrat de travail par le salarié »[5]. Ainsi, faute d'avoir respecté le formalisme de l'article L. 1222-6 du Code du travail, l'employeur ne peut tirer aucune conséquence juridique de l'attitude du salarié ; notamment, il ne peut pas engager la procédure de licenciement pour motif économique consécutive à un refus de la modification du contrat de travail proposée. Tout licenciement qui procéderait d'un tel refus même fondé sur un motif économique avéré serait nécessairement sans cause réelle et sérieuse.

1. Cass. soc., 5 juillet 1973, *Bull. civ.*, V, n° 452.
2. Cass. soc., 17 décembre 1974, *Bull. civ.*, V, n° 614.
3. Cass. soc., 8 octobre 1987, *Droit social*, 1988, p. 141, note J. Savatier ; Cass. soc., 25 février 1988, *Bull. civ.*, V, n° 140 ; Cass. soc., 18 février 1988, *Bull. civ.*, V, n° 118 ; Cass. soc., 4 février 1988, *Bull. civ.*, V, n° 96.
4. Cass. soc., 10 décembre 2003, *RJS*, 2/04, n° 174.
5. Cass. soc., 25 janvier 2005, *RJS*, 4/05, n° 344.

2. Le refus de la modification du contrat de travail

L'employeur confronté à un refus d'une modification n'a en principe qu'une alternative : renoncer à la modification ou procéder au licenciement. Le salarié peut alors exiger de l'employeur qu'il exécute le contrat de travail aux conditions initialement prévues si l'employeur ne procède pas à son licenciement[1]. Le salarié qui refuse la modification de son contrat de travail peut continuer de travailler aux conditions antérieures.

L'employeur, face au refus du salarié, peut choisir de rompre le contrat de travail. Il ne peut licencier le salarié au seul motif que celui-ci a refusé une modification du contrat de travail : le refus d'une modification est un droit dont l'exercice ne peut justifier un licenciement. Cependant, le licenciement mis en œuvre par l'employeur à la suite d'un refus du salarié n'est pas nécessairement sans cause réelle et sérieuse. Les raisons pour lesquelles l'employeur a proposé une modification du contrat peuvent justifier le licenciement. La lettre de licenciement doit expressément faire référence au motif qui a conduit l'employeur à envisager la modification refusée par le salarié[2]. Le motif est examiné par le juge qui décidera alors s'il existe une cause réelle et sérieuse de licenciement. L'employeur doit respecter la procédure de licenciement correspondant au motif de la modification. Il devra donc, selon le cas, observer la procédure de licenciement pour motif économique ou personnel.

Lorsque l'employeur ne tient pas compte du refus du salarié et passe outre, le salarié peut faire constater que cette voie de fait s'analyse en un licenciement nécessairement dépourvu de cause réelle et sérieuse (« prendre acte de la rupture du contrat de travail »), demander la résolution du contrat aux torts de l'employeur ou exiger la conduite du contrat aux conditions non modifiées. Mais le salarié n'est pas fondé à se considérer comme licencié au seul motif qu'il a refusé la proposition de modification. Il faut que l'employeur ait poursuivi la modification du contrat de travail malgré le refus du salarié.

II. Le régime juridique du changement des conditions de travail

L'employeur peut changer les conditions de travail d'un salarié qui n'ont pas été contractuellement prévues sans son accord. Ce n'est que la manifestation de son pouvoir de direction. Aussi, le salarié qui refuse un changement des conditions de

1. Cass. soc., 4 février 1988 : « L'employeur ne peut, sans l'accord du salarié, modifier substantiellement le contrat individuel de travail et il lui incombe soit de maintenir les conditions contractuellement convenues, soit de tirer les conséquences du refus opposé par l'intéressé. »

2. Cass. soc., 5 octobre 1999, *RJS,* 11/99, n° 1360.

travail commet un manquement à ses obligations contractuelles et s'expose au pouvoir disciplinaire de l'employeur. Celui-ci peut le sanctionner, voire le licencier pour faute. Le refus du salarié peut même être constitutif de faute grave[1].

Cependant, les juges du fond qui apprécient la faute du salarié peuvent écarter la qualification de « faute grave » en fonction des circonstances. Des critères tenant à la personne du salarié (comme son ancienneté) ou les raisons de son refus doivent être prises en compte. Ils permettront éventuellement d'atténuer la faute commise qui pourra être seulement sérieuse, même légère, et interdire alors un licenciement. Si la voie disciplinaire reste ouverte à l'employeur, en présence d'une clause de mobilité valable et mise en œuvre dans le cadre de l'exercice normal du pouvoir de direction, il faut, pour pouvoir qualifier le refus du salarié de faute grave, se référer à son attitude et non à celle de l'employeur. La seule circonstance que l'employeur a fait un usage régulier de la clause ne peut permettre à elle seule de caractériser la faute grave du salarié.

Le changement de conditions de travail peut aussi être considéré comme un abus de droit de la part de l'employeur. Lorsque le changement de conditions de travail a un caractère abusif, le salarié peut refuser d'exécuter le contrat aux nouvelles conditions[2]. Ce refus est légitime. Un licenciement fondé sur un tel refus serait jugé sans cause réelle et sérieuse. Toutefois, un changement abusif des conditions de travail ne peut être considéré comme portant atteinte à une liberté fondamentale du salarié et entraîner la nullité du licenciement fondé sur le refus du salarié de ces nouvelles conditions. La Cour de cassation a jugé dans un arrêt du 28 mars 2006 qu'« une mutation géographique ne constitue pas en elle-même une atteinte à la liberté fondamentale du salarié quant au libre choix de son domicile et, si elle peut priver de cause réelle et sérieuse le licenciement du salarié qui la refuse lorsque l'employeur la met en œuvre dans des conditions exclusives de la bonne foi contractuelle, elle ne justifie pas la nullité de ce licenciement »[3]. Une telle mutation ne constitue pas en elle-même une atteinte à la liberté fondamentale du salarié quant au choix de son domicile et ne justifie donc pas la nullité du licenciement du salarié qui la refuse. Il n'y a atteinte à la liberté en question que si le salarié subit concrètement par décision de l'employeur une contrainte autre que le déplacement de son lieu de travail « en lui-même ». Si une mutation géographique constitue un simple changement des conditions de travail, l'employeur ne peut y procéder qu'en restant de bonne foi dans l'exécution du contrat de travail. Une mutation faite dans des conditions exclusives de la bonne foi équivaut à la méconnaissance d'une obligation contractuelle et la rupture sur laquelle elle débouche est un licenciement sans cause réelle et sérieuse.

1. Cass. soc., 10 juillet 1996, *Droit social,* 1996, p. 976.
2. Cass. soc., 3 juin 1997, *RJS,* 7/97, n° 794 ; Cass. soc., 18 novembre 2001, *RJS,* 2/02, n° 147 ; Cass. soc., 23 janvier 2002, *RJS,* 4/02, n° 392.
3. Cass. soc., 28 mars 2006, *RJS,* 6/06, n° 690.

3

L'exécution du contrat de travail

Pour équilibrer la relation entre l'employeur et le salarié juridiquement subordonnée et économiquement inégale, « le juge a cherché depuis longtemps à assurer une protection minimale de la liberté du salarié et, à cet effet, à lui garantir une autonomie par rapport à son employeur et à l'entreprise où il travaille »[1]. Puis la loi du 31 décembre 1992[2] a renforcé la protection des libertés du salarié[3] en introduisant l'article L. 1121-1 du Code du travail : « Nul ne peut apporter aux droits des personnes et aux libertés individuelles et collectives des restrictions qui ne seraient pas justifiées par la nature de la tâche à accomplir ni proportionnées au but recherché » (sect. I). Par ailleurs, le juge tente également de préserver les intérêts matériels et moraux du salarié en exigeant de l'employeur qu'il exécute de bonne foi le contrat (sect. II).

SECTION I
LA PROTECTION DES DROITS ET LIBERTÉS FONDAMENTAUX DU SALARIÉ

Notre droit assure une « protection spécifique des droits fondamentaux du salarié »[4] (I). L'employeur peut apporter des limites à ces droits et libertés, mais ces droits et libertés sont strictement encadrés. En effet, l'article L. 1121-1 du Code du travail dispose : « Nul ne peut apporter aux droits des personnes et aux libertés individuelles et collectives de restrictions qui ne seraient pas justifiées par la nature de la tâche à accomplir ni proportionnées aux buts recherchés » (II).

1. P. Waquet, « La vie personnelle du salarié », *Droit social,* 2004, p. 23.
2. Loi n° 92-1446 du 31 décembre 1992, *JORF,* n° 304 du 31 décembre 1992.
3. Protection commencée par la loi du 4 août 1982.
4. J.-M. Verdier, « Sur la protection spécifique des droits fondamentaux en droit du travail », *Droit social,* 2001, p. 1035.

I. La reconnaissance des droits et libertés du salarié dans l'entreprise

Le législateur reconnaît au salarié l'ensemble des droits et libertés dont jouit le citoyen : la vie personnelle (1) et les libertés publiques du salarié sont protégés (2).

1. La vie personnelle du salarié

La vie personnelle n'est que l'un des droits ou l'une des libertés consacrés par l'article L. 1121-1 du Code du travail. La vie personnelle concerne aussi bien les relations du salarié avec l'entreprise pendant le temps du travail et dans les locaux professionnels, que les périodes où le salarié se trouve chez lui ou, plus largement, en dehors de l'exécution de son travail[1]. Le Pr Gérard Lyon-Caen a insisté sur le fait qu'en tout lieu et en tout temps le salarié conserve « une part irréductible de liberté ». Et il a mis en évidence que, « même sur les lieux de travail, une certaine opacité de la personne du salarié doit être exigée. Le salarié n'est pas seulement un être de travail. Son identité intime doit être respectée »[2].

L'expression « vie personnelle » a été substituée à celle de « vie privée », non pas pour éliminer cette dernière mais pour aller au-delà. « La vie personnelle est plus large, plus compréhensive que la vie privée ; la vie privée n'est pas toute la vie contractuelle. »[3] La « vie privée », telle qu'elle est protégée par l'article 9 du Code civil et par l'article 8 de la Convention de sauvegarde des droits de l'homme et des libertés fondamentales, concerne essentiellement l'intimité de la vie humaine : la liberté de domicile, le droit au secret et à l'inviolabilité des correspondances, le droit à la vie sexuelle et à une vie familiale normale. Le thème de la famille est très riche car il comporte le problème de la liberté du mariage[4] ou du divorce[5].

1. La vie personnelle échappe à la limitation de la vie extraprofessionnelle. Cette notion a été proposée par le Pr Despax et couvre toute la partie de vie qui échappe à l'autorité de l'employeur : dès l'instant où le salarié n'est plus au temps et au lieu du travail, il est dans sa vie extraprofessionnelle, qu'elle soit privée ou publique (« La vie extraprofessionnelle du salarié et son incidence sur le contrat de travail », *JCP,* 1963, I, 1776). Mais cette notion présente une faiblesse : l'autonomie du salarié doit être aussi protégée dans l'entreprise, ce que ne permet pas la référence à la seule vie extraprofessionnelle.

2. Cité dans P. Waquet, « La vie personnelle du salarié », *Droit social,* 2004, p. 25. Voir les réflexions dans le même sens de J. Savatier, « La liberté dans le travail », *Droit social,* 1990, p. 49, et A. Supiot, *Critiques du droit du travail,* Paris, PUF, coll. « Les Voies du droit », 1994, p. 63.

3. J.-M. Verdier, « Interaction entre vie personnelle et vie professionnelle », *Gaz. Pal.,* 1996, p. 1419.

4. Voir l'affaire Barbier concernant le mariage des hôtesses de l'air d'Air France : CA Paris, 30 avril 1963, *D.,* 1963, p. 468 ; Cass. soc., 17 mars 1971, *JCP,* 1971, II, 16870 ; Cass. soc., 10 juin 1992, *Bull. civ.,* V, n° 392.

5. Voir CA Paris, 10 mars 1994, *RJS,* 1994, n° 658 : la cour de Paris a jugé qu'un licenciement prononcé pour cause de divorce était sans cause réelle et sérieuse dès lors que la clause de résiliation invoquée par l'employeur constituait une atteinte à la liberté du divorce.

Le salarié a droit à la protection de sa vie privée non seulement en dehors du travail, mais aussi pendant le travail[1]. La vie personnelle, qui inclut l'intimité de la vie privée, englobe d'autres aspects de la vie du salarié, et notamment ses démarches publiques : les lieux publics qu'il fréquente, les associations ou partis politiques auxquels il adhère, ses activités culturelles ou sportives, ses lectures ou les opinions qu'il exprime. D'une manière générale, l'ensemble des faits et gestes du salarié en dehors du temps et du lieu de travail appartient à sa vie personnelle[2]. La vie personnelle n'abolit pas la protection spéciale et renforcée de la vie privée. Selon M. Philippe Waquet, « ramenée à ses véritables limites, la vie privée apparaît comme le donjon de la vie professionnelle, comme un sanctuaire particulièrement protégé »[3].

2. Les libertés publiques du salarié

Les salariés hors de l'entreprise, mais aussi dans l'entreprise, peuvent se prévaloir des libertés publiques, notamment la liberté de pensée, la liberté d'expression et la liberté religieuse. La liberté de pensée ou d'opinion est absolue. Sur le plan du for interne, un individu peut penser ce qu'il veut. Certes, on peut admettre la validité, dans les entreprises dites de tendance, des clauses contractuelles dépassant le niveau normal de l'obligation de loyauté et du devoir de réserve et contraignant le salarié à adopter tel ou tel comportement extérieur. Mais la communion de pensée ne peut être exigée[4]. Le for intérieur du salarié doit rester totalement autonome.

La liberté d'expression pose des problèmes plus délicats. Cette liberté doit être distinguée du droit d'expression créé par l'article L. 2281-1 du Code du travail. Cet article énonce que, dans les entreprises, « les salariés bénéficient d'un droit à l'expression directe et collective sur le contenu des conditions d'exercice et l'organisation de leur travail ». Cette expression a pour objet de définir les actions à mettre en œuvre pour améliorer leurs conditions de travail, l'organisation de l'activité et la qualité de la production dans l'unité de travail à laquelle ils appartiennent et dans l'entreprise.

1. C'est ainsi qu'un système de vidéosurveillance ne peut pas être installé à l'insu des salariés : Cass. soc., 20 novembre 1991, *Bull. civ.,* V, n° 519 ; Cass. soc., 22 mai 1995, *RJS,* 1995, n° 757, *Bull. civ.,* V, n° 164, Cass. soc., 4 février 1998, *RJS,* 1998, n° 415, *Bull. civ.,* V, n° 64. De la même manière, il a été jugé qu'un salarié n'est pas tenu de participer à une excursion organisée par l'employeur pendant un jour de travail et aux heures habituelles de celui-ci ; engagé pour un travail déterminé, le salarié n'est pas obligé de participer à une activité ludique extraprofessionnelle : Cass. soc., 8 octobre 1996, *RJS,* 1996, n° 1149, *Bull. civ.,* V, n° 317.

2. Voir, par exemple : Cass. soc., 22 janvier 1992, *RJS,* 1992, n° 247, *Bull. civ.,* V, n° 30 : en l'espèce, il s'agissait d'une salariée de l'entreprise Renault qui a fait l'acquisition d'un véhicule de la marque Peugeot. La Cour de cassation a ainsi affirmé qu'un salarié, en dehors de sa vie professionnelle, est libre d'acheter les biens, produits ou marchandises de son choix.

3. P. Waquet, « La vie personnelle du salarié », *Droit social,* 2004, p. 25.

4. L'hypothèse n'est pas d'école, puisque, dans l'affaire Fischer, la Cour de cassation avait jugé qu'une femme engagée comme professeur dans une faculté protestante de théologie devait se trouver « en communion de pensée et de foi avec son employeur » (Cass. soc., 27 novembre 1986, *Droit social,* 1987, p. 379, note Savatier). Cette solution serait maintenant impossible, avec l'article 9 de la Convention européenne des droits de l'homme qui protège, sans restriction possible, la liberté de pensée, et avec l'article L. 120-2 du Code du travail.

C'est une forme particulière de liberté d'expression adaptée au droit du travail : elle s'exerce dans le cadre de groupes d'expression.

La liberté d'expression, droit individuel, consiste pour un salarié à exprimer sa pensée, sur n'importe quel sujet, aussi bien dans l'entreprise qu'en dehors de l'entreprise. Seul l'abus d'expression peut être sanctionné. Elle est restreinte en partie par la loi, puisqu'on ne peut, sous prétexte de liberté de parole, ni diffamer, ni injurier autrui. Mais, même ainsi cantonné, l'exercice de cette liberté n'est pas évident[1]. « Un bon salarié ou, en tout cas, un salarié prudent est souvent un salarié qui se tait. »[2] C'est à l'occasion de la célèbre affaire Clavaud[3] que la liberté d'expression a été consacrée comme un droit pour les salariés. Il s'agissait d'un salarié qui, dans un journal, avait décrit les conditions de vie des travailleurs de l'entreprise. La Cour de cassation a considéré qu'était nul comme portant atteinte à une liberté fondamentale le licenciement de ce salarié en raison des paroles qu'il avait écrites sur ses conditions de travail dans un journal. Un arrêt a ensuite confirmé cette solution en posant la règle que « la liberté d'expression des salariés en dehors de l'entreprise s'exerce pleinement sauf abus »[4] au sujet d'un salarié qui avait dénoncé dans un journal l'attitude de ses supérieurs hiérarchiques. Depuis, la doctrine de la Cour de cassation s'est maintenue[5] : la liberté est le principe avec le tempérament de l'abus[6].

La liberté religieuse du salarié est reconnue mais entraîne des difficultés sur deux plans : celui de l'employeur qui peut tenter d'imposer ses croyances et les comportements que ces croyances impliquent auprès de ses salariés, et celui du salarié qui veut réclamer un traitement particulier. La Cour de cassation[7] a cherché à définir une norme. Elle a proclamé que « l'employeur est tenu de respecter les convictions religieuses de son salarié ». Mais elle a ajouté que ces convictions, dans la mesure où elles prohibent tel comportement ou imposent telle pratique, doivent donner lieu à une clause spéciale du contrat de travail. Dès lors, si un salarié doit faire une prière à une heure donnée, il faut que son contrat de travail l'autorise à cesser le travail à cette heure ; de même, si un jour déterminé correspond à une fête religieuse, ce n'est qu'en vertu d'une clause du contrat de travail, ou d'un accord particulier avec son employeur, que le salarié pourra s'abstenir de travailler. Ainsi, si aucun acte, aucune

1. De nombreux exemples de jurisprudence peuvent être donnés de licenciements considérés comme justifiés par des paroles ou écrits du salarié : il est d'abord des cas où l'expression traduit une divergence de vue avec l'employeur justifiant le licenciement : Cass. soc., 10 juillet 1980, *Bull. civ.,* V, n° 646 ; Cass. soc., 13 mai 1981, *Bull. civ.,* V, n° 413, Cass. soc., 4 novembre 1982, *Bull. civ.,* V, n° 594. Ensuite, on trouve des cas où les paroles prononcées sont considérées comme une critique inadmissible de l'employeur : Cass. soc., 12 mars 1980, *Bull. civ.,* V, n° 247, Cass. soc., 1er juillet 1981, *Bull. civ.,* V, n° 620.

2. P. Waquet, « Les libertés dans l'entreprise », *RJS,* 2000, p. 335.

3. Cass. soc., 28 février 1988, *Droit social,* 1988, p. 428, note Couturier.

4. Cass. soc., 5 mai 1993, *Droit social,* 1993, p. 600.

5. Cass. soc., 12 novembre 1996, *RJS,* 1997, n° 68.

6. Cass. soc., 4 février 1997, *RJS,* 1997, n° 252 ; Cass. soc., 7 octobre 1997, *RJS,* 1997, n° 1199.

7. Cass. soc., 24 mars 1998, *Droit social,* 1998, p. 614, obs. Savatier. Il s'agissait en l'espèce d'un salarié de religion musulmane qui occupait un emploi de boucher. Ce salarié s'est aperçu, après plusieurs années, que son emploi l'amenait à toucher de la viande de porc, ce que sa religion lui interdisait, et il a prétendu avoir le droit d'occuper un autre emploi.

décision portant directement atteinte aux convictions religieuses d'un salarié n'est possible, le fait religieux reste néanmoins étranger à la relation de travail, sauf clause spéciale. Selon M. Philippe Waquet, « il convient dans une société pluraliste de s'en tenir à une laïcité positive qui respecte les convictions religieuses, mais qui les cantonne au niveau de la vie personnelle du salarié »[1].

II. Les restrictions possibles aux droits et libertés du salarié

L'article L. 1121-1 du Code du travail n'admet la validité des restrictions aux droits et libertés qu'à deux conditions : qu'elles soient justifiées par la nature de la tâche à accomplir (principe de finalité) (1) et proportionnées aux buts recherchés (principe de proportionnalité) (2).

1. La justification des restrictions aux droits et libertés du salarié

L'article L. 1121-1 du Code du travail ne parle que de restrictions aux droits des personnes et aux libertés individuelles et collectives. Ainsi, les droits et libertés ne sont donc jamais supprimés, ils sont seulement encadrés et réglementés. En pratique, cette règle signifie que les droits et libertés seront réduits pendant le temps du travail : c'est le cas de la liberté d'aller et venir, de la liberté d'expression ou de réunion, de la liberté religieuse. En dehors du temps de travail, ces restrictions ne peuvent être qu'exceptionnelles et à la condition d'être expressément prévues par le contrat de travail, ce qui sera le cas, essentiellement dans les entreprises de tendances.

L'article L. 1121-1 du Code du travail vise des restrictions « justifiées par la nature de la tâche à accomplir ». La tâche du salarié peut générer des contraintes d'intensité très différente. C'est pourquoi l'obligation de porter un vêtement de travail, qui restreint la liberté du salarié de s'habiller à sa guise, doit correspondre à un impératif professionnel[2]. La jurisprudence s'est prononcée au sujet de certaines clauses insérées dans les contrats de travail qui portent atteinte à certains droits et libertés du salarié. La clause de non-concurrence, qui restreint la liberté du travail, et même parfois la liberté du commerce et de l'industrie, doit, pour être valable, respecter la condition de finalité fixée par le législateur : elle doit être indispensable à la sauvegarde des intérêts légitimes de l'entreprise[3]. La Cour de cassation exige, de façon sys-

1. P. Waquet, « Les libertés dans l'entreprise », *RJS*, 2000, p. 335.
2. Cass. soc., 18 février 1998, *Bull. civ.*, V, n° 90.
3. Cass. soc., 14 mai 1992, *RJS*, 1992, n° 735, *Bull. civ.*, V, n° 309 : cet arrêt pose une condition préalable de validité ; ce n'est que si la clause a une cause légitime qu'il faut, en outre, vérifier qu'elle est proportionnée. Voir les arrêts du 10 juillet 2002 : la clause de non-concurrence doit être « indispensable à la protection des intérêts légitimes de l'entreprise », *RJS*, 2002, n° 119.

tématique, que la nécessité pour l'entreprise d'exiger d'un salarié un engagement de non-concurrence après la rupture du contrat de travail soit nettement démontrée[1] (risque de détournement de clientèle, de fuite du savoir-faire, de rupture d'égalité entre entreprises concurrentes). Il en est de même pour les clauses de domiciliation. Une telle clause est différente de la simple clause de mobilité qui oblige seulement le salarié à changer lui-même de lieu de travail. Les clauses de domiciliation comme les clauses de non-concurrence sont soumises à des conditions strictes : une restriction à la liberté de choix du domicile n'est valable que si elle est indispensable à la protection des intérêts légitimes de l'entreprise et proportionnée compte tenu de l'emploi occupé et du travail demandé ou recherché[2]. La Cour de cassation a considéré qu'une clause obligeant un salarié à changer de domicile n'est pas impossible mais elle ne pouvait être justifiée que si les attributions du salarié exigeaient une présence permanente sur les lieux de travail. Ainsi, la référence à la notion d'« intérêt de l'entreprise »[3] permet au juge d'examiner la finalité des clauses insérées dans le contrat de travail et de contrôler les limites du pouvoir reconnu au chef d'entreprise[4]. La justification de la clause restreignant l'exercice d'une liberté nécessite une double démonstration : l'une tient aux particularités de la tâche que doit accomplir le salarié, l'autre s'attache à établir que les intérêts légitimes de l'entreprise exigent la mesure de restriction.

La reconnaissance des droits et libertés du salarié a des incidences en matière de preuve. L'employeur ne peut utiliser comme moyen de preuve à l'encontre de salariés des procédés de surveillance (contrôle de courrier, caméra) qui n'ont pas été portés au préalable à la connaissance des salariés et qui n'ont pas fait l'objet d'une information et d'une consultation préalable du comité d'entreprise[5]. Ces procédés sont considérés par la Cour de cassation comme des moyens de preuve illicites car ils portent atteinte aux libertés fondamentales du salarié[6]. La haute juridiction a ainsi jugé illicite

1. Cass. soc., 19 novembre 1996, *RJS,* 1996, n° 1266, *Bull. civ.,* V, n° 392 ; Cass. soc., 7 avril 1998, *RJS,* 1998, n° 591, *Bull. civ.,* V, n° 202.

2. Cass. soc., 12 janvier 1999, *RJS,* 1999, n° 151.

3. Cass. soc., 14 mai 1992, *RJS,* 1992, n° 735 : « En raison des fonctions du salarié : la clause de non-concurrence n'était pas indispensable à la protection des intérêts légitimes de l'entreprise. »

4. Voir G. Couturier, « L'intérêt de l'entreprise », in *Études en l'honneur de J. Savatier,* Paris, PUF, 1992, p. 143.

5. L'article L. 2323-32 du Code du travail dispose que « le comité d'entreprise est informé et consulté, préalablement à la décision de mise en œuvre dans l'entreprise, sur les moyens ou les techniques permettant un contrôle de l'activité des salariés ».

6. Cass. soc., 7 juin 2006, *RJS,* 11/06, n° 1143 : « Si l'employeur a le droit de contrôler et de surveiller l'activité de son personnel durant le temps de travail, il ne peut mettre en œuvre un dispositif de contrôle qui n'a pas fait l'objet préalablement à son introduction d'une information et d'une consultation du comité d'entreprise. En conséquence, constituent un moyen de preuve illicite du comportement fautif d'un salarié les enregistrements de celui-ci obtenus à l'aide d'un système de vidéosurveillance de la clientèle dès lors que ce dispositif était également utilisé par l'employeur pour contrôler ses salariés sans information et consultation préalables au comité d'entreprise. » La Cour de cassation a jugé pour la première fois dans cet arrêt que le manquement par l'employeur à l'obligation de consultation préalable du comité d'entreprise expressément prévu par l'article L. 2323-32 du Code du travail entraîne la même conséquence que l'absence d'information du salarié du dispositif de contrôle : l'illicéité de la preuve. La circonstance que le salarié ait pu être informé du

le recours à une société de surveillance extérieure à l'entreprise à l'insu du personnel pour procéder au contrôle de l'utilisation par ses salariés des distributeurs de boissons et sandwiches[1]. Mais seul l'emploi de procédé clandestin de surveillance est illicite : tous les instruments qui ont été portés à la connaissance des salariés peuvent être utilisés comme mode de preuve. L'employeur est ainsi libre d'installer des moyens de surveillance dans les locaux où le personnel ne travaille pas ou n'a pas normalement accès[2].

Par ailleurs, les moyens portant atteinte à la vie personnelle des salariés sont également illicites (par exemple, la filature d'un salarié par son supérieur hiérarchique). La Cour de cassation a toutefois jugé dans un arrêt du 4 avril 2006[3] que la surveillance des salariés par un supérieur hiérarchique au temps et au lieu de travail sans information préalable des intéressés ne peut être considérée comme moyen de preuve illicite. En outre, les locaux et les moyens mis à la disposition des salariés par l'entreprise, pour l'exécution de leur contrat de travail, ont une vocation professionnelle. Leur utilisation à des fins personnelles peut être tolérée, sous réserve, pour le salarié, de ne pas commettre d'abus. Ainsi, à titre exceptionnel, le salarié peut disposer de documents à caractère personnel, informatiques ou non, sur son lieu de travail. Si tel est le cas, l'employeur ne peut librement disposer de ces documents sans porter atteinte à la vie privée du salarié, puisque ce dernier a droit au respect de sa vie privée même au temps et au lieu de travail. L'employeur ne peut alors prendre connaissance de ces documents qu'en présence de l'intéressé ou celui-ci dûment appelé[4]. À défaut, ces documents ne pourraient servir de preuve. Mais la situation est différente si les documents n'ont pas été bien identifiés comme personnels. L'employeur pourra en disposer comme il le souhaite[5].

dispositif de contrôle n'exonère pas l'employeur de ses obligations : il est tenu d'informer et de consulter le comité d'entreprise, et d'informer les salariés concernés. La jurisprudence prévoit une exception à la règle : ces obligations ne s'imposent pas lorsque l'employeur installe un système de surveillance dans des locaux auxquels les salariés n'ont pas normalement accès.

1. Cass. soc., 15 mai 2001, *RJS*, 7/01, n° 380.

2. Cass. soc., 31 janvier 2001, *RJS*, 4/01, n° 405 : un salarié a été surpris dans un entrepôt en train de voler de la marchandise. L'employeur a pu utiliser le mode de preuve issu d'une caméra de surveillance placée dans cet entrepôt dans la mesure où les salariés n'y travaillaient pas.

3. Cass. soc., 26 avril 2006, *RJS*, 7/06, n° 800 : « La simple surveillance d'un salarié faite sur les lieux de travail par son supérieur hiérarchique, même en l'absence d'information préalable du salarié, ne constitue pas en soi un mode de preuve illicite. » Le supérieur hiérarchique du salarié avait constaté au temps et au lieu du travail un comportement suspect du salarié et avait alerté l'employeur. L'information préalable du salarié n'était pas nécessaire et il n'existait pas non plus une atteinte à une liberté fondamentale. En effet, le supérieur hiérarchique avait le droit de surveiller son subordonné car cela fait partie de ses fonctions. Le mode de preuve était donc licite.

4. Cass. soc., 17 mai 2005, n° 1089, *RJS*, 2005, n° 799.

5. Cass. soc., 18 octobre 2006 : « Les documents détenus par le salarié dans le bureau mis à sa disposition par l'entreprise sont, sauf lorsqu'il les identifie comme étant personnels, présumés avoir un caractère professionnel, en sorte que l'employeur peut y avoir accès hors sa présence. » La Cour de cassation applique une règle identique à celle retenue dans un arrêt de la même date à propos de fichiers informatiques (Cass. soc., 18 octobre 2006, *RJS*, 2006, n° 1241).

2. La proportionnalité entre l'intérêt de l'entreprise et l'atteinte aux droits et libertés du salarié

L'atteinte aux droits et libertés du salarié doit être proportionnée aux buts recherchés. Le juge doit exercer son contrôle sur ce respect d'une exacte proportion entre la restriction et le but qui la motive[1]. Ainsi, les juges mettent en balance l'intérêt de l'entreprise et celui du salarié concerné. Cette prise en compte du respect des libertés individuelles et des intérêts légitimes du salarié fait appel à une appréciation strictement personnelle de la situation des intéressés. Par exemple, la clause d'un règlement intérieur interdisant « les discussions politiques et religieuses et d'une manière générale toute conversation étrangère au service » a été déclarée nulle comme excédant, « eu égard à l'atteinte portée aux droits de la personne, l'étendue des sujétions que l'employeur pouvait édicter en vue d'assurer le non-ordre et la discipline dans l'entreprise ainsi que la bonne exécution de certains travaux exigeant une attention particulière »[2].

Le juge doit prendre comme repère d'appréciation le « but recherché », c'est-à-dire le bon fonctionnement de l'entreprise. Il s'agit d'un critère qui varie selon la nature de l'entreprise, les contraintes auxquelles elle est soumise et le résultat à atteindre. Le juge judiciaire doit garantir le maintien des droits des personnes et des libertés individuelles et collectives sans pour autant entraver la marche des entreprises et le maintien de leur compétitivité.

Par ailleurs, un fait de vie personnelle peut justifier un licenciement lorsque le fait de vie personnelle d'un salarié occasionne un trouble objectif et caractérisé dans l'entreprise compte tenu de la nature des fonctions du salarié et de la finalité de l'entreprise[3]. Cette règle défend en particulier les intérêts des entreprises de tendance. La solution a été clairement exprimée pour la première fois dans l'arrêt Leger : « Si, en principe, il ne peut être procédé au licenciement d'un salarié pour une cause tirée de sa vie privée, il en est autrement lorsque le comportement de l'intéressé, compte tenu de ses fonctions et de la finalité propre de l'entreprise, a créé un trouble caractérisé au sein de cette dernière. »[4] Ce concept a été maintes fois utilisé par les juges à propos de la religion[5], de la préférence sexuelle et surtout de la perte de confiance[6].

1. Le principe de proportionnalité inspire aussi le droit communautaire et la Convention européenne de sauvegarde des droits de l'homme. Le juge judiciaire est donc appelé à en faire un usage de plus en plus important.

2. CE, 25 janvier 1989, *Droit social,* 1990, p. 201.

3. Cass. soc., 17 avril 1991, *Droit social,* 1991, p. 485, obs. Savatier ; Cass. soc., 20 novembre 1991, *Droit social,* 1992, p. 79 ; Cass. soc., 22 janvier 1992, *Droit social,* 1991, p. 268.

4. Cass. soc., 20 novembre 1991, *Droit social,* 1992, p. 79 ; réitération de la formule dans l'arrêt Rossard : Cass. soc., 22 janvier 1992, *Droit social,* 1992, p. 268.

5. M. Couffin-Khan, « La place des convictions religieuses du salarié lors de l'exécution du contrat de travail », *Droit ouvrier,* 1999, p. 113. Voir aussi Cass. soc., 24 mars 1998, *Droit social,* 1998, p. 614.

6. Voir notamment Cass. soc., 26 janvier 2000, *Liaisons sociales,* 14 février 2000 : même si la perte de confiance est étayée par des fautes objectives (en l'espèce, une tentative de vol), la lettre de licenciement ne peut se contenter de faire état de la seule perte de confiance et ne pas mentionner les raisons qui ont conduit l'employeur à licencier la salariée.

Dès lors, si l'employeur démontre que les effets de la vie personnelle du salarié occasionnent un trouble caractérisé au sein de sa vie professionnelle, il est en droit de le licencier. La jurisprudence est, depuis, fixée. Si les faits de vie personnelle et *a fortiori* de vie privée ne peuvent en principe justifier des poursuites disciplinaires – ce qui protège l'autonomie du salarié –, le trouble caractérisé résultant pour l'entreprise du comportement de l'intéressé peut justifier un licenciement de droit commun.

SECTION II
L'EXIGENCE DE BONNE FOI DANS L'EXÉCUTION DU CONTRAT DE TRAVAIL

Depuis la loi de modernisation sociale du 17 janvier 2002[1], l'obligation d'exécuter le contrat de bonne foi est d'ailleurs inscrite à l'article L. 1222-1 du Code du travail. La notion de bonne foi a permis au juge de dégager une série d'exigences de comportement et d'obligations implicites à la charge des salariés comme des employeurs. La question se pose de savoir quelle est la portée de la bonne foi dans le rapport de travail salarié, déjà marqué par la subordination de l'une des parties vis-à-vis de l'autre. Présentée comme un élément de pacification des rapports de travail[2], la bonne foi impliquerait pour chacun des contractants de respecter les intérêts essentiels de l'autre. Loin d'effacer le conflit d'intérêts que recouvre le lien salarial, la bonne foi conduit à l'organiser de manière à le rendre acceptable au gré des évolutions des mentalités et des préoccupations économiques ou sociales. La « texture ouverte » de la notion de bonne foi permet en effet au juge d'aménager les droits et les obligations des parties au contrat de travail en vertu de considérations le plus souvent extrajuridiques[3].

Comme dans de nombreux domaines du droit, la bonne foi constitue le moyen pour le juge d'introduire une plus grande justice contractuelle. La bonne foi contractuelle a ainsi permis de dégager des obligations supplémentaires à la charge de l'employeur. Illustration de l'ambivalence des règles générales du droit commun des contrats, la bonne foi contractuelle contribue à l'encadrement des pouvoirs de l'employeur. Depuis quelques années, le juge n'hésite pas à invoquer la bonne foi contractuelle pour imposer à l'employeur des exigences de comportement et alourdir à certains endroits les obligations nées du contrat de travail. La bonne foi permet au juge de tempérer les conséquences de l'infériorité dans laquelle le contrat de travail place le salarié à l'égard de l'employeur.

Les auteurs s'accordent à considérer que, en vertu de l'esprit de coopération qu'implique la loyauté dans les rapports contractuels, chaque partie doit s'efforcer de

1. *JORF,* 18 janvier 2002, p. 1008.
2. D. Corrigan-Carsin, « Loyauté et droit du travail », in *Mélanges offerts à H. Blaise,* Paris, Economica, p. 125.
3. V. Fortier, « La fonction normative des notions floues », *RRJ,* 1991, n° 3, p. 755.

faciliter l'exécution par l'autre de ses obligations[1]. L'employeur doit alors mettre les salariés en mesure d'exécuter convenablement leurs prestations de travail. Ainsi, la bonne foi impose à l'employeur de s'abstenir de tout comportement rendant impossible au salarié l'accomplissement de sa prestation de travail[2]. L'acte déloyal peut résulter de toute action ou abstention destinée à provoquer une faute du salarié[3], à le déstabiliser dans l'exécution de sa prestation de travail[4] ou plus généralement lui causant un préjudice[5]. La Cour de cassation se fonde également sur l'obligation de bonne foi contractuelle pour contrôler la conduite de l'employeur à l'occasion de la rupture du rapport de travail[6]. Il incombe à l'employeur, d'une part, de faire preuve de loyauté dans l'exercice des pouvoirs qu'il tient du contrat de travail et, d'autre part, de mettre le salarié en capacité de préserver son emploi.

1. F. Terré, P. Simler, Y. Lequette, *Droit civil. Les obligations,* Paris, Dalloz, 9e éd., 2005, n° 440 ; Y. Picod, *Le devoir de loyauté dans l'exécution du contrat,* Paris, LGDJ, 1989, p. 97 et s. ; B. Fagès, « Le comportement du contractant », Aix-Marseille, PUAM, 1997, p. 301.
2. Cass. soc., 10 avril 1991, *Bull. civ.,* V, n° 178 ; Cass. soc., 13 décembre 1995, *RJS,* 1996, n° 106.
3. Cass. soc., 16 janvier 1991, *Bull. civ.,* V, n° 15.
4. Cass. soc., 16 février 1987, *Bull. civ.,* V, n° 83 ; Cass. soc., 13 octobre 1993, *Bull. civ.,* V, n° 113, p. 960.
5. Cass. soc., 3 juillet 1991, jur. soc. UIMM, 1991, p. 438.
6. Cass. soc., 4 juin 2002, *Bull. civ.,* V, n° 188 ; *RJS,* 2002, n° 942 : l'employeur commet un manquement à la bonne foi contractuelle en décidant de mettre à la retraite un salarié, le privant ainsi sciemment de la pension complémentaire mise en place par l'entreprise.

4

Les pouvoirs de l'employeur

Les prérogatives patronales se manifestent notamment par un pouvoir de direction et par un pouvoir disciplinaire de l'employeur. Le pouvoir de direction symbolise la possibilité pour l'employeur de gérer son entreprise à travers un acte unilatéral : le règlement intérieur (sect. I). Le pouvoir disciplinaire est le pouvoir de sanctionner les salariés qui manquent à la discipline établie par l'entreprise (sect. II).

SECTION I
LE POUVOIR DE DIRECTION
À TRAVERS LE RÈGLEMENT INTÉRIEUR

Il appartient à l'employeur d'élaborer le règlement intérieur (I). Mais celui-ci fait l'objet d'un contrôle de légalité (II).

I. L'élaboration du règlement intérieur

Le législateur a précisément déterminé la procédure d'élaboration du règlement intérieur (1) et défini son contenu (2).

1. La procédure d'élaboration du règlement intérieur

Édicter un règlement intérieur constitue un pouvoir de l'employeur mais également une obligation à partir d'un certain effectif : selon l'article L. 1311-2 du Code du travail, l'établissement d'un règlement intérieur est obligatoire dans les entreprises ou établissements, quels que soient leur forme et leur objet, où sont employés habituellement au moins 20 salariés relevant du droit du travail. Sont concernés par cette disposition les entreprises individuelles, les sociétés commerciales ou civiles, les associations, les syndicats professionnels, les organismes de sécurité sociale, les comités d'entreprise, les entreprises nationalisées et les établissements publics à caractère industriel et commercial.

Le règlement intérieur doit, avant d'être introduit dans l'entreprise, être soumis pour avis au comité d'entreprise d'établissement (art. L. 1321-4 du Code du travail). Cette procédure de consultation constitue une formalité substantielle sanctionnée par la nullité du règlement intérieur[1]. Le comité d'hygiène, de sécurité et des conditions de travail doit également être consulté pour toutes les questions qui relèvent de sa compétence. Après avoir recueilli ces avis, l'employeur doit afficher le règlement intérieur « à une place convenable aisément accessible dans les lieux où le travail est effectué, ainsi que dans les locaux et à la porte des locaux où se fait l'embauchage ». Le règlement intérieur doit également être déposé au secrétariat-greffe du conseil de prud'hommes de la situation de l'entreprise ou de l'établissement. En outre, le règlement intérieur doit être communiqué à l'inspecteur du travail pour que celui-ci effectue un contrôle de sa légalité. La carence de l'employeur dans l'accomplissement de la formalité de la communication du règlement intérieur à l'inspecteur du travail « ne prive pas le salarié de la possibilité de se prévaloir de se document »[2]. Si l'employeur souhaite modifier ou retirer certaines clauses du règlement intérieur, il doit satisfaire aux règles de consultation des représentants du personnel, de publicité, d'affichage et de transmission à l'inspection du travail.

2. Le contenu du règlement intérieur

L'employeur n'est pas libre d'insérer dans le règlement intérieur toutes les dispositions qu'il estime nécessaires au bon fonctionnement de son entreprise. Le Code du travail réglemente strictement le contenu du règlement intérieur.

En application de l'article L. 1321-1 du Code du travail, le règlement intérieur édicte des règles créatrices de droit exclusivement dans les domaines suivants : les mesures d'application de la réglementation en matière d'hygiène et de sécurité dans l'entreprise ou l'établissement ; les conditions dans lesquelles les salariés peuvent être appelés à participer, à la demande de l'employeur, au rétablissement des conditions de travail protectrices de la santé et de la sécurité des salariés lorsqu'elles sont compromises ; les règles générales et permanentes relatives à la discipline, notamment la nature et l'échelle des sanctions que peut prendre l'employeur. Les règles de discipline sont les règles de conduite communes à l'ensemble des travailleurs : le respect des horaires, les conditions d'absence ou retard, le droit de s'absenter de l'entreprise... et non les clauses concernant la durée des essais, l'obligation de non-concurrence, l'obligation de mobilité... (ces dernières relèvent du contrat de travail ou de la négociation). Le règlement intérieur doit également édicter des dispositions relatives au harcèlement moral et sexuel et les droits de la défense des salariés dans le contexte de procédure disciplinaire.

1. Cass. soc., 4 juin 1969, *Droit social,* 1969, 515, obs. J. Savatier.
2. Cass. soc., 28 mars 2000, *Droit social,* 2000, 653, obs. J. Savatier.

L'employeur n'est pas libre au sein des domaines prévus par le règlement intérieur d'insérer toutes les dispositions qu'il juge utiles à la bonne marche de l'entreprise. L'employeur ne peut pas insérer des clauses contraires aux « lois et règlements ainsi qu'aux dispositions des conventions collectives et accords collectifs applicables dans l'entreprise » (art. L. 1321-3 1er al. du Code du travail). L'employeur doit également respecter les dispositions des conventions internationales (la Convention européenne des droits de l'homme, la Charte sociale européenne) et les normes communautaires directement applicables dans l'ordre interne.

En outre, le règlement intérieur ne peut apporter aux droits des personnes et aux libertés individuelles et collectives des restrictions qui ne seraient pas justifiées par la nature de la tâche à accomplir ni proportionnées au but recherché (art. L. 1321-3 2e al. du Code du travail). Cette disposition permet de protéger les salariés des clauses de règlement intérieur portant atteinte à leurs droits et libertés (fouilles corporelles ou des sacs, contrôles d'alcoolémie, tenues vestimentaires...). Ainsi, la clause d'un règlement intérieur qui prévoit que la direction se réserve le droit de faire ouvrir à tout moment les armoires individuelles des salariés afin d'en contrôler l'état et le contenu ou qui interdit toutes conversations étrangères au service est illicite[1]. Par contre, la disposition qui prévoit le port d'un badge pour circuler dans les installations nucléaires est licite[2]. De même, les dispositions d'un règlement intérieur permettant d'établir sur le lieu de travail l'état d'ébriété d'un salarié en recourant à un contrôle de son alcoolémie sont licites dès lors, d'une part, que les modalités de ce contrôle en permettent la contestation, et, d'autre part, que, eu égard à la nature du travail confié à ce salarié, un tel état d'ébriété est de nature à exposer les personnes ou les biens à un danger[3].

Enfin, l'article L. 1321-3 3e al. du Code du travail prévoit que le règlement intérieur ne peut comprendre de dispositions lésant les salariés dans leur emploi ou leur travail, en raison de leur sexe, de leurs mœurs, de leur situation de famille, de leurs origines, de leurs opinions ou confession, ou de leur handicap, à capacité professionnelle égale. Cette règle rappelle les dispositions relatives aux discriminations de l'article L. 1132-1 du Code du travail.

Les dispositions qui ne devraient pas se trouver dans le règlement intérieur ont une valeur juridique différente. Lorsque ces dispositions sont favorables aux salariés (prime, indemnité...), elles sont considérées comme des engagements unilatéraux de l'employeur. Les salariés peuvent les invoquer jusqu'à ce qu'ils soient régulièrement dénoncés par l'employeur[4]. Lorsque les dispositions constituent une charge pour les salariés (obligation de non-concurrence...), elles ne s'imposent pas aux salariés, même si ces derniers ont apposé leur signature sur le règlement intérieur[5].

1. CE, 25 janvier 1989, *Droit social,* 1990, 201.
2. CE, 29 décembre 1995, *Droit social,* 1996, 394.
3. Cass. soc., 24 février 2004, *RJS,* 5/04, n° 535.
4. Cass. soc., 7 juillet 1998, *Bull. civ.,* V, n° 364, *Droit social,* 1998, 955, obs. J. Savatier ; Cass. soc., 10 mars 2004, *RJS,* 5/04, n° 534.
5. Cass. soc., 2 octobre 1997, *RJS,* 11/97, n° 1236 ; Cass. soc., 19 novembre 1997, *Bull. civ.,* V, n° 383.

II. Le contrôle de la légalité du règlement intérieur

Le contrôle de la légalité du règlement intérieur peut être effectué par l'inspecteur du travail (1) ou par le juge judiciaire (2).

1. Le contrôle de la légalité par l'inspecteur du travail

L'inspecteur du travail joue un rôle essentiel dans le contrôle de la légalité du règlement intérieur. En premier lieu, il doit s'assurer que l'employeur a élaboré un règlement intérieur lorsqu'il en avait l'obligation. Il doit alors vérifier l'existence du règlement intérieur mais également le respect par l'employeur de la procédure d'élaboration et la présence des dispositions qui doivent obligatoirement figurer dans le règlement intérieur. En second lieu, il doit s'assurer que les dispositions du règlement intérieur ont bien lieu d'être et qu'elles sont conformes aux exigences légales.

L'inspecteur du travail a pour mission de veiller à l'application des dispositions du Code du travail (art. L. 8112-1 du Code du travail). Il est alors en droit d'exiger le retrait de clauses qui n'ont pas leur place dans le règlement intérieur ou la modification des clauses qui vont à l'encontre des dispositions légales, réglementaires ou conventionnelles. Il a la possibilité de mettre en demeure l'employeur d'établir un règlement intérieur ou d'ajouter une disposition qui fait défaut.

L'article L. 1322-1 du Code du travail prévoit que l'inspecteur du travail peut « à tout moment exiger le retrait ou la modification » des dispositions du règlement intérieur. En principe, l'inspecteur du travail tente d'exercer son contrôle sur le règlement intérieur le plus rapidement possible pour que l'employeur puisse procéder aux modifications nécessaires avant son entrée en vigueur. Cependant, lorsque l'inspecteur du travail n'a pas été en mesure de contrôler le règlement intérieur immédiatement ou lorsqu'il constate une illégalité tardivement après avoir été alerté par un salarié ou une décision de justice, il peut exiger la modification ou le retrait de clause illégale, même très longtemps après la mise en application du règlement intérieur.

Dans tous les cas, un recours hiérarchique est possible contre la décision de l'inspecteur du travail devant le directeur régional du travail et de l'emploi. Le recours doit être formé dans le délai de deux mois à compter de la notification de la décision de l'inspecteur du travail. Le directeur régional du travail a alors quatre mois pour statuer. Il doit notifier sa décision à l'employeur et la communiquer au comité d'entreprise pour information. Si le directeur régional du travail ne s'est pas prononcé dans le délai de quatre mois, son silence vaut décision de rejet. La décision du directeur régional peut également faire l'objet d'un recours hiérarchique devant le ministre du Travail ou d'un recours contentieux devant le tribunal administratif.

2. Le contrôle de la légalité par le juge judiciaire

L'existence d'un contrôle de la légalité du règlement intérieur par les autorités administratives n'empêche pas son contrôle par le juge prud'homal. Selon l'article L. 1322-4 du Code du travail, le conseil de prud'hommes peut écarter l'application d'une disposition d'un règlement intérieur à l'occasion d'un litige individuel qui se présente à lui. Cette juridiction peut juger qu'une clause du règlement intérieur est illégale et tenir compte de cette illégalité dans le prononcé de sa décision[1]. En effet, la Cour de cassation a affirmé que « le règlement intérieur est un acte de droit privé et que le contrôle de légalité dévolu à l'inspecteur du travail (...) ne saurait lui ôter sa nature pour le transformer en un acte administratif »[2].

Le conseil des prud'hommes peut notamment être amené à contrôler la légalité d'un règlement intérieur à l'occasion d'un litige concernant une sanction disciplinaire. En effet, une sanction disciplinaire peut être prononcée lorsque le salarié méconnaît une obligation posée par le règlement intérieur. Si la disposition du règlement intérieur est jugée illicite, la violation de cette disposition ne peut constituer une faute, la sanction ne devait alors pas être prononcée. Dans cette hypothèse, le juge n'annule pas la disposition en question. Il écarte seulement son application dans le cas d'espèce. La sanction disciplinaire pourra donc être annulée. La portée du contrôle du juge prud'homal est ainsi limitée, puisqu'il n'aura d'incidence que pour le salarié qui conteste la légalité du règlement intérieur devant le conseil de prud'hommes à l'occasion d'un litige l'opposant à son employeur. Pour que le contrôle du juge prud'homal ait un retentissement plus intéressant, il est prévu que le secrétariat-greffe du conseil de prud'hommes ou de la cour d'appel adresse une copie du jugement ou de l'arrêt à l'inspecteur du travail et aux représentants du personnel (art. L. 1322-4 du Code du travail). L'inspecteur du travail informé de la décision du juge prud'homal pourra décider d'enjoindre à l'employeur de supprimer ou de modifier la clause. Il ne s'agit que d'une possibilité car l'inspecteur n'est pas lié par l'interprétation du juge judiciaire et il est libre d'avoir une interprétation différente des dispositions du règlement intérieur.

Par ailleurs, le comité d'entreprise (ou d'établissement) ou un syndicat peut demander l'annulation d'une ou plusieurs clauses du règlement intérieur devant le tribunal de grande instance. La décision de ce tribunal a, dans ce cas, une portée bien plus importante que celle du conseil de prud'hommes car elle a pour effet d'annuler les dispositions en question.

1. Cass. soc., 4 juin 1969, *JCP,* éd. G, 1970, II, 16208, note J.-M. Verdier ; CA Rennes, 31 janvier 1980, *Droit ouvrier,* 1981, 219, Cass. soc., 10 juin 1982, *Bull. civ.,* V, n° 392.

2. Cass. soc., 16 décembre 1992, *Droit social,* 1993, 267, note A. Jeammaud, *D.,* 1993, 334, note X. Prétot.

SECTION II
LE POUVOIR DISCIPLINAIRE DE L'EMPLOYEUR

L'employeur peut infliger au salarié une sanction (II) lorsqu'il a commis une faute (I). Le législateur a strictement encadré le pouvoir disciplinaire de l'employeur (IV). Celui-ci doit notamment respecter les procédures disciplinaires précisément définies par le Code du travail (III).

I. La faute du salarié

La faute disciplinaire peut être entendue comme tout manquement aux règles en vigueur dans l'entreprise, y compris les règles non écrites qui imposent à tous les salariés un comportement convenable. La faute disciplinaire suppose la violation injustifiée d'une obligation professionnelle. Les comportements fautifs d'un salarié ne peuvent être sanctionnés que s'ils sont liés à l'exécution de la prestation de travail : le salarié qui pendant la pause insulte son supérieur hiérarchique ou son collègue ne commet une faute qui ne peut donner lieu à une sanction disciplinaire[1]. Un salarié ne peut être sanctionné que pour une faute qu'il a d'ores et déjà commise. La Cour de cassation a jugé : « Aucune sanction disciplinaire ne peut être infligée au salarié à titre préventif »[2] : un salarié ne peut être sanctionné pour avoir simplement annoncé qu'il contreviendrait aux instructions de l'employeur.

De plus, la violation d'une obligation licitement imposée n'est fautive que si elle n'est pas justifiée par l'exercice d'un droit. Par exemple, le fait de critiquer un supérieur n'est que l'exercice du droit d'expression. En principe, le fait de refuser d'exécuter un ordre contraire aux exigences de l'article L. 1121-1 du Code du travail qui protège les droits et libertés du salarié devrait être considéré comme légitime, donc non constitutif d'une faute passible de sanction. Un salarié ne peut donc être fautif lorsqu'il refuse de travailler dans un environnement de travail hostile qui porterait atteinte à un droit ou une liberté. Ce serait par exemple le cas s'il lui était interdit de communiquer avec les autres membres de l'entreprise : une telle interdiction constituerait une atteinte à sa liberté d'expression. Un salarié peut également refuser de subir des conditions de travail discriminatoires qui seraient attentatoires à un droit ou une liberté[3]. De même, un fait de vie personnelle ne peut pas, en principe, constituer

1. Cass. soc., 2 avril 1997, *Bull. civ.,* V, n° 136.

2. Cass. soc., 18 février 2004, *RJS,* 5/04, n° 537. Si elle n'est qu'annoncée, la faute n'est pas consommée, elle reste hypothétique. Le salarié peut changer d'avis. Il ne saurait se voir sanctionné pour un manquement qu'il n'a pas encore commis.

3. Cass. soc., 13 février 1996, *Droit social,* 1996, p. 532, obs. A. Jeammaud : refus du salarié de subir des conditions de travail discriminatoires.

une faute[1]. Ce n'est qu'indirectement qu'un fait de vie personnelle peut être sanctionné lorsqu'il cause un trouble dans l'entreprise[2]. Un salarié ne peut faire l'objet d'une sanction disciplinaire pour avoir subi ou refusé de subir ou pour avoir témoigné des agissements de harcèlement de toute personne dont le but est d'obtenir des faveurs de nature sexuelle à son profit ou au profit d'un tiers (art. L. 1153-3 du Code du travail), ou des agissements de harcèlement moral (art. L. 1152-2 du Code du travail). Par contre, le législateur invite l'employeur à sanctionner l'auteur de faits de harcèlement moral ou sexuel (art. L. 1152-5 et L. 1153-6 du Code du travail).

Aux fins d'exercer son pouvoir disciplinaire, l'employeur est soumis au respect d'un délai qui constitue une garantie pour le salarié. L'article L. 1132-4 du Code du travail prévoit qu'aucun fait fautif ne peut donner lieu à lui seul à l'engagement de poursuites disciplinaires au-delà de deux mois à compter du jour où l'employeur a eu connaissance exacte et complète des faits, à moins que ceux-ci n'aient donné lieu dans le même délai à des poursuites pénales. La jurisprudence a apporté diverses précisions. Lorsque les faits sont connus du supérieur hiérarchique, c'est à partir de la date à laquelle ils se sont révélés à lui que court le délai de deux mois[3]. Il importe peu que le supérieur hiérarchique qui a eu connaissance des faits ait tardé à informé l'employeur de leur existence[4]. Le délai de deux mois s'apprécie en fonction de la date à laquelle les poursuites disciplinaires sont engagées et non pas du jour du prononcé de la sanction[5]. Le délai de prescription n'est pas suspendu ou interrompu pendant la suspension du contrat de travail consécutive à une maladie[6], à un accident du travail[7] ou à l'incarcération du salarié[8].

II. Le choix de la sanction

L'employeur qui veut infliger une sanction doit respecter une procédure légale. Selon l'article L. 1331-1 du Code du travail est considérée comme une sanction « toute mesure, autre que des observations verbales, prise par l'employeur à la suite

1. Cass. soc., 14 mai 1997, *Bull. civ.,* V, n° 175 ; Cass. soc., 16 décembre 1997, *Bull. civ.,* V, n° 441 : « Le fait imputé au salarié relevant de sa vie personnelle ne pouvait constituer une faute » ; Cass. soc., 21 mars 2000, *Bull. civ.,* V, n° 115 ; Cass. soc., 18 mai 2007, *RJS,* 7/07, n° 810 : « La réception par un salarié d'une revue licencieuse sur son lieu de travail ne saurait justifier une sanction disciplinaire. (...) l'employeur ne peut, sans méconnaître le respect dû à la vie privée du salarié, se fonder sur le contenu d'une correspondance privée pour sanctionner son destinataire. »
2. Cass. soc., 16 décembre 1998, *Bull. civ.,* V, n° 559.
3. Cass. soc., 30 avril 1997, *RJS,* 1997, n° 693.
4. Cass. soc., 23 février 2005, *RJS,* 5/05, n° 514.
5. Cass. soc., 9 octobre 2001, *Bull. civ.,* V, n° 304.
6. Cass. soc., 13 juillet 1993, *Droit social,* 1997, 877.
7. Cass. soc., 17 janvier 1996, *JCP,* éd. E, 1996, II, 815, note D. Corrignan-Carsin.
8. Cass. soc., 10 mars 1998, *Droit social,* 1998, 501, obs. P.-H. Antonmattéi.

d'un agissement du salarié considéré par lui comme fautif, que cette mesure soit de nature à affecter immédiatement ou non la présence du salarié dans l'entreprise, sa fonction, sa carrière ou sa rémunération ». La Cour de cassation a jugé que seules les mesures affectant la présence du salarié dans l'entreprise, sa fonction, sa carrière ou sa rémunération constituent des sanctions disciplinaires[1]. C'est le cas de l'avertissement, le blâme, la mise à pied, la mutation disciplinaire, la rétrogradation, le licenciement, mais également la rupture anticipée d'un contrat à durée déterminée pour faute grave[2], le refus de détachement en raison d'agissements fautifs.

La loi prévoit une interdiction spéciale pour les sanctions pécuniaires. Selon l'article L. 1331-2 du Code du travail, « les amendes ou autres sanctions pécuniaires sont interdites. Toute disposition ou stipulation contraire est réputée non écrite ». Il existe deux sortes de mesures ayant des incidences pécuniaires. Les premières sont les réductions de salaire liées directement à un fait fautif du salarié : elles sont interdites. Lorsque le salarié continue à travailler de la même manière, la diminution de sa rémunération en raison d'une faute commise constitue une sanction pécuniaire interdite (par exemple : la suppression d'une prime, la rétrogradation du salarié à un échelon inférieur entraînant une baisse de salaire sans changement de fonction). Les secondes sont les réductions de salaire pas directement liées à la faute du salarié. Lorsque l'employeur inflige au salarié une sanction qui touche l'obligation de travailler ou modifie ses fonctions, la perte de rémunération ne résulte qu'indirectement de la faute commise par le salarié. La sanction n'est donc pas pécuniaire (par exemple : une mise à pied disciplinaire entraînant la suspension du contrat de travail et de la rémunération, un rétrogradation avec un changement de fonctions).

L'employeur peut sanctionner différemment des salariés qui ont participé aux mêmes fautes « dans l'exercice de son pouvoir d'individualisation des mesures disciplinaires et dans l'intérêt de l'entreprise »[3]. Les salariés, alors même qu'ils ont adopté un comportement fautif analogue, peuvent connaître un sort différent[4]. Cependant, il existe une limite à ce pouvoir d'individualisation des sanctions. L'employeur ne doit pas commettre un détournement de pouvoir[5]. De plus, la sanction prononcée ne doit pas constituer une discrimination. L'article L. 1131-1 du Code du travail énonce une liste exhaustive de motifs qui ne peuvent être à l'origine d'une sanction. Selon cet article, l'employeur ne peut sanctionner ou licencier[6] un salarié en raison de son origine, de son sexe, de ses mœurs, de son orientation sexuelle, de son âge, de sa situa-

1. Cass. soc., 27 février 1985, *Bull. civ.,* V, n° 122.

2. Cass. soc., 26 février 1992, *Droit social,* 1992, 377 ; Cass. soc., 27 mai 1992, *D.,* 1992, 411, note J.-P. Karaquillo ; Cass. soc., 11 avril 1996, *Bull. civ.,* V, n° 151.

3. Cass. soc., 15 mai 1991, *Droit social,* 1991, 624 ; Cass. soc., 29 janvier 1992, *Bull. civ.,* V, n° 50 ; Cass. soc., 1er février 1995, *Droit social,* 1995, 276, obs. J.-E. Ray ; Cass. soc., 17 décembre 1996, *Bull. civ.,* V, n° 445 ; Cass. soc., 14 mai 1998, *Droit social,* 1998, 709, obs. A. Jeammaud.

4. Cass. soc., 14 mai 1998, *Droit social,* 1998, p. 709, note A. Jeammaud. En l'espèce, les salariés grévistes avaient porté atteinte à la liberté du travail en bloquant l'accès de l'entreprise.

5. Cass. soc., 1er février 1995, *RJS,* 1995, n° 233.

6. Outre les sanctions et les licenciements, toutes les mesures discriminatoires sont interdites notamment « en matière de rémunération (...), de formation, de reclassement, d'affectation, de qualification, de classification, de promotion professionnelle, de mutation, de renouvellement de contrat ».

tion de famille[1] ou de sa grossesse, de ses caractéristiques génétiques, de son appartenance à une ethnie, une nation ou une race, de ses opinions politiques, de ses activités syndicales ou mutualistes, de l'exercice normal du droit de grève ou de ses convictions religieuses, de son apparence physique, de son patronyme ou en raison de son état de santé ou de son handicap. Il est également précisé que « toute disposition ou tout acte contraire à l'égard du salarié est nul de plein droit ». Le salarié victime d'une sanction discriminatoire bénéficie d'un allégement de la charge de la preuve. Il n'a pas à établir l'existence d'une discrimination, il doit seulement présenter au juge des éléments de fait laissant supposer l'existence d'une discrimination. Il incombe à l'employeur de prouver que sa décision est justifiée par des éléments objectifs étrangers à toute discrimination.

La jurisprudence interdit le cumul de sanctions. L'employeur ne peut sanctionner deux fois un salarié pour la même faute (« non bis in idem »)[2]. Lorsque l'employeur prononce une sanction pour une faute, il « épuise » son pouvoir disciplinaire. Ainsi, si l'employeur sanctionne une faute par un avertissement ou une mise à pied, il ne peut plus par la suite prononcer un licenciement pour la même faute[3]. Il convient toutefois de préciser qu'il doit s'agir d'une mise à pied « disciplinaire » pour que la rupture prononcée ultérieurement soit jugée sans cause réelle et sérieuse. La mise à pied conservatoire prévue par l'article L. 1332-2 alinéa 2 n'a absolument pas les mêmes conséquences[4]. Cependant, si, après une sanction, le salarié commet à nouveau les mêmes fautes, l'employeur peut prononcer une sanction pour ces faits postérieurs. Il peut même choisir une sanction plus sévère que la précédente en tenant compte des fautes antérieures. Mais l'article L. 1332-5 alinéa 2 prévoit qu'aucune sanction antérieure de plus de trois ans à l'engagement de poursuite disciplinaire ne peut être invoquée à l'appui de nouvelles sanctions. Ainsi, l'employeur ne peut prendre en compte une sanction prononcée trois ans auparavant pour sanctionner plus durement une nouvelle faute (même s'il s'agit de faits identiques).

III. Les procédures disciplinaires

L'employeur qui envisage de prononcer une sanction disciplinaire doit respecter les règles procédurales énoncées aux articles L. 1332-1 à 1332-3 du Code du travail.

1. Par exemple, Cass. soc., 1er juin 1999, *Droit social,* 1999, 838, obs. C. Roy-Loustaunau : une salariée ne peut être licenciée en raison de son lien de filiation avec une autre salariée. Cass. soc., 10 février 1999, *Droit social,* 1999, 410, obs. M. Bonnechère : il n'est pas possible d'interdire certaines activités à une salariée parce que son conjoint a créé une société concurrente.

2. Cass. soc., 5 novembre 1997, *D.,* 1988, somm. 98, obs. J. Pélissier ; Cass. soc., 13 octobre 1993, *RJS,* 11/93, n° 1102 ; Cass. soc., 18 février 1998, *Droit social,* 1998, 499, obs. A. Jeammaud.

3. Cass. soc., 25 juin 1986, *Bull. civ.,* V, n° 333 ; Cass. soc., 21 mars 1991, *D.,* 1991, IR 125.

4. Sauf si elle est requalifiée de mise à pied disciplinaire : si l'employeur n'engage pas la procédure de licenciement immédiatement après la mise à pied conservatoire, celle-ci est considérée comme une sanction (Cass. soc., 18 février 1998, 499, obs. A. Jeammaud).

La convention collective ou le règlement intérieur peuvent prévoir d'autres règles procédurales qui s'ajoutent à celle prévue par la loi telle que la saisine d'une instance disciplinaire.

Le législateur a envisagé deux types de procédures disciplinaires. En premier lieu, une procédure allégée est prévue pour les sanctions mineures, c'est-à-dire « un avertissement ou une sanction de même nature qui n'a pas d'incidence, immédiate ou non, sur la présence dans l'entreprise, la fonction, la carrière ou la rémunération du salarié ». L'employeur peut se contenter d'informer le salarié par écrit des griefs formulés contre lui au moment où il lui inflige une sanction.

En second lieu, la procédure normale est prévue pour les sanctions qui ont une incidence immédiate ou non, sur la présence du salarié dans l'entreprise, sur sa fonction, sa carrière ou sa rémunération (blâme, mise à pied, mutation, rétrogradation). D'abord, l'employeur doit convoquer par écrit le salarié à un entretien. La convocation doit préciser la nature de la sanction envisagée, la date, l'heure, le lieu de l'entretien et la faculté d'être assisté par une personne appartenant à l'entreprise. La lettre de convocation est remise en mains propres contre décharge ou adressée par lettre recommandée. Au cours de l'entretien, l'employeur doit indiquer le motif de la sanction et recueillir les explications du salarié. Après l'entretien, l'employeur doit notifier sa décision après un délai d'un jour franc et dans un délai d'un mois après l'entretien (art. L. 1332-2 du Code du travail). La Cour de cassation a précisé dans un arrêt du 19 janvier 2005[2] que le délai d'un mois imparti à l'employeur pour prononcer une sanction disciplinaire après l'entretien préalable n'est ni suspendu ni interrompu pendant la période de suspension du contrat de travail provoquée par un accident du travail ou une maladie professionnelle[1].

Dès lors que la sanction disciplinaire constitue une modification du contrat de travail (une mutation ou une rétrogradation, par exemple), le salarié est en droit de la refuser. L'employeur doit alors renoncer à cette sanction ou prendre une sanction qui ne nécessite pas l'accord du salarié (avertissement, blâme, mise à pied disciplinaire ou licenciement). En effet, la Cour de cassation a posé ce principe dans un arrêt du 16 juin 1998, Société Hôtel Le Berry[3] : « Une modification du contrat de travail prononcée à titre disciplinaire contre un salarié ne peut lui être imposée. En cas de refus du salarié, l'employeur peut (...) prononcer une autre sanction aux lieu et place de la sanction refusée. » Par ailleurs, l'employeur ne peut imposer au salarié une mise à pied conservatoire que si les faits reprochés au salarié constituent une faute grave[4]. L'employeur doit alors immédiatement déclencher la procédure disciplinaire[5]. La mise à pied conservatoire doit également faire référence à un éventuel licenciement[6].

1. La rupture du contrat de travail qui n'est possible au cours de cette période qu'en cas de faute grave du salarié (ou de l'impossibilité pour un motif non lié à l'accident ou à la maladie de maintenir le contrat à durée indéterminée) elle n'emporte pas paralysie de ce délai.

2. Cass. soc., 19 janvier 2005, *RJS*, 3/05, n° 301.

3. *JCP*, éd. E, 1998, 1789, note D. Corrignan-Carsin ; *D.*, 2000, somm. 171, obs. M.-C. Amauger-Lattès.

4. Cass. soc., 6 novembre 2001, *RJS*, 2/02, n° 176.

5. Cass. soc., 18 février 1998, 499, obs. A. Jeammaud.

6. Cass. soc., 19 juin 2002, *Droit social*, 2002, p. 865.

IV. L'encadrement du pouvoir disciplinaire

L'article L. 1333-1 du Code du travail prévoit que le conseil de prud'hommes « apprécie la régularité de la procédure suivie ». Ainsi, le juge prud'homal doit déterminer si la mesure prise par l'employeur constitue une sanction disciplinaire. Si tel est le cas, l'employeur avait l'obligation de respecter la procédure disciplinaire. Le juge prud'homal vérifie si l'employeur a suivi la procédure applicable en l'espèce. Le législateur a octroyé au juge le pouvoir d'annuler une sanction irrégulière (art. L. 1333-2 du Code du travail). La jurisprudence apprécie de manière extensive le pouvoir du juge prud'homal car il peut annuler une sanction qui ne respecte pas la procédure légale, mais également les règles de procédure prévues par la convention collective ou le règlement intérieur comportant pour les salariés « des garanties supérieures ou des avantages supplémentaires à ceux prévus par la loi »[1]. En réalité, le juge prud'homal peut annuler toutes les sanctions prononcées par le législateur à l'exception du licenciement. La méconnaissance des règles de procédure a seulement pour effet de priver le licenciement sans cause réelle et sérieuse. En effet, la Cour de cassation a décidé dans un arrêt du 3 avril 1997 que le non-respect des règles de procédure applicables au licenciement disciplinaire prive le licenciement de cause réelle et sérieuse[2]. Puis la Haute Juridiction a précisé que la méconnaissance du délai d'un mois imparti pour la notification de la sanction rend le licenciement « dépourvu de cause »[3]. La jurisprudence considère même que le licenciement prononcé au mépris des dispositions du règlement intérieur ou de la convention collective prévoyant la consultation d'un organisme appelé à donner son avis sur la sanction envisagée est dépourvu de cause réelle et sérieuse[4].

L'article L. 1333-1 du Code du travail dispose également que le conseil de prud'hommes « apprécie si les faits reprochés au salarié sont de nature à justifier une sanction ». En premier lieu, le juge prud'homal vérifie l'existence des faits invoqués par l'employeur. Celui-ci doit fournir les éléments qu'il a retenus pour infliger la sanction. Le juge forme sa conviction « au vu de ces éléments et de ceux qui peuvent être fournis par le salarié à l'appui de ses allégations » et après avoir ordonné éventuellement les mesures d'instruction qu'il estime utiles. « Si un doute subsiste, il profite au salarié » (art. L. 1333-1 du Code du travail). En second lieu, le juge détermine si les faits justifiaient la qualification de faute. Il est totalement libre dans cette appréciation. Il n'est notamment pas lié par les qualifications inscrites dans le règlement intérieur[5] ou par

1. Cass. soc., 7 mai 1996, *Droit social,* 1996, 738, obs. A. Jeammaud.
2. *Droit social,* 1997, 690, note J. Savatier.
3. Cass. soc., 7 juillet 1998, *Bull. civ.,* V, n° 368.
4. Cass. soc., 23 mars 1999, *Droit social,* 1999, 634, obs. J. Savatier ; Cass. soc., 28 mars 2000, *Droit social,* 2000, 653, obs. J. Savatier ; Cass. soc., 16 janvier 2001, *Bull. civ.,* V, n° 9.
5. Cass. soc., 2 mai 2000, *RJS,* 6/2000, n° 669.

l'appréciation d'une instance disciplinaire prévue par la convention collective ou le règlement intérieur.

Aux termes de l'article L. 1333-2 du Code du travail, le conseil de prud'hommes peut annuler une sanction « injustifiée ou disproportionnée à la faute commise ». Une sanction est injustifiée si l'employeur n'avait pas le pouvoir de la prononcer. C'est le cas notamment lorsque les faits invoqués ne constituent pas une faute justifiant une sanction ou s'il s'agit d'une sanction pécuniaire ou d'une sanction non prévue par le règlement intérieur, d'une sanction prise en méconnaissance des dispositions du règlement intérieur ou de la convention collective. Le juge apprécie également si la sanction est proportionnée à la faute commise. Le juge doit préciser en quoi la sanction est disproportionnée[1]. Le juge prend en compte des circonstances, du comportement antérieur du salarié dans l'entreprise... Le juge pourra annuler toute sanction injustifiée ou disproportionnée à l'exception des licenciements. Ceux-ci seront seulement jugés sans cause réelle et sérieuse. Exceptionnellement, le licenciement discriminatoire est nul de plein droit en application de l'article L. 1132-3 du Code du travail.

Si le juge a le pouvoir d'annuler une sanction irrégulière, injustifiée ou disproportionnée, il n'a pas pour autant le pouvoir de la modifier. De plus, il n'est pas tenu de prononcer la nullité de la sanction. La jurisprudence considère que le juge n'est pas contraint d'annuler la sanction dès lors que celle-ci est affectée d'une irrégularité de forme qui ne porte pas atteinte à une « garantie de fond ». C'est le cas notamment du non-respect du délai d'un jour franc entre l'entretien et le prononcé de la sanction. Il peut se contenter d'allouer au salarié des dommages et intérêts qu'il apprécie souverainement en fonction du préjudice subi[2]. L'annulation de la sanction a pour effet de rétablir le salarié dans sa situation antérieure, ce qui peut parfois poser des difficultés à l'employeur. Il en est ainsi notamment de la réintégration du salarié rétrogradé. Cette opération peut s'avérer complexe si l'ancien poste du salarié a été attribué à un autre salarié. L'employeur doit proposer au salarié un poste équivalent à celui qu'il occupait avant le prononcé de la sanction[3].

1. Cass. soc., 23 avril 1986, *Bull. civ.*, V, n° 160.
2. Cass. soc., 20 octobre 1988, *Bull. civ.*, V, n° 534.
3. Cass. soc., 16 décembre 1993, *RJS*, 1/94, n° 33 ; Cass. soc., 18 janvier 1995, *RJS*, 3/95, n° 232.

TITRE II

Le licenciement

Il existe différents modes de rupture du contrat de travail. Le licenciement est le mode le plus fréquent de rupture. Il peut intervenir soit en raison d'un motif lié au salarié (licenciement pour motif personnel) (chap. 2), soit en raison d'un motif économique (licenciement pour motif économique) (chap. 3). Mais il existe d'autres modes de rupture : démission, rupture contractuelle, mise à la retraite, force majeure ou la résiliation judiciaire (chap. 1). En tout état de cause, le contrat de travail ne peut être rompu en cas de changement d'employeur (chap. 4).

1

Les modes de rupture parallèles au licenciement

Les modes de rupture parallèles au licenciement peuvent être inspirés du droit des obligations (sect. I). Il existe également d'autres formes de rupture émanant du salarié (sect. II).

SECTION I
LES MODES DE RUPTURE INSPIRÉS DU DROIT DES OBLIGATIONS

Les modes de rupture parallèles au licenciement peuvent avoir pour fondement le droit des obligations. C'est le cas de la rupture contractuelle (I), de la force majeure (II) ou de la résiliation judiciaire (III).

I. La rupture contractuelle

L'employeur et le salarié peuvent rompre d'un commun accord un contrat de travail à durée indéterminée et organiser les conditions de la cessation de leurs relations de travail. Cependant, la jurisprudence a limité les possibilités de recours à ce mode de rupture. La rupture contractuelle n'est pas possible pour les salariés protégés. La Cour de cassation[1] a décidé que les accords qui ont pour objet de rompre le contrat de travail d'un représentant du personnel ou d'un représentant syndical sont nuls. De plus, la rupture contractuelle ne peut avoir pour objet de contourner les dispositions protectrices de certains salariés. Ainsi, la résiliation contractuelle ne peut intervenir après un avis d'inaptitude prononcé par le médecin du travail, qu'il s'agisse d'une

1. Cass. crim., 26 novembre 1985, *Bull. crim.*, n° 379 ; Cass. soc., 2 décembre 1992, *Bull. civ.*, V, n° 578.

inaptitude suite à une maladie ou à un accident professionnel ou non[1]. De même, la rupture contractuelle est illicite lorsqu'elle est intervenue pendant la période de suspension du contrat de travail en raison d'un accident du travail ou d'une maladie professionnelle[2]. En outre, une rupture contractuelle peut intervenir pour un motif économique[3] ou pour un motif personnel[4], mais les accords de rupture pour motif économique doivent respecter la procédure des licenciements économiques (art. L. 1233-1 du Code du travail).

La rupture contractuelle ne doit pas être confondue avec la transaction : postérieurement à la rupture définitive et unilatérale du contrat de travail, l'employeur et le salarié conviennent de mettre fin par concession réciproque à toute contestation née ou à naître résultant de cette rupture. Une transaction ne peut intervenir avant la notification du licenciement. L'employeur et le salarié ne peuvent pas dans le même acte mettre fin au contrat de travail et régler les difficultés qui pourraient naître de cette rupture : un tel acte serait nul[5] car une transaction ne peut intervenir si la rupture du contrat de travail n'est pas encore réalisée[6]. La Cour de cassation a même précisé dans un arrêt du 14 juin 2006[7] que, « la transaction ayant pour objet de prévenir ou terminer une contestation, celle-ci ne peut être valablement conclue par le salarié licencié que lorsqu'il a eu connaissance effective des motifs du licenciement par la réception de la lettre de licenciement (...) ». La transaction ne peut être conclue que postérieurement à la réception par le salarié de la lettre de licenciement. L'objet de la transaction est de mettre fin par des concessions réciproques à toute contestation résultant de la rupture du contrat de travail ; il en résulte que le salarié ne peut négocier, accepter de faire des concessions et apprécier celles faites par l'employeur, tant qu'il n'a pas pris connaissance des motifs de son licenciement.

II. La résiliation judiciaire

La résiliation judiciaire du contrat de travail sur le fondement de l'article 1184 du Code civil[8] est possible, mais seulement à l'initiative du salarié. La jurisprudence

1. Cass. soc., 29 juin 1999, *JCP*, éd. G, 2000, II, 10235, note J. Savatier.
2. Cass. soc., 4 janvier 2000, *D.*, 2000, 265, note C. Rade ; *Droit social*, 2000, p. 350, obs. J. Savatier.
3. Cass. soc., 10 avril 1991, *RJS*, 5/91, n° 562 ; Cass. soc., 5 mars 1986, *JCP*, éd. G, 1986, IV, 135 ; Cass. crim., 28 novembre 1984, *Droit social*, 1985, p. 708.
4. Cass. soc., 17 janvier 1985, *Droit social*, 1985, p. 698.
5. La Cour de cassation a précisé dans un arrêt du 14 janvier 2003 (*RJS*, 3/03, n° 343) que, « dans la mesure où elle intervient avant tout licenciement, la transaction est entachée d'une nullité relative qui se prescrit par cinq ans ».
6. Cass. soc., 16 juillet 1997, *RJS*, 10/97, n° 1089.
7. Cass. soc., 14 juin 2006, *RJS*, 8-9/06, n° 943.
8. Selon l'article 1184 du Code civil : « La condition résolutoire est toujours sous-entendue dans les contrats synallagmatiques, pour le cas où l'une des deux parties ne satisfera point à son engagement... La résolution doit être demandée en justice... »

exclut la possibilité pour l'employeur de recourir à la résiliation judiciaire du contrat à durée indéterminée au motif que, lorsque le salarié ne respecte pas ses obligations, il appartient à l'employeur d'user de son pouvoir disciplinaire et de prononcer le licenciement de l'intéressé[1]. La Cour de cassation a clairement affirmé que « l'employeur qui dispose du droit de résilier unilatéralement un contrat de travail à durée indéterminée par la voie du licenciement, en respectant les garanties légales, n'est pas recevable, hors les cas où la loi en dispose autrement, à demander la résiliation judiciaire du contrat »[2]. Cette solution a pour justification essentielle d'éviter que des dispositions impératives du Code du travail en matière de licenciement soient éludées.

Lorsque la demande en résiliation judiciaire du salarié est accueillie favorablement par le juge, elle produit les effets identiques à un licenciement sans cause réelle et sérieuse[3]. Le juge doit alors allouer au salarié une indemnité légale ou conventionnelle de licenciement, une indemnité de licenciement sans cause réelle et sérieuse et une indemnité de préavis.

III. *La force majeure*

Un événement indépendant de la volonté de l'employeur et du salarié constitutif d'un cas de force majeure peut entraîner la rupture du contrat de travail. En l'absence de définition de la force majeure dans le Code du travail, la jurisprudence a appliqué les principes du droit civil. La Cour de cassation a posé une définition précise de la force majeure, cause de rupture du contrat de travail, dans un arrêt du 12 février 2003 : « La force majeure, permettant à l'employeur de s'exonérer de tout ou partie des obligations nées de la rupture d'un contrat de travail, s'entend de la survenance d'un événement extérieur irrésistible ayant pour effet de rendre impossible la poursuite dudit contrat. »[4] Ainsi, la possibilité de poursuivre l'exploitation de l'entreprise et, en conséquence, les contrats de travail est essentielle. Si elle est totalement impossible par suite de l'événement survenu, la force majeure peut être retenue. Dans le cas contraire, la force majeure est exclue. Les autres critères de la force majeure (extériorité, irrésistibilité) doivent en toute hypothèse être constitués pour que celle-ci soit retenue. La chambre sociale de la Cour de cassation rejoint alors la position de la première chambre civile et de la chambre commerciale. Celles-ci estiment qu'un événement prévisible peut être constitutif de force majeure dès lors que ses effets sont irrésistibles et que celui qui s'en prévaut a pris toutes précautions rendues nécessaires pour la prévisibilité de l'événement[5]. La jurisprudence a

1. Cass. soc., 9 mars 1999, *Droit social,* 1999, 527, obs. A. Mazeau ; *D.,* 1999, 365, obs. C. Rade.
2. Cass. soc., 13 mars 2001, *JCP,* éd. G, 2002, II, 10562, note J. Mouly ; *Droit social,* 2001, 629, obs. C. Rade.
3. Cass. soc., 20 janvier 1998, *D.,* 1998, 850, note C. Rade, *JCP,* éd. E, 1998, I, 152, note J. Mouly.
4. Cass. soc., 12 février 2003, *RJS,* 4/03, n° 445.
5. Cass. civ. 1re, 9 mars 1994, *RJDA,* 1994, n° 910, et Cass. com., 28 avril 1998, *RJDA,* 1998, n° 949.

déjà admis comme cas de force majeure l'incendie[1], l'état de guerre[2], le fait du prince[3].

Cependant, la définition de la force majeure est très restrictive. La force majeure peut difficilement être invoquée comme cause de rupture du contrat de travail, car, compte tenu des mécanismes d'assurance de l'entreprise et du recours possible au chômage partiel total, il est très rare que la reprise d'une exploitation interrompue un temps pour un sinistre soit impossible. Par exemple, la Cour de cassation a jugé que la force majeure « n'est pas caractérisée en cas de destruction partielle d'un village-hôtel occasionnée par le passage d'un cyclone n'ayant pas rendu impossible la reprise de l'exploitation de l'hôtel après remise en état et partant la poursuite du contrat de travail des salariés »[4]. Par ailleurs, la jurisprudence refuse la qualification de force majeure à des événements qui concernent la personne de l'employeur tels que son hospitalisation[5] ou son décès[6]. De même, l'incarcération du salarié[7], le non-renouvellement d'une carte de séjour et de travail à un travailleur étranger[8], la maladie ou l'inaptitude du salarié ne constituent pas des cas de force majeure.

Dès lors que la force majeure est établie, l'employeur n'a pas à verser au salarié une indemnité compensatrice de préavis, une indemnité de licenciement ou des dommages et intérêts pour rupture abusive. Cependant, le salarié qui subit une rupture de son contrat de travail à durée indéterminée par la force majeure en raison d'un sinistre a droit à une indemnité correspondant à l'indemnité compensatrice de préavis et à l'indemnité légale de licenciement qu'il aurait perçues s'il avait été licencié (art. L. 1234-13 du Code du travail).

SECTION II
LES MODES DE RUPTURE ÉMANANT DU SALARIÉ

Le salarié peut mettre unilatéralement fin à son contrat de travail par une démission (I) ou une prise d'acte de la rupture (II).

1. La Cour de cassation a cependant jugé que l'incendie ne constitue pas un cas de force majeure lorsque la fermeture des locaux a été limitée à deux mois (Cass. soc., 2 février 1994, *RJS,* 3/94, n° 247).
2. Cass. soc., 24 juin 1965, *Bull. civ.,* IV, n° 411 ; Cass. soc., 6 novembre 1969, *Bull. civ.,* V, n° 495.
3. Par exemple, le retrait de la scène de l'Odéon aux comédiens français par le ministère de tutelle (CA Paris, 6 octobre 1961, *JCP,* éd. G, 1961, II, 12416, note B. P.). Le fait du prince peut également concerner le salarié comme le refus d'agrément pour travailler dans une salle de jeu (Cass. soc., 5 mai 1993, *CSB,* 1993, n° 51, A.39, p. 171).
4. Cass. soc., 12 février 2003, *RJS,* 4/03, n° 445.
5. Cass. soc., 31 mars 1994, *Droit social,* 1994, 514.
6. Cass. soc., 17 novembre 1977, *Bull. civ.,* V, 492 ; Cass. soc., 10 février 1982, *JCP,* éd. G, 1982, IV, 150.
7. Cass. soc., 15 octobre 1996, *Droit social,* 1997, 246.
8. Cass. soc., 14 octobre 1997, *Droit social,* 1997, p. 1101, obs. J. Savatier, *RJS,* 1997, p. 794, n° 1293.

I. La démission

La démission est une rupture unilatérale du contrat de travail à l'initiative du salarié. La démission résulte d'une volonté libre, sérieuse et non équivoque du salarié[1] sans qu'un formalisme soit nécessairement respecté.

La volonté de démissionner est équivoque lorsqu'elle résulte du seul comportement du salarié. Une simple absence même prolongée ne vaut pas nécessairement démission. La Cour de cassation a notamment jugé que l'absence du salarié ne permet pas d'établir la volonté de démissionner si elle est constatée après les congés payés, et ce, malgré les mises en garde de l'employeur contre les conséquences de son absence[2]. Par contre, la Haute Juridiction a affirmé que le fait de ne pas reprendre le travail à l'issue d'un congé parental malgré plusieurs courriers de l'employeur invitant le salarié à reprendre son activité montre une « volonté dépourvue d'équivoque de démissionner »[3].

La volonté de démissionner doit également être libre. La jurisprudence refuse la qualification de « démission » aux décisions prises sous la pression de l'employeur, que cette pression s'effectue directement en vue de provoquer la démission ou qu'elle résulte d'un comportement fautif de celui-ci. Dans de telles hypothèses, la démission est requalifiée en licenciement sans cause réelle et sérieuse. La démission forcée peut prendre des formes différentes suivant l'intensité de la contrainte pesant sur le salarié. Le caractère forcé de la démission peut résulter de la précipitation avec laquelle l'employeur a pris acte d'une prétendue volonté du salarié de démissionner ou encore a déduit cette volonté de la seule absence objective du salarié. Dans d'autres hypothèses, une pression directe est exercée sur le salarié par des pratiques qui s'apparentent parfois au chantage. Sont également assimilées à des démissions forcées les situations où l'employeur a, par son comportement fautif, provoqué la démission et celles où il a « préparé » la démission. Les pressions exercées sur le salarié sont directement à l'origine de sa démission lorsque l'employeur provoque une réaction de son salarié par de vifs reproches[4], par un ensemble de mesures

1. Cass. soc., 6 mai 1975, *Bull. civ.,* V, n° 233 ; Cass. soc., 2 juin 1976, *Bull. civ.,* V, n° 355 ; Cass. soc., 12 novembre 1987, *Bull. civ.,* V, n° 637 ; Cass. soc., 11 décembre 1991, *Bull. civ.,* V, n° 573 ; Cass. soc., 8 janvier 1992, *Bull. civ.,* V, n° 9 ; Cass. soc., 17 février 1993, *Bull. civ.,* V, n° 59, D. Arlié, *La qualification juridique de la cessation du contrat de travail,* thèse, Toulouse I, 1988, p. 151 et s.

2. Cass. soc., 20 octobre 1982, *Bull. civ.,* V, n° 559 : « La démission ne peut résulter que d'une manifestation non équivoque des salariés, en l'espèce non établie nonobstant les mises en garde de l'employeur. » Dans le même sens, Cass. soc., 24 juin 1992, *RJS,* 10/92, n° 1085 ; Cass. soc., 1er février 1995, *Droit social,* 1995, 386.

3. Cass. soc., 23 mai 1995, *SSL,* n° 753, p. 16. Cass. soc., 19 mars 1995, *CSB,* 1996, 131, B.102 : la Cour de cassation s'est prononcée dans le même sens au sujet d'un salarié qui n'a pas repris le travail à l'issue d'un arrêt suite à un accident du travail.

4. Cass. soc., 5 mars 1987, *Cah. prud'h.,* 1988, p. 16 ; Cass. soc., 4 juin 1987, *JCP,* éd. G, 1987, IV, p. 272.

vexatoires[1] ou encore en ne réglant pas les salaires à échéance normale[2]. De plus, le fait que le salarié se trouve dans un état psychologique anormal[3], ou soit victime d'une maladie anxio-dépressive le privant de l'ensemble de ses facultés de compréhension[4], constitue des circonstances qui doivent être prises en considération pour l'appréciation de l'existence d'une volonté libre et réfléchie de démissionner. Une démission peut être requalifiée en licenciement en raison du harcèlement subi par l'employeur[5].

La démission peut également être provoquée par le comportement fautif de l'employeur. La violation par l'employeur des obligations mises à sa charge par la loi, la convention collective ou le contrat de travail lui-même peut conduire le salarié à prendre l'initiative d'une rupture qui présentera alors toutes les apparences de la démission (le salarié ne se présentera plus au travail, voire écrira une lettre dans laquelle il manifestera sa volonté de ne plus rester au service de son employeur...). Lorsque le salarié est contraint de démissionner en raison d'un comportement abusif de l'employeur, les juges peuvent requalifier la démission en licenciement (par exemple, en cas de non-paiement du salaire[6] ou de conditions de travail dangereuses[7]). Même si le salarié a pris l'initiative de la rupture, celle-ci sera imputable à l'employeur.

Par ailleurs, la démission peut être requalifiée en licenciement au motif qu'elle n'était pas sérieuse. Ainsi, la décision prise par le salarié dans un mouvement d'humeur et rapidement rétractée n'est pas une démission et n'entraîne pas la rupture du contrat de travail. C'est l'employeur qui s'oppose à la reprise du travail qui procède à un licenciement.

Le salarié peut démissionner à tout moment sans avoir à motiver sa décision. Mais cette liberté a une limite : la démission ne doit pas être abusive. L'article L. 1237-2 du Code du travail précise que « la résiliation d'un contrat à durée indéterminée, à l'initiative du salarié, ouvre droit, si elle est abusive, à des dommages et intérêts ». L'employeur peut obtenir des dommages et intérêts si la rupture cause un préjudice à l'entreprise. La condamnation du salarié pour démission abusive est exceptionnelle. Elle est possible en cas de rupture brusque (départ d'un mannequin en cours de la journée de présentation à la clientèle d'une collection avec des modèles sur mesure[8],

1. Cass. soc., 17 octobre 1984, *JCP,* éd. E, 1985, I, 13 998 ; Cass. soc., 14 mars 1983, *Droit ouvrier,* 1984, p. 392 : la Cour de cassation considère que la rupture du contrat de travail est imputable à l'employeur lorsque, par des brimades exercées pendant de nombreux mois contre son salarié, l'employeur l'a poussé à bout jusqu'à ce qu'il ait envoyé finalement une lettre de démission.

2. Cass. soc., 4 décembre 1991, *Juris-Data,* n° 003963 ; Cass. soc., 22 septembre 1993, *JCP,* éd. E, 1994, II, 617, note Lachaise ; Cass. soc., 14 novembre 1995, précité ; CA Paris, 12 janvier 1993, *Juris-Data,* n° 020755 ; CA Orléans, 18 novembre 1993, *Juris-Data,* n° 045606 ; CA Paris, 26 mars 1989, *Juris-Data,* n° 022687.

3. Cass. soc., 12 janvier 1984, *Droit social,* 1985, p. 702.

4. Cass. soc., 4 décembre 1986, *D.,* 1987, IR, p. 11.

5. Cass. soc., 16 juillet 1987, *Droit ouvrier,* 2000, p. 204 : la Cour de cassation a approuvé les juges du fond d'avoir procédé à une telle requalification au motif que l'employeur a eu à l'égard de la salariée « un comportement manifestant sa volonté de la tourmenter en la soumettant à des harcèlements insidieux, lui rendant aussi intolérables les conditions d'exécution de son travail ».

6. Cass. soc., 30 juin 1976, *Bull. civ.,* V, p. 337 ; Cass. soc., 11 mars 1970, *Bull. civ.,* V, n° 175.

7. Cass. soc., 18 octobre 1989, *RJS,* 11/89, n° 826.

8. Cass. soc., 19 juin 1959, *D.,* 1959, 513.

départ d'un expert-comptable en pleine période d'activité saisonnière pour nuire à l'employeur...).

Le salarié ne peut pas mettre fin immédiatement à son contrat de travail : il doit respecter un préavis qui s'impose autant à l'employeur qu'au salarié[1]. La durée de ce préavis est généralement prévue par la convention collective ou les usages. La loi ne prévoit un préavis que dans quelques cas particuliers (c'est le cas des VRP, les salariés agricoles, les journalistes). Le contrat de travail ne peut pas prévoir une obligation de préavis de démission ou fixer une durée de préavis plus longue que celle qui serait fixée par la loi, la convention ou les usages[2]. Lorsque aucun préavis n'est prévu par la loi, la convention collective ou usages, le salarié peut quitter immédiatement l'entreprise. Par contre, Le salarié qui ne respecte pas le préavis prévu doit à l'employeur une indemnité égale à la rémunération qu'il aurait perçu s'il avait travaillé pendant le préavis[3].

La charge de la preuve pèse sur celui qui invoque la démission[4]. En pratique, c'est toujours l'employeur qui invoque la démission pour justifier l'absence de procédure de licenciement et le non-versement d'indemnités de licenciement et de préavis. L'employeur doit donc prouver la volonté unilatérale du salarié de mettre fin au contrat de travail.

II. La prise d'acte de la rupture

La prise d'acte de la rupture émane en principe du salarié. Mais il arrive dans de rares cas qu'elle soit à l'initiative de l'employeur. Le contrat de travail cesse à l'initiative de l'une des parties. Si c'est à l'initiative de l'employeur, c'est un licenciement ; si c'est à l'initiative du salarié, c'est une démission. La difficulté naît de deux types de situation. La première est celle où l'employeur prend l'initiative de la rupture mais sans formaliser de licenciement le plus souvent parce qu'il estime que c'est le salarié qui a provoqué la rupture et qu'il n'a donc pas à engager la procédure de licenciement. Ce n'est pas un licenciement formel. La seconde est celle où le salarié prend l'initiative de la rupture mais en faisant valoir que cette attitude lui est imposée par l'employeur. Ce n'est pas une véritable démission (car il n'existe pas de volonté claire et non équivoque de son auteur de mettre fin au contrat). Dans ces deux cas, il y a rupture de fait que le juge saisi doit qualifier.

1. Cass. soc., 5 décembre 1974, *Bull. civ.*, V, n° 594 : le préavis doit être respecté par l'employeur, même si c'est le salarié qui a pris l'initiative de la rupture. Toutefois, l'employeur peut dispenser le salarié d'exécuter le préavis en lui réglant les salaires dus pour cette période.
2. Cass. soc., 4 juin 1987, *D.*, 1988, somm. com., 103, obs. J. Pélissier ; Cass. soc., 13 mai 1992, *RJS*, 5/92, n° 371.
3. Cass. soc., 29 mars 1995, *RJS*, 5/1995, n° 506.
4. Cass. soc., 4 octobre 1961, *JCP*, 1961, II, 12342 ; Cass. soc., 5 mai 1970, *Bull. civ.*, V, 252.

Dans le premier cas, un employeur en dehors de toute initiative préalable du salarié tendant à la rupture du contrat de travail notifie au salarié que le contrat est rompu ou qu'il le tient pour rompu sans engager de procédure de licenciement et sans même qualifier de licenciement la rupture intervenue. Il s'agit d'une prise d'acte de la rupture par l'employeur. En pratique, cela concerne deux situations. En premier lieu, le salarié n'exécute plus ou n'exécute plus normalement sa prestation de travail. L'employeur prend acte de cette rupture sans engager de procédure de licenciement car il estime que c'est le salarié qui a pris l'initiative de la rupture. En second lieu, les deux parties sont d'accord sur le principe même de la rupture mais le salarié demande à être licencié pour percevoir les indemnités ASSEDIC. L'employeur ne tient pas à formaliser un licenciement, donc lui notifie la rupture avec une attestation ASSEDIC. Depuis plusieurs arrêts de la Cour de cassation du 25 juin 2003[1], dans cette hypothèse la rupture est un licenciement mais nécessairement sans cause réelle et sérieuse, faute pour l'employeur d'avoir engagé la procédure de licenciement[2]. L'employeur qui considère que le salarié n'exécute plus normalement sa prestation de travail ou auquel il reproche tel comportement de nature à provoquer la rupture du contrat de travail est contraint de mettre en œuvre la procédure de licenciement et, par conséquent, de formaliser un licenciement.

Dans le second cas, le salarié notifie à l'employeur la rupture de son contrat de travail en l'imputant à celui-ci, c'est-à-dire en l'imputant à un fait, une attitude, un manquement de l'employeur qui, selon lui, l'aurait provoqué. C'est une prise d'acte de la rupture du contrat de travail par le salarié. Depuis les arrêts de la Cour de cassation du 25 juin 2003, il appartient au juge saisi de déterminer d'abord si les faits invoqués par le salarié à l'encontre de l'employeur justifieraient ou non la rupture[3]. De cette appréciation dépend non pas la qualification de la rupture mais les effets de l'une ou l'autre des qualifications possibles. Si les faits invoqués justifiaient la rupture, celle-ci produirait les effets d'un licenciement sans cause réelle et sérieuse. S'ils ne la justifiaient pas, elle produirait les effets d'une démission.

La jurisprudence a également précisé dans quatre arrêts du 9 mai 2007 que, « lorsqu'un salarié démissionne en raison de faits qu'il reproche à son employeur, cette rupture constitue une prise d'acte »[4]. Ainsi, lorsqu'un salarié présente sa démission en invoquant les faits qu'il reproche à l'employeur, cette démission est considérée comme une prise d'acte, c'est-à-dire qu'elle « produit les effets soit d'un licenciement

1. Cass. soc. 25 juin 2003, *RJS*, 2003, n° 994 ; *D.*, 2003, p. 2396, note J. Pélissier ; J.-Y. Frouin, « Rupture du contrat de travail : prise d'acte par l'employeur ou le salarié », *RJS*, 2003, p. 647.

2. Avant les arrêts du 25 juin 2003, la jurisprudence considérait que la rupture s'analyse en licenciement. La rupture s'imposait au juge mais il revenait à celui-ci d'apprécier le bien-fondé du licenciement au regard des motifs énoncés dans la lettre de rupture.

3. Avant les arrêts du 25 juin 2003, la jurisprudence décidait que la volonté du salarié de mettre fin au contrat de travail lorsqu'il impute la rupture à l'employeur est équivoque, ce n'est donc pas juridiquement une démission. Si le principe de la rupture est admis ou n'est pas contesté par l'employeur, le juge doit qualifier la rupture et ne peut que la qualifier de licenciement sans cause réelle et sérieuse, puisque aucune procédure n'a été diligentée et que le licenciement n'est pas motivé.

4. Cass. soc., 9 mai 2007, *RJS*, 7/07, n° 823.

sans cause réelle et sérieuse si les faits invoqués la justifiaient, soit, dans le cas contraire, d'une démission ».

Le salarié peut prendre acte de la rupture de son contrat de travail même s'il a préalablement saisi le conseil de prud'hommes pour demander l'exécution de son contrat de travail. En effet, la Cour de cassation a affirmé dans un arrêt de l'assemblée plénière du 21 décembre 2006 qu'un salarié qui a agi en justice en exécution d'une obligation née du contrat de travail « peut toujours prendre acte de la rupture du contrat, que ce soit en raison des faits dont il a saisi le conseil de prud'hommes ou pour d'autres faits »[1]. Peu importent les griefs invoqués par le salarié à l'appui de sa prise d'acte : celle-ci est possible alors même que le salarié invoque l'inexécution de l'obligation dont il a initialement saisi le juge d'une demande en exécution.

Par ailleurs, la prise d'acte entraînant la rupture immédiate du contrat de travail, la demande de résiliation judiciaire qui aurait été introduite auparavant par le salarié devient sans objet. Dès lors, le juge n'a plus à se prononcer que sur la prise d'acte et ses effets. Mais le juge doit prendre en compte tous les griefs invoqués par le salarié tant à l'appui de la prise d'acte qu'à l'appui de la demande de résiliation judiciaire. En effet, la Cour de cassation a affirmé, dans trois arrêts du 31 octobre 2006 : « La prise d'acte de la rupture par le salarié en raison de faits qu'il reproche à l'employeur entraîne la cessation immédiate du contrat de travail en sorte qu'il n'y a plus lieu de statuer sur la demande de résiliation judiciaire introduite auparavant. S'il appartient au juge de se prononcer sur la seule prise d'acte, il doit fonder sa décision sur les manquements de l'employeur invoqués par le salarié tant à l'appui de la demande de résiliation judiciaire devenue sans objet qu'à l'appui de la prise d'acte. »[2] Ainsi, la Cour de cassation a implicitement admis qu'un salarié puisse déposer une demande de résiliation judiciaire du contrat de travail puis prendre acte de la rupture du contrat non seulement en raison de faits nouveaux survenus entre ces deux demandes, mais également pour les mêmes griefs. La jurisprudence a également précisé que l'écrit par lequel le salarié prend acte de la rupture du contrat de travail en raison de faits qu'il reproche à son employeur ne fixe pas les limites du litige[3]. Le juge est donc tenu d'examiner tous les manquements de l'employeur invoqués devant lui, même si celui-ci ne les a pas mentionnés dans cet écrit. La Cour de cassation adopte la solution inverse de celle retenue pour le licenciement où la lettre de licenciement fixe les limites du litige. Si la volonté de l'employeur lors de la rédaction de la lettre de licenciement n'est pas suspecte, il n'en est pas de même de celle du salarié lorsqu'il prend acte. Celui-ci doit pouvoir invoquer devant le juge d'autres motifs que ceux qu'il a consignés dans une lettre qu'il a pu rédiger sous pression.

1. Cass. soc., 21 décembre 2006, *RJS*, 3/07, n° 315.
2. Cass. soc., 31 octobre 2006, *RJS*, 1/07, n° 46.
3. Cass. soc., 29 juin 2005, *D.*, 2005, 2723, note P. Lokiec.

2

Le licenciement pour motif personnel

La loi du 13 juillet 1973 a introduit des règles relatives au licenciement pour motif personnel qui s'inspirent des principes directeurs du procès : le droit d'être entendu, le droit de se défendre, le droit d'être informé. L'existence d'un motif n'est pas suffisante pour justifier le licenciement du salarié (sect. I). L'employeur doit également respecter des règles de procédure (sect. II) sous peine de sanctions (sect. III). Il doit également prendre en considération les droits du salarié licencié (sect. IV).

SECTION I
LE MOTIF DU LICENCIEMENT

L'employeur ne peut procéder au licenciement d'un salarié que s'il existe une cause réelle et sérieuse (I). Celle-ci peut éventuellement être constitutive d'une faute (II). De plus, le licenciement du salarié victime d'un accident ou d'une maladie est strictement encadré (III).

I. L'exigence d'une cause réelle et sérieuse

L'employeur ne peut pas rompre le contrat de travail pour n'importe quel motif. Il doit exister une cause réelle et sérieuse de licenciement, et ce quel que soit l'ancienneté du salarié[1] ou la taille de l'entreprise[2]. La loi exige que le licenciement soit fondé sur un motif réel et sérieux sans pour autant donner une définition de la cause réelle

1. Cass. soc., 15 novembre 1978, *Bull. civ.*, V, n° 769.
2. Cass. soc., 20 octobre 1976, *Bull. civ.*, V, n° 500.

et sérieuse. Une cause réelle est une cause existante, exacte, précise et objective. La cause sérieuse signifie que l'événement à l'origine de la cause du licenciement doit être préjudiciable à l'entreprise et rendre impossible la continuation du travail. Les motifs qui peuvent être invoqués sont nombreux : l'insubordination, la négligence (le salarié ne s'intéresse plus à son travail), l'abandon de poste, l'indiscrétion (la divulgation de document confidentiel), la déloyauté, la fraude, violence ou injure...

Certains motifs invoqués par l'employeur ont posé problème. C'est notamment le cas de la perte de confiance. La perte de confiance ne constitue pas à elle seule une cause réelle et sérieuse de licenciement. La Cour de cassation avait jugé que la perte de confiance, même si elle ne reposait sur aucun fait précis, était une cause réelle et sérieuse de licenciement[1]. Cette jurisprudence a fait l'objet de nombreuses critiques de la part de la doctrine[2]. La Cour de cassation a toutefois maintenu sa jurisprudence pendant plusieurs années[3]. Mais, dans un arrêt du 29 novembre 1990[4], la Cour de cassation a opéré un revirement de jurisprudence : elle a décidé que la perte de confiance alléguée par l'employeur ne constitue plus en soi un motif de licenciement, elle ne peut l'être que si elle est appuyée par des faits objectifs. L'employeur ne peut donc pas licencier un salarié en raison de simples soupçons[5] qu'il pourrait avoir ou en raison du comportement d'un de ses proches[6]. Puis, dans un arrêt plus récent du 29 mai 2001[7], la Cour de cassation a affirmé que « la perte de confiance ne peut jamais constituer en tant que telle une cause de licenciement même quand elle repose sur des éléments objectifs ; seuls ces éléments objectifs peuvent, le cas échéant, constituer une cause de licenciement ». De la même façon, les mésententes et l'incompatibilité d'humeur doivent se traduire par des faits imputables au salarié[8].

En outre, l'employeur ne peut pas licencier un salarié pour insuffisance professionnelle s'il ne précise pas ce qu'il entend par ce motif. L'employeur doit établir les manifestations précises de cette insuffisance professionnelle. La jurisprudence a évolué sur cette question de la même manière que pour la perte de confiance. Elle considère que la seule insuffisance de résultats ne peut, en soi, constituer une cause réelle et sérieuse de licenciement. Elle doit être établie sur la base d'éléments objectifs comme par exemple le lien entre la dégradation du marché et le fait que le salarié

1. Cass. soc., 26 juin 1980, *Bull. civ.*, V, n° 573 : la Cour de cassation a affirmé qu'une salariée pouvait être licenciée en raison d' « une absence de confiance réciproque mettant obstacle en l'espèce au maintien des relations de travail », même s'il n'existait aucune négligence de sa part.

2. A. Chirez, La perte de confiance par l'employeur constitue-t-elle une cause réelle et sérieuse de licenciement ?, *D.*, 1981, chr., p. 193.

3. Cass. soc., 6 juillet 1983, *Bull. civ.*, V, n° 281 ; Cass. soc., 22 octobre 1981, *Bull. civ.*, V, n° 817 ; Cass. soc., 29 février 1984, *Bull. civ.*, V, n° 76.

4. Cass. soc., 29 novembre 1990, *D.*, 1991, p. 190, note J. Pélissier. Dans le même sens, Cass. soc., 9 janvier 1991, *Droit social*, 1992, p. 38 ; Cass. soc., 25 juin 1991, *RJS*, 1991, n° 1081 ; Cass. soc., 14 janvier 1998, *RJS*, 3/98, n° 292 ; Cass. soc., 6 octobre 1999, *RJS*, 11/99, n° 1355.

5. Cass. soc., 25 juin 1991, *RJS*, 10/91, n° 1081 ; Cass. soc., 16 mai 1991, *RJS*, 7/91, n° 825 ; Cass. soc., 12 mars 1991, *JCP*, éd. E, 1991, II, 176.

6. Cass. soc., 12 janvier 1993, *Droit social*, 1993, p. 187 ; Cass. soc., 27 mai 1998, *RJS*, 10/98, n° 1185 ; Cass. soc., 21 mars 2000, *RJS*, 5/2000, n° 509, *Droit social*, 2000, 565, note J. Savatier.

7. Cass. soc., 29 mai 2001, *Bull. civ.*, V, n° 183.

8. Cass. soc., 27 novembre 2001, *RJS*, 2/02, n° 153.

pouvait ou non atteindre les objectifs fixés par l'employeur (à condition que ces objectifs soient raisonnables et compatibles avec le marché). L'employeur ne peut également pas invoquer l'insuffisance professionnelle s'il n'a pas rempli son devoir d'adaptation. En effet, depuis l'arrêt Expovit du 25 février 1992[1], l'employeur doit adapter la situation des salariés à l'évolution de l'emploi (obligation de loyauté).

Par ailleurs, un fait qui s'est déroulé en dehors du temps de travail relève de la vie personnelle et ne peut constituer une cause réelle et sérieuse de licenciement[2]. Par exemple, le fait pour une salariée d'une concession Renault d'acheter une voiture Peugeot ne constitue pas une cause réelle et sérieuse de licenciement. Le salarié est libre dans sa vie privée d'acheter les biens de son choix. Mais il existe une exception lorsque les faits commis en dehors du temps et du lieu de travail a créé un trouble caractérisé au sein de l'entreprise en raison des fonctions du salarié et de la finalité de l'entreprise[3] ou lorsque les faits se rattachent à la vie professionnelle[4]. La Cour de cassation a notamment jugé dans un arrêt du 2 décembre 2003 que « le fait pour un salarié affecté en exécution de son contrat de travail à la conduite de véhicules automobiles de se voir retirer son permis de conduire pour des faits de conduite sous l'empire d'un état alcoolique, même commis en dehors de son temps de travail, se rattache à sa vie professionnelle »[5].

La cause réelle et sérieuse de licenciement s'apprécie au jour où la décision de rompre le contrat de travail est prise par l'employeur[6]. Ainsi, les absences prolongées du salarié ne peuvent constituer une cause réelle et sérieuse de licenciement si l'employeur a décidé de licencier le salarié lorsque ce dernier a repris ses fonctions[7].

II. L'existence d'une faute du salarié

L'existence d'une faute du salarié n'est pas nécessaire pour justifier un licenciement. Il peut y avoir une cause réelle et sérieuse de licenciement pour faute (par exemple, le licenciement en raison d'un vol) ou sans faute (par exemple, le licenciement en raison d'une insuffisance professionnelle). Quel que soit le motif invoqué par l'employeur à l'appui du licenciement, ce dernier peut considérer que l'agissement du salarié est de surcroît fautif. Dès lors que l'employeur invoque une faute du

1. Cass. soc., 25 février 1992, *Bull. civ.,* V, n° 122. Cette obligation est désormais insérée à l'article L. 1233-4 du Code du travail.
2. Cass. soc., 26 septembre 2001, *RJS,* 12/01, n° 1413 ; Cass. soc., 16 décembre 1997, *RJS,* 2/98, n° 141 ; Cass. soc., 14 mai 1997, *RJS,* 6/97, n° 758.
3. Cass. soc., 20 novembre 1991, *RJS,* 1/92, n° 3.
4. Cass. soc., 6 février 2002, *RJS,* 4/02, n° 410 ; Cass. soc., 25 février 2003, *Droit social,* 2003, 625, note J. Savatier.
5. Cass. soc., 2 décembre 2003, *RJS,* 2/04, n° 181.
6. Cass. soc., 5 janvier 1999, *RJS,* 2/99, n° 166 ; Cass. soc., 21 novembre 1990, *Bull. civ.,* V, n° 574.
7. Cass. soc., 5 janvier 1999, *RJS,* 2/99, n° 166.

salarié, l'employeur se place sur le terrain disciplinaire et doit respecter la procédure disciplinaire.

La faute du salarié peut être constituée par un acte positif ou une abstention volontaire. Il existe une hiérarchie des fautes. Le juge, pour apprécier la gravité de la faute, peut se fonder sur plusieurs éléments dont la place du salarié dans l'entreprise, son ancienneté ainsi que son attitude préalable dans l'entreprise. Il existe trois niveaux de faute. D'abord, la faute simple constituant une cause réelle et sérieuse de licenciement : le salarié est licencié mais bénéficiera d'un préavis et percevra des indemnités de rupture.

Ensuite, la faute peut être grave : elle résulte d'un fait ou ensemble de faits imputables au salarié qui constitue une violation des obligations découlant du contrat ou des relations de travail d'une importance telle qu'elle rend impossible le maintien de l'intéressé pendant la durée du préavis[1]. Le juge doit apprécier dans chaque litige si la faute invoquée par l'employeur constitue une faute grave. La Cour de cassation contrôle la qualification de faute grave. Les juges du fond ne sont donc pas souverains pour donner la qualification de faute grave à la faute commise par le salarié. En principe, seules les fautes qui ont une dimension professionnelle peuvent être considérées comme des fautes graves. La Cour de cassation a admis de manière exceptionnelle que des fautes non professionnelles, c'est-à-dire des fautes commises en dehors du temps et du lieu de travail, puissent être qualifiées de faute grave « lorsque le comportement de l'intéressé, compte tenu des fonctions et de la finalité propre de l'entreprise, a créé un trouble caractérisé au sein de cette dernière »[2]. La faute commise par le salarié ne peut être qualifiée de faute grave que si elle rend indispensable le départ immédiat du salarié. L'employeur qui fait exécuter le préavis ne peut donc pas invoquer la faute grave du salarié[3]. Il en est de même si l'employeur engage de manière tardive la procédure de licenciement[4]. La charge de la preuve de la faute grave incombe à celui qui l'invoque. Toutefois, l'employeur peut invoquer la faute grave même s'il maintient le salarié dans l'entreprise pendant la procédure de licenciement[5] ou s'il paie volontairement une indemnité compensatrice de préavis[6]. Le salarié est privé du préavis à titre de sanction. Il est également privé du préavis et des indemnités de rupture. Le salarié coupable d'une faute grave ne percevra donc qu'une indemnité compensatrice de congés payés.

Enfin, la faute lourde est caractérisée par l'intention de nuire à l'employeur ou à l'entreprise. Elle est privative de toutes les indemnités, y compris l'indemnité compensatrice de congés payés. Seule une faute lourde peut fonder une action en dommages et intérêts de l'employeur contre un salarié ou justifier le licenciement d'un salarié gréviste.

1. Cass. soc., 26 février 1991, *Bull. civ.,* V, n° 97.
2. Cass. soc., 20 novembre 1991, *RJS,* 1/92, n° 3 : en l'espèce, un agente de surveillance d'une société de gardiennage a commis un vol à l'encontre d'un client de l'entreprise en dehors de son temps de travail.
3. Cass. soc., 15 mai 1991, *Bull. civ.,* V, n° 237.
4. Cass. soc., 22 octobre 1991, n° 90-40077.
5. Cass. soc., 4 novembre 1992, *Bull. civ.,* V, n° 530.
6. Cass. soc., 8 janvier 1997, *D.,* 1997, IR, 36.

III. Le licenciement en raison de l'état de santé

Lorsqu'un salarié est en arrêt de travail en raison d'une maladie ou d'un accident, le contrat de travail est suspendu (1). L'employeur ne peut pas licencier un salarié en raison de son état de santé (2). Toutefois, il a la possibilité de le licencier s'il est déclaré inapte à son poste de travail (3).

1. La suspension du contrat de travail en raison de la maladie ou de l'accident

La maladie ou l'accident est une cause de suspension du contrat de travail[1]. Les obligations de l'employeur et du salarié sont donc suspendues : l'obligation de fournir une prestation de travail et son corollaire, l'obligation de rémunérer le travail[2]. Cependant, une obligation est maintenue : l'obligation de loyauté. Le salarié en arrêt de travail pour maladie ne doit pas exercer une activité professionnelle pour le compte d'un autre employeur[3]. Mais une telle activité est permise si elle n'est qu'occasionnelle et à titre bénévole[4]. De même, le salarié peut pendant son arrêt de travail exercer une activité à titre de loisir (comme un voyage d'agrément) sauf si le comportement du salarié constitue un acte de déloyauté[5]. Si le comportement du salarié pendant l'arrêt de travail montre que son état de santé ne lui interdisait pas d'accomplir sa prestation de travail, le salarié a commis un acte de déloyauté qui justifie une sanction disciplinaire[6]. C'est notamment le cas d'un mécanicien qui, pendant son congé maladie, répare un véhicule en se faisant rémunérer[7]. L'obligation de loyauté impose le plus souvent au salarié malade une abstention mais elle pourra également le contraindre à accomplir des actes positifs dès lors que ceux-ci seront nécessaires à la bonne marche de l'entreprise. La Cour de cassation a jugé que « la suspension du contrat de travail provoquée par la maladie ou l'accident ne dispense pas le salarié

1. La suspension du contrat de travail a été définie par de nombreux auteurs. Selon MM. Brun et Galland, « la suspension entraîne seulement une interruption momentanée dans la vie du contrat, lequel reprendra son cours normal après une période plus ou moins longue de mort apparente » (Brun et Galland, *Traité*, n° II.323) ; pour J. Rivero et J. Savatier, le contrat de travail est suspendu chaque fois que « le travailleur est fondé à refuser sa prestation de travail ou l'employeur à s'abstenir de fournir du travail » (J. Rivero et J. Savatier, *Droit du travail*, Paris, PUF, coll. « Thémis », 1970, p. 491).

2. Toutefois, de nombreuses conventions collectives prévoient que l'employeur doit payer au salarié pendant la suspension du contrat de travail pour maladie ou accident une indemnité correspondant à la différence entre les indemnités journalières de sécurité sociale et le salaire antérieur pendant une certaine durée.

3. Cass. soc., 21 juillet 1994, *Bull. civ.*, V, n° 250.

4. Cass. soc., 11 juin 2003, *RJS*, 8-9/03, n° 1002 ; Cass. soc., 4 juin 2002, *Bull. civ.*, V, n° 191 : la Cour de cassation a affirmé : « L'exercice d'une activité pendant un arrêt de travail provoqué par la maladie ne constitue pas en lui-même un manquement à l'obligation de loyauté qui subsiste pendant la durée de cet arrêt. »

5. Cass. soc., 16 juin 1998, *RJS*, 7/98, n° 844 ; Cass. soc., 21 mars 2000, *Bull. civ.*, V, n° 115.

6. Cass. soc., 21 juillet 1994, *Bull. civ.*, V, n° 250.

7. Cass. soc., 21 octobre 2003, *RJS*, 12/03, n° 1384.

tenu d'une obligation de loyauté de restituer à l'employeur qui lui en fait la demande les éléments matériels détenus par lui et qui sont nécessaires à la poursuite de l'activité de l'entreprise »[1].

Par ailleurs, le salarié a l'obligation d'informer très rapidement l'employeur des raisons de son absence et de lui adresser le certificat médical de son médecin de travail qui prescrit l'arrêt de travail. Très souvent, les conventions collectives indiquent que l'information du chef d'entreprise et l'envoi du certificat médical doivent avoir été effectués dans les deux premiers jours d'absence. Lorsque l'arrêt de travail initialement prescrit est prolongé, le salarié doit informer l'employeur de cette prolongation et lui faire parvenir le certificat médical correspondant. Le manquement du salarié à ces obligations constitue une faute et peut justifier un licenciement.

En outre, même si l'obligation de fournir le travail est suspendue, l'employeur doit verser au salarié une partie de la rémunération que celui-ci aurait perçue s'il avait travaillé normalement. Cette obligation à la charge de l'employeur est soumise à certaines conditions : le salarié doit avoir une ancienneté de plus de trois ans dans l'entreprise, avoir justifié de son arrêt de travail dans les quarante-huit heures qui suivent cet arrêt, être pris en charge par la Sécurité sociale et être soigné sur le territoire français ou dans l'un des pays de l'Union européenne[2]. L'employeur peut en contrepartie imposer une visite médicale à son salarié. Si celui-ci refuse cette contre-visite ou s'oppose à la reprise du travail contre l'avis du médecin mandaté par l'employeur pour le contrôler, le salarié ne commet pas une faute justifiant un licenciement[3]. Cependant, l'employeur peut refuser de lui verser l'allocation complémentaire[4].

La suspension du contrat de travail en raison d'une maladie ou d'un accident prend fin avec la visite de reprise assurée par le médecin du travail[5]. Le salarié qui reprend le travail avant la visite de reprise est considéré comme étant dans la période de suspension du contrat, même s'il exécute normalement la prestation de travail et que l'employeur le rémunère. La visite de reprise peut donner lieu à deux examens médicaux espacés de deux semaines. Dans cette hypothèse, la date du premier examen de reprise met fin à la suspension du contrat de travail, et ce même si le salarié ne travaille pas pendant la période qui sépare les deux examens médicaux[6]. À l'issue

1. Cass. soc., 6 février 2001, *Bull. civ.*, V, n° 43 : la Cour de cassation s'est prononcée en ce sens au sujet ad'un salarié VRP qui avait refusé de restituer à l'employeur des fiches clients nécessaires à la prospection de son secteur géographique par son remplaçant.

2. Article 7 de l'accord national interprofessionnel du 10 décembre 1977 sur la mensualisation étendu par la loi du 19 janvier 1978. L'employeur doit payer pendant 30 jours 90 % de la rémunération brute qu'aurait perçue le salarié s'il avait travaillé déduction faite des allocations que le salarié perçoit de la Sécurité sociale et des régimes complémentaires de prévoyance. Pendant les 30 jours suivants, l'employeur doit verser les deux tiers de cette rémunération. Cette obligation commence à compter du 1er jour s'il s'agit d'un accident du travail ou d'une maladie professionnelle, et à compter du 11e jour d'absence dans les autres cas.

3. Cass. soc., 10 octobre 1995, *RJS*, 11/95, n° 1111.

4. Cass. soc., 21 février 1978, *D.*, 1978, IR, 387, obs. J. Pélissier ; Cass. soc., 25 janvier 1978, *D.*, 1978, 258, note Y. Saint-Jours ; Cass. soc., 10 octobre 1979, *D.*, 1980, IR, 110 ; Cass. soc., 3 avril 1981, *Bull. civ.*, V, n° 250 ; Cass. soc., 12 février 1995, *RJS*, 3/95, n° 204.

5. Cass. soc., 30 janvier 1991, *Bull. civ.*, V, n° 47.

6. Cass. soc., 16 février 1999, *RJS*, 4/99, n° 500.

de la suspension du contrat de travail, dès lors que le salarié a été déclaré apte à occuper son emploi par le médecin du travail lors de la visite de reprise, le salarié reprend l'activité qu'il occupait antérieurement. Si son poste de travail a disparu ou est occupé par un autre salarié, l'employeur doit réintégrer le salarié dans un emploi similaire, c'est-à-dire un emploi comportant le même niveau de rémunération, la même qualification et les mêmes perspectives d'évolution de carrière que l'emploi initialement occupé[1]. Cette obligation résulte de l'article L. 1226-8 du Code du travail pour le salarié victime d'un accident du travail ou d'une maladie professionnelle. La jurisprudence a étendu cette obligation au salarié victime d'une maladie ou d'un accident non professionnel[2]. Toutefois, les conséquences du manquement à cette obligation ne sont pas les mêmes pour les deux situations. S'il s'agit d'une maladie ou d'un accident non professionnel, le non-respect de cette obligation donne droit, pour le salarié, à des indemnités de licenciement et des dommages et intérêts pour licenciement sans cause réelle et sérieuse. Par contre, lorsque l'accident ou la maladie a une origine professionnel, le salarié qui n'a pas été réintégré peut prétendre à une indemnité spéciale de licenciement, à une indemnité compensatrice de préavis et une indemnité qui ne peut être inférieure à douze mois de salaire en application de l'article L. 1226-15 du Code du travail.

2. L'interdiction de licencier un salarié en raison de son état de santé

Aucun salarié ne peut être licencié en raison de son état de santé ou de son handicap, sauf en cas d'inaptitude constatée par le médecin du travail (art. 1132-1 du Code du travail). Ainsi, l'employeur qui veut mettre fin au contrat de travail d'un salarié malade ne peut le faire que si l'inaptitude de ce salarié a été constatée par le médecin du travail. Cependant, lorsque l'absence du salarié perturbe le bon fonctionnement de l'entreprise (répétition des absences et/ou longue durée), elle peut devenir une cause réelle et sérieuse de licenciement. C'est notamment le cas lorsque l'absence pour cause de maladie est prolongée et que l'employeur est contraint de remplacer le salarié absent. Cela dépendra de la taille de l'entreprise, de la qualification du salarié et des termes de la convention collective applicable. Ainsi, si un licenciement ne peut être motivé par l'état de santé du salarié mais par la situation objective de l'entreprise dont le fonctionnement est perturbé par l'absence prolongée ou les absences répétées. Un salarié en arrêt de travail pour maladie ou accident ne peut être licencié que si la situation objective de l'entreprise nécessite un remplacement définitif (un remplacement provisoire par un salarié précaire n'est pas suffisant)[3].

Il existe des dispositions spécifiques pour le salarié victime d'un accident du travail ou d'une maladie professionnelle. Aux termes de l'article L. 1226-9 du Code du

1. Cass. soc., 22 octobre 1997, *RJS,* 12/97, n° 1360.
2. Cass. soc., 25 février 1997, *RJS,* 4/97, n° 398.
3. Cass. soc., 31 mai 1989, *RJS,* 7/89, n° 571 ; Cass. soc., 23 octobre 2001, *RJS,* 1/02, n° 26 ; Cass. soc., 9 juillet 2003, *RJS,* 10/03, n° 1148.

travail, l'employeur ne peut, au cours des périodes de suspension consécutives à un accident du travail ou à une maladie professionnelle, résilier le contrat de travail à durée indéterminée que s'il justifie soit d'une faute grave du salarié, soit de l'impossibilité où il se trouve pour un motif non lié à l'accident ou à la maladie de maintenir ledit contrat. Un licenciement prononcé en méconnaissance de ses dispositions serait sanctionné par la nullité et la réintégration du salarié dans son emploi[1]. Le salarié peut refuser d'être réintégré dans son emploi et choisir le paiement d'une indemnité de rupture.

3. La possibilité de licencier un salarié en raison de son inaptitude physique

À l'issue de son arrêt de travail pour maladie ou accident d'origine professionnelle ou non, le salarié peut être déclaré inapte à reprendre son emploi par le médecin du travail. Dans cette hypothèse, l'employeur doit tenter de reclasser le salarié. Ce n'est que si le reclassement du salarié est impossible que l'employeur peut licencier le salarié en raison de son inaptitude.

L'employeur doit proposer au salarié un autre emploi approprié à ses capacités, compte tenu des conclusions écrites du médecin du travail et des indications qu'il formule sur l'aptitude du salarié à occuper un poste existant dans l'entreprise et aussi comparable que possible à l'emploi précédemment occupé. Cette obligation de reclassement pèse sur l'emploi, qu'il s'agisse d'une inaptitude d'origine professionnelle ou non.

L'employeur doit effectuer des investigations poussées pour reclasser le salarié. Il doit mettre en œuvre tous les moyens possibles pour maintenir le salarié dans son emploi. Il doit étudier sérieusement les propositions émises par le médecin du travail en procédant éventuellement à la mise en œuvre de mesures telles que mutation, transformation de postes de travail ou aménagement du temps de travail. L'employeur doit tenter de reclasser le salarié dans l'entreprise mais également dans toutes les entreprises du groupe auquel appartient l'entreprise[2].

Lorsque le salarié est devenu inapte en raison d'un accident du travail ou d'une maladie professionnelle, l'employeur doit, avant de proposer un poste de reclassement au salarié, consulter les délégués du personnel[3]. L'employeur n'est pas contraint de recueillir un avis collectif lors d'une réunion, il peut consulter individuellement les délégués du personnel[4]. L'employeur ne peut pas remplacer la

1. Cass. soc., 25 février 1998, *RJS*, 4/98, n° 451 ; Cass. soc., 12 novembre 1997, *RJS*, 12/97, n° 1358.

2. Cass. soc., 18 avril 2000, *RJS*, 6/2000, n° 660 ; Cass. soc., 19 mai 1998, *Bull. civ.*, V, n° 264 ; Cass. soc., 16 juin 1998, *RJS*, 8-9/98, n° 975.

3. Lorsque l'employeur licencie un salarié en raison de l'impossibilité de reclassement sans avoir consulté préalablement les délégués du personnel, le salarié a droit à une indemnité qui ne peut être inférieure à douze mois de salaire (Cass. soc., 13 décembre 1995, *RJS*, 3/96, n° 268). L'employeur ne peut invoquer l'absence de délégués du personnel pour s'exonérer de son obligation s'il n'établit pas l'impossibilité dans laquelle il s'est trouvé d'organiser les élections des délégués du personnel (Cass. soc., 22 mars 2000, *Bull. civ.*, V, n° 119).

4. Cass. soc., 29 avril 2003, *RJS*, 7/03, n° 870.

consultation des délégués des personnels par celle du comité d'entreprise[1] ou du délégué syndical[2].

Le reclassement doit être accepté par le salarié. Si le salarié accepte le poste proposé par l'employeur, les règles relatives à la modification du contrat de travail s'appliquent : l'employeur comme le salarié sont désormais liés par de nouvelles dispositions concernant la prestation de travail et la rémunération. Toutefois, si le salarié rencontre des difficultés dans son nouveau poste, l'employeur doit rechercher et proposer un autre emploi qui conviendrait mieux au salarié[3].

La procédure de constatation de l'inaptitude d'un salarié à son poste de travail, quelle que soit son origine (professionnelle ou non professionnelle), est organisée par le Code du travail : le médecin du travail, seul compétent en la matière, ne peut constater une telle inaptitude qu'après deux examens médicaux espacés de deux semaines et une étude du poste de travail et des conditions de travail dans l'entreprise. Ce n'est que si le maintien de l'intéressé à son poste de travail entraîne un danger immédiat pour sa santé ou sa sécurité, ou pour celle des tiers, que le médecin du travail peut constater l'inaptitude du salarié à l'issue d'un seul examen. Le licenciement d'un salarié prononcé pour inaptitude à l'issue d'un seul examen médical ne portant pas la mention d'un danger immédiat est nul en application des articles L. 1132-1 et L. 1132-4 du Code du travail. La Cour de cassation considère que le délai de deux semaines prévu est un délai minimum auquel il ne peut être dérogé. Le non-respect de ce délai rend sans cause réelle et sérieuse le licenciement du salarié pour inaptitude professionnelle[4].

Le salarié licencié pour inaptitude ne dispose pas des mêmes droits selon qu'il a été victime d'une maladie professionnelle ou d'un accident du travail. Le salarié licencié à la suite d'une inaptitude d'origine professionnelle a droit à une indemnité spéciale de licenciement[5], à une indemnité compensatrice d'un montant égal à l'indemnité compensatrice de préavis en application de l'article L. 1226-14 du Code du travail. Si l'employeur a manqué à son obligation de reclassement, le salarié a également droit à une indemnité qui ne peut être inférieure à douze mois de salaire[6]. Lorsque le salarié est licencié en raison d'une inaptitude non professionnelle, il n'a pas droit à une indemnité correspondant à l'indemnité compensatrice de préavis. Il a droit à une indemnité égale ou conventionnelle de licenciement. En cas de non-respect par l'employeur de son obligation de reclassement, le salarié pourra obtenir une indemnité de licenciement sans cause réelle et sérieuse.

1. Cass. soc., 22 mars 2000, *Bull. civ.*, V, n° 119.
2. Cass. soc., 21 février 1990, *RJS*, 4/90, n° 284.
3. Cass. soc., 10 janvier 1991, *RJS*, 3/91, n° 368 ; Cass. soc., 22 janvier 1991, *RJS*, 3/91, n° 320.
4. Cass. soc., 3 mai 2006, *RJS*, 7/06, n° 829 : « Le licenciement d'un salarié victime d'un accident du travail n'est pas fondé sur une cause réelle et sérieuse alors que les visites de reprise pratiquées par le médecin du travail n'étaient pas espacées du délai minimum de deux semaines prévu par l'article R. 241-51-1 du Code du travail. »
5. L'indemnité spéciale de licenciement est égale au double de l'indemnité légale de licenciement.
6. Article L. 1226-15 du Code du travail.

Par ailleurs, lorsque le salarié n'est pas reclassé dans l'entreprise à l'issue d'un délai d'un mois à compter de l'examen médical de reprise du travail ou s'il n'est pas licencié, l'employeur doit verser au salarié, dès l'expiration de ce délai, le salaire correspondant à l'emploi précédemment occupé[1]. Cette obligation commence à courir à compter du second examen médical de la visite de reprise[2]. Lorsque l'employeur ne paie pas les salaires dus, il manque à une obligation essentielle du contrat de travail. Le salarié peut alors prendre l'initiative de la rupture, faire juger que cette rupture est imputable à l'employeur et qu'elle s'analyse donc comme un licenciement sans cause réelle et sérieuse[3].

SECTION II
LA PROCÉDURE DU LICENCIEMENT

L'employeur doit respecter la procédure de licenciement qui garantit les droits de la défense du salarié. Il existe des règles précises relatives à la convocation du salarié à un entretien préalable (I) et à la notification du licenciement (II).

I. La convocation du salarié à un entretien préalable au licenciement

La convocation du salarié à un entretien préalable est prévue par l'article L. 1232-2 du Code du travail. Aux termes de cet article, l'employeur, ou son représentant, qui envisage de licencier un salarié doit, avant toute décision, convoquer l'intéressé par lettre recommandée ou par lettre remise en main propre contre décharge, en lui indiquant l'objet de la convocation. Au cours de l'entretien, l'employeur est tenu d'indiquer le ou les motifs de la décision envisagée et de recueillir les explications du salarié. L'entretien préalable ne peut avoir lieu moins de cinq jours ouvrables après la présentation au salarié de la lettre de convocation. Lors de cette audition, le salarié peut se faire assister par une personne de son choix appartenant au personnel de l'entreprise. Lorsqu'il n'y a pas d'institutions représentatives du personnel dans l'entreprise, le salarié peut se faire assister par un conseiller extérieur...

La lettre doit contenir la date, l'heure, le lieu et l'objet de l'entretien. Elle doit toujours mentionner la possibilité pour le salarié de se faire assister par une personne de son choix appartenant au personnel de l'entreprise indépendamment de l'existence ou non d'une institution représentative du personnel de l'entreprise. Cette disposition ne vise pas exclusivement un représentant du personnel mais toute personne

1. Article L. 1226-4 et L. 1226-14 du Code du travail.
2. Cass. soc., 28 janvier 1998, *RJS*, 3/98, n° 307 ; Cass. soc., 4 juin 1998, *RJS*, 8-9/98, n° 977.
3. Cass. soc., 4 mai 1999, *Bull. civ.*, V, n° 185.

appartenant à l'entreprise : salarié, délégué du personnel, membre du comité d'entreprise, délégué syndical. La lettre doit également indiquer la possibilité de se faire représenter par une personne extérieure inscrite sur une liste établie par le préfet s'il n'existe pas de représentant du personnel. Cette dernière obligation n'existe que si aucune institution représentative du personnel n'est présente dans l'entreprise[1]. La Cour de cassation considère qu'un délégué syndical est un représentant du personnel et que sa présence exclut le recours à un conseiller extérieur[2]. Toutefois, la lettre de convocation n'a pas à indiquer les motifs pour lesquels le licenciement est envisagé[3].

L'employeur doit convoquer le salarié un jour où il exerce habituellement son travail. Cependant, la convocation du salarié en dehors de ses heures de travail ou à une date correspondant pour lui à un jour de repos ne constitue pas une irrégularité de procédure[4]. Le salarié ne peut prétendre à aucune indemnisation si le temps passé à l'entretien a été rémunéré. Il ne pourra demander des dommages et intérêts que s'il démontre que cette convocation lui a causé un préjudice[5].

L'employeur doit impérativement prévoir un délai de cinq jours entre la présentation de la lettre de convocation et le jour de l'entretien. La Cour de cassation a affirmé que le salarié ne peut renoncer à ce délai[6]. Par contre, le salarié peut ne pas se présenter à l'entretien. L'entretien est organisé dans le seul intérêt du salarié, il peut donc y renoncer. Son absence ne constitue pas une faute[7]. En cas de licenciement pour faute, la convocation ne peut pas être envoyée dans un délai supérieur à deux mois après que l'employeur a eu connaissance de la faute.

Lors de l'entretien, l'employeur ou son représentant énonce les motifs du licenciement et recueille les explications du salarié. L'entretien doit avoir lieu dans une langue compréhensible pour les deux parties. Dans le cas contraire, l'employeur doit faire appel à un interprète accepté par les deux parties[8]. L'entretien a un caractère individuel : le salarié ne peut être entendu en présence d'autres salariés auxquels il est reproché des faits identiques[9]. Le respect des droits de la défense de chacun des sala-

1. Cass. soc., 26 novembre 1996, *Droit social,* 1997, 200.
2. Cass. soc., 19 février 2002, *RJS,* 5/02, n° 547.
3. Cass. soc., 4 novembre 1992, *Bull. civ.,* V, n° 530.
4. Cass. soc., 7 avril 2004, *RJS,* 6/04, n° 670 : « La convocation du salarié à l'entretien préalable en dehors du temps de travail ne constitue pas une irrégularité de procédure, l'intéressé pouvant seulement prétendre à la réparation du préjudice subi. » Jusqu'à cet arrêt, la question de la convocation du salarié à un entretien préalable au licenciement en dehors des heures de travail n'était pas clairement tranchée. Certaines juridictions du fond se fondaient sur l'absence de précision dans les textes et en déduisaient qu'aucune disposition légale n'impose à l'employeur de procéder à l'entretien préalable pendant les heures de travail du salarié. D'autres juridictions, au contraire, estimaient que l'entretien préalable au cours duquel doivent être abordés et discutés des faits ne concernant que la relation employeur-salarié avait *a priori* vocation à se dérouler pendant le temps de travail.
5. Par exemple, les difficultés rencontrées auprès d'un autre employeur pour un salarié à temps partiel ou problèmes de garde d'enfant.
6. Cass. soc., 28 juin 2005, *D.,* 2005, 2662, note H. Kobina-Gaba.
7. Cass. soc., 15 mai 1991, *RJS,* 6/91, n° 740 ; Cass. soc., 28 novembre 2000, *RJS,* 2/01, n° 205.
8. Cass. soc., 8 janvier 1997, *RJS,* 2/97, n° 129.
9. Cass. soc., 23 avril 2003, *RJS,* 7/03, n° 861 : l'employeur avait procédé à un entretien préalable unique pour trois salariés licenciés ultérieurement pour la même faute grave : abandon de chantier. L'employeur soutenait que chacun des salariés avait été assisté par les deux autres. La Cour de cassation a affirmé : « L'entretien

riés ne saurait être assuré que par un entretien individuel au cours duquel l'intéressé peut exposer les particularités de sa situation et de sa responsabilité au regard des faits reprochés et surtout s'ils sont identiques. De plus, le salarié doit pouvoir s'exprimer librement pour assurer sa défense. Les propos qu'il tient lors de l'entretien pour contester les griefs qui lui sont reprochés ne peuvent constituer une cause de licenciement (sauf abus)[1].

II. La notification du licenciement

À l'issue de l'entretien préalable, si la conciliation n'a pas abouti, le licenciement ne peut intervenir que sous certaines formes. Le licenciement doit être notifié à l'intéressé par lettre recommandée avec avis de réception. L'employeur doit respecter un délai minimum de deux jours ouvrables entre la date de l'entretien et la date d'expédition de la lettre recommandée (art. L. 1232-6 du Code du travail). Lorsque le licenciement est prononcé pour faute, la lettre de licenciement ne peut être envoyée plus d'un mois après l'entretien préalable[2]. Au-delà de ce délai, le licenciement disciplinaire est injustifié[3].

La lettre de licenciement doit indiquer les motifs du licenciement invoqué (art. L. 1232-6 du Code du travail). Le défaut de motivation rend le licenciement sans cause réelle et sérieuse.

L'énoncé d'un motif imprécis dans la lettre de licenciement équivaut à une absence de motif rendant le licenciement sans cause réelle et sérieuse. Un motif suffisamment précis est un motif matériellement vérifiable, ce qui suppose l'imputation au salarié d'un fait ou d'un comportement qui soit assez explicite pour être identifié en tant que tel et l'énoncé du grief qui repose sur des éléments objectifs de telle manière qu'on puisse en vérifier la pertinence. La Cour de cassation a posé des exigences strictes pour la motivation de la lettre de licenciement d'un salarié en arrêt maladie. Un tel licenciement peut être justifié par la situation objective de l'entreprise dont le fonctionnement est perturbé par l'absence prolongée ou les absences répétées du salarié si ces perturbations entraînent la nécessité pour l'employeur de procéder au remplacement définitif de l'intéressé. La Cour de cassation exige que soit mentionnées dans la lettre de licenciement non seulement la

préalable au licenciement d'un salarié revêt un caractère strictement individuel excluant que celui-ci soit entendu en présence de collègues contre lesquels il est également envisagé de prononcer une mesure de licenciement quand bien même les faits reprochés seraient identiques. Cette présence ne saurait au surplus être assimilée à une assistance telle que prévue par l'article L. 122-14 du Code du travail. »

1. Cass. soc., 19 et 21 juin 1991, *RJS,* 8-9/91, n° 959.
2. L'article L. 1332-2 du Code du travail prévoit qu'une sanction disciplinaire ne peut pas être prononcée lorsqu'un mois s'est écoulé depuis le jour fixé pour l'entretien.
3. Cass. soc., 7 juillet 1998, *RJS,* 10/98, n° 1218 ; Cass. soc., 16 mars 1995, *RJS,* 5/95, n° 498.

nécessité du remplacement du salarié, mais également la référence à la perturbation de l'entreprise[1].

Une lettre de licenciement peut comporter l'énoncé de plusieurs motifs inhérents à la personne du salarié. L'article L. 1232-6 du Code du travail indique que l'employeur est tenu d'énoncer le ou les motifs du licenciement dans la lettre de licenciement. Cependant, lorsque chacun des motifs implique la mise en œuvre d'une procédure particulière, les règles de procédure applicables à chaque cause de licenciement doivent être respectées afin d'éviter que l'énoncé d'une pluralité de motifs ne permette à l'employeur d'échapper à la sanction résultant de l'inobservation d'une règle de procédure. De plus, les motifs énoncés dans la lettre de licenciement doivent procéder de faits distincts à défaut de quoi ils seraient contradictoires et l'exigence de motivation de la lettre de licenciement ne serait pas remplie[2].

La lettre de licenciement fixe les limites du litige. En cas de contentieux, l'employeur ne peut invoquer en cours d'instance d'autres motifs que ceux énoncés dans la lettre de licenciement. Le juge qui contrôle l'existence d'une cause réelle et sérieuse ne peut prendre en compte et examiner que les griefs que l'employeur a mentionnés dans la lettre de licenciement[3].

SECTION III
LA SANCTION DU NON-RESPECT
DES RÈGLES DE LICENCIEMENT

La sanction du non-respect des règles de licenciement diffère selon qu'il s'agit des règles de fond (I) ou des règles de forme (II).

I. La sanction du non-respect des règles de fond

Le seul fait que le licenciement est sans cause réelle et sérieuse n'entraîne pas la nullité du licenciement. Celle-ci n'est prévue que dans certains cas particuliers. La sanction de l'absence de cause réelle et sérieuse (1) diffère de la sanction de la nullité du licenciement (2).

1. Cass. soc., 19 octobre 2005, *RJS*, 1/06, n° 36 : « L'employeur doit se prévaloir dans la lettre de licenciement, d'une part, de la perturbation du fonctionnement de l'entreprise et, d'autre part, de la nécessité du remplacement du salarié, dont le juge doit vérifier s'il est définitif. »
2. Cass. soc., 23 septembre 2003, *Droit social*, 2003, 1119 : « L'employeur, à condition de respecter les règles de procédure applicables à chaque cause de licenciement, peut invoquer dans la lettre de licenciement des motifs différents de rupture inhérents à la personne du salarié dès lors qu'ils procèdent de faits distincts. »
3. Cass. soc., 14 octobre 1993, *RJS*, 11/93, n° 1084.

1. L'absence de cause réelle et sérieuse

Le licenciement prononcé en l'absence de cause réelle et sérieuse est sanctionné différemment selon la taille de l'entreprise et l'ancienneté du salarié. Le législateur tient compte de la capacité financière de l'entreprise ainsi que de la fidélité et de l'investissement personnel du salarié pour l'entreprise. Lorsque le licenciement concerne un salarié qui a moins de deux ans d'ancienneté ou qui appartient à une entreprise de moins de 11 salariés, l'article L. 1235-5 du Code du travail prévoit que le salarié a droit à une indemnité en fonction du préjudice subi. Le licenciement sans cause réelle et sérieuse d'un salarié qui a moins de deux ans d'ancienneté et qui fait partie d'une entreprise occupant au moins 11 salariés est sanctionné plus lourdement. L'article L. 1235-3 du Code du travail prévoit que le juge peut proposer la réintégration. Si le juge ne propose pas la réintégration ou si le salarié la refuse, il percevra au minimum une indemnité au moins égale aux six derniers mois de son salaire. Le salarié peut également obtenir une indemnité distincte en réparation du dommage moral résultant des circonstances notamment vexatoires entourant la rupture sur le fondement de l'article 1382 du Code civil[1]. L'employeur doit, en outre, être condamné à rembourser les prestations de chômage aux organismes concernés dans la limite maximum de six mois d'indemnité chômage (art. L. 1235-4, alinéa 2 du Code du travail).

2. La nullité du licenciement

Dans certains cas particuliers, le législateur a prévu la nullité du licenciement. La nullité a pour but de protéger des salariés dans une situation de faiblesse particulière. C'est le cas du licenciement d'une salariée en état de grossesse[2], d'un salarié accidenté du travail pendant la suspension de son contrat de travail[3], du salarié dénonçant une discrimination ou victime d'une discrimination[4], du salarié ayant engagé une action en justice sur le fondement de l'égalité professionnelle entre les hommes et les femmes, du salarié ayant engagé une action en justice sur le fondement du harcèlement sexuel ou moral[5] et aussi le salarié licencié dans le cadre d'un licenciement économique collectif alors que la procédure a été annulée. La nullité vient également sanctionner la violation d'un statut. C'est le cas du licenciement du salarié gréviste[6] ou du licenciement d'un représentant du personnel en méconnaissance des règles protectrices de sa fonction. La nullité a enfin pour objet de protéger le salarié contre

1. Cass. soc., 17 décembre 1986, *Bull. civ.,* V, n° 621 ; Cass. soc., 12 mars 1987, *Bull. civ.,* V, n° 147.
2. Article L. 1225-5 du Code du travail.
3. Article L. 1226-13 du Code du travail.
4. Article L. 1132-1 du Code du travail.
5. Articles L. 1153-4 et L. 1152-3 du Code du travail.
6. Article L. 2511-11 du Code du travail.

une atteinte à ses droits et libertés fondamentaux. En application de l'article L. 1121-1 du Code du travail, la violation d'un droit ou d'une liberté du salarié doit être sanctionnée par la nullité.

Lorsque le licenciement est nul, le salarié peut demander sa réintégration dans l'emploi de la salariée quels que soient le cas de nullité. L'employeur ne peut s'opposer à la demande de réintégration. La réintégration est de droit pour le salarié qui la demande mais la jurisprudence a apporté un tempérament : la poursuite du contrat de travail ne peut être ordonnée lorsque cette réintégration est matériellement impossible : c'est le cas du salarié coupable de concurrence déloyale ou mis à la retraite. La loi de cohésion sociale du 18 janvier 2005 a repris cette notion à l'article L. 1235-11 du Code du travail et l'a précisée. Selon ce texte, la réintégration matériellement impossible résulte « notamment du fait de la fermeture de l'établissement ou du site ou de l'absence d'emploi disponible ». L'adverbe « notamment » laisse la possibilité aux juges de prendre en compte d'autres situations. Mais le fait que les postes de salariés ne soient plus vacants ne saurait caractériser une impossibilité matérielle de les réintégrer[1]. Selon la jurisprudence, si le poste du salarié n'existe plus ou n'est plus vacant, il doit être réintégré dans un emploi équivalent, voire, le cas échéant, par mutation dans un autre établissement. L'impossibilité matérielle de réintégrer les salariés ne résulte pas non plus du fait que les salariés aient, depuis lors, retrouvé un emploi.

La demande de réintégration ne constitue qu'une faculté pour le salarié. Celui-ci peut opter pour une indemnisation. L'intéressé a droit d'une part aux indemnités de rupture, c'est-à-dire les indemnités légales ou conventionnelles de licenciement et indemnité de préavis (quel que soit le motif de la rupture et même si le salarié est dans l'impossibilité d'exécuter le préavis), d'autre part à une indemnité réparant intégralement le préjudice résultant du caractère illicite du licenciement et au moins égale à celle prévue par l'article L. 1235-3 du Code du travail, c'est-à-dire au moins six mois de salaire[2].

II. *La sanction du non-respect de la procédure du licenciement*

Lorsque le licenciement est irrégulier, l'employeur n'a pas l'obligation de recommencer la procédure. Le salarié a droit à une indemnité qui diffère selon la taille de l'entreprise et l'ancienneté du salarié (comme l'indemnité pour licenciement sans cause réelle et sérieuse). Lorsque le licenciement concerne un salarié qui compte au moins deux ans d'ancienneté et qui appartient à une entreprise d'au moins 11 salariés

1. Cass. soc., 2 février 2005, *RJS*, 2006, n° 369 : « Ne caractérise pas l'impossibilité matérielle de réintégrer les salariés dans leur emploi ou, à défaut, dans un emploi équivalent le fait que les postes de ces salariés ne soient plus vacants tandis que ceux-ci ont, compte tenu du temps écoulé, retrouvé un emploi. »

2. Cass. soc., 27 juin 2000, *RJS*, 9-10/00, n° 937.

en application de l'article L. 1235-2 du Code du travail, le salarié a droit à une indemnité qui s'élève au maximum à un mois de salaire. Cette indemnité ne se cumule pas avec celle prévue pour un licenciement sans cause réelle et sérieuse. Le salarié ayant moins de deux ans d'ancienneté ou ayant occupé un poste dans une entreprise de moins de 11 salariés ne peut prétendre en cas de licenciement irrégulier qu'à une indemnité calculée en fonction du préjudice subi en application de l'article L. 1235-5 du Code du travail. Mais une exception est prévue par cet article : lorsque le licenciement intervient en méconnaissance de la règle relative à l'assistance du salarié par un conseiller, les règles édictées par l'article L. 1235-2 du Code du travail s'appliquent : le salarié a droit à une indemnité qui ne peut être supérieure à un mois de salaire. Dans tous les cas, le cumul de la réparation du préjudice subi en raison de l'absence de cause réelle et sérieuse et de l'indemnisation due en raison de la violation de la règle sur l'assistance du salarié est autorisé[1].

SECTION IV LES DROITS DU SALARIÉ LICENCIÉ

Le salarié licencié a droit à un préavis (I) et à une indemnité de licenciement (II), sauf en cas de faute grave ou lourde.

I. Le préavis

Le législateur a fixé des règles précises concernant la durée du préavis (1) et son exécution (2).

1. La durée du préavis

Le salarié licencié a droit à un délai-congé ou préavis pour prendre les dispositions nécessaires avant que la rupture ne devienne effective. Il pourra notamment rechercher un autre emploi. Le salarié ne bénéficie d'un préavis que s'il a été licencié pour un motif autre qu'une faute grave ou lourde. La loi impose un préavis minimum d'un mois lorsque le salarié a entre six mois et deux ans d'ancienneté dans l'entreprise et de deux mois lorsque son ancienneté est d'au mois deux ans[2]. Certains textes spéciaux prévoient des conditions particulières de préavis pour certaines professions[3]. L'an-

1. Cass. soc., 5 février et 2 avril 2003.
2. Article L. 1234-1 du Code du travail.
3. C'est le cas pour les journalistes, les VRP, les travailleurs handicapés, les assistantes maternelles.

cienneté du salarié est appréciée au jour de la notification de la rupture du contrat[1]. Les périodes de suspension du contrat de travail ne sont pas prises en compte pour le calcul de l'ancienneté, à l'exception des arrêts de travail résultant d'un accident du travail ou d'une maladie professionnelle, d'un congé maternité, ou des congés payés.

Les conventions collectives ont constitué un progrès intéressant en matière de préavis. La convention collective peut prévoir des dispositions plus favorables pour le salarié ou réglementer les situations qui ne sont pas prévues par la loi (notamment lorsque le salarié est licencié alors qu'il a moins de six mois d'ancienneté). L'usage « pratiqué dans la localité et la profession » et souverainement constaté par les juges du fond a pendant longtemps été la source de droit principale en matière de préavis. La place de l'usage s'est réduite dans le temps comme une peau de chagrin. Il convient désormais de distinguer selon que les usages sont en concours avec une convention collective ou avec la loi. L'usage a un caractère supplétif par rapport à la convention collective : il ne s'applique que si la convention collective est muette sur la question du préavis, et ce même si l'usage est plus favorable que la convention collective. En revanche, les usages s'appliquent lorsqu'ils sont plus favorables que les dispositions législatives, c'est-à-dire lorsque l'usage fixe une durée de préavis plus longue que la loi ou des conditions d'ancienneté moins exigeantes que la loi[2]. Le contrat de travail n'intervient que de façon très limitée en matière de préavis. Il ne peut prévoir un préavis inférieur à celui qui résulte de la loi, d'une convention collective ou d'un usage, ni une condition d'ancienneté de services supérieure à celle fixée par une de ces sources de droit[3].

Le préavis commence à compter du jour de la présentation de la lettre de licenciement[4]. La convention collective, un usage ou le contrat de travail peut fixer un point de départ différent comme le premier jour du mois suivant le jour où la lettre de licenciement a été présentée au salarié[5]. Cependant, ces sources de droit ne peuvent prévoir que le préavis commencera à courir à une date antérieure à celle de la présentation de la lettre de licenciement[6]. La durée du préavis est un délai préfix, ce qui signifie qu'il ne peut être suspendu ou interrompu. Le préavis n'est pas prolongé si le salarié est arrêté à cause d'une maladie ou d'un accident survenu pendant le préavis, sauf s'il s'agit d'un accident du travail ou d'une maladie professionnelle[7]. La Cour de cassation a posé une exception : lorsque le licenciement est notifié au salarié pendant les congés payés, le préavis ne commence à courir qu'à l'expiration des congés[8]. De même, si la rupture du contrat de travail est notifiée alors que le salarié avait préala-

1. Cass. soc., 5 juin 1996, *RJS*, 7/96, n° 788 ; Cass. soc., 19 janvier 1994, *RJS*, 3/94, n° 250.
2. Article L. 1234-1 du Code du travail.
3. Article L. 1234-2 du Code du travail.
4. Il importe peu que le salarié ait pu prendre connaissance de la lettre : c'est notamment le cas si la lettre a été retournée à l'employeur parce que le salarié avait changé d'adresse sans informer l'employeur de ce changement (Cass. soc., 26 juin 1986, *Bull. civ.*, V, n° 338).
5. Cass. soc., 9 février 1978, *Bull. civ.*, V, n° 96.
6. Cass. soc., 3 octobre 1979, *Bull. civ.*, V, n° 670.
7. Cass. soc., 18 juillet 1996, *RJS*, 10/96, n° 1040.
8. Cass. soc., 10 décembre 1986, *Bull. civ.*, V, n° 580 ; Cass. soc., 8 novembre 1995, *RJS*, 12/95, n° 1243.

blement posé ses congés, le préavis est suspendu pendant la période de congés[1]. L'employeur et le salarié peuvent également s'entendre pour fixer la fin du préavis en tenant compte des congés payés[2].

2. L'exécution du préavis

L'employeur comme le salarié doivent respecter le préavis : il s'agit d'un droit pour le salarié mais également d'une obligation. Les deux parties au contrat de travail continuent pendant le préavis à exécuter les obligations nées de ce contrat. L'employeur ne peut modifier le contrat de travail sans l'accord du salarié[3]. Pendant le préavis, le droit de la modification du contrat de travail s'applique : l'employeur ne peut imposer au salarié une qualification professionnelle différente de celle qui était la sienne avant le licenciement[4] ou un autre lieu de travail constituant une modification du contrat de travail, etc. En revanche, l'employeur peut imposer au salarié un changement de ses conditions de travail (par exemple, un changement d'horaire ou de lieu de travail dans le cadre du même secteur géographique).

Les usages et les conventions collectives prévoient très fréquemment que le salarié doit avoir du temps libre pendant ses heures de travail pour pouvoir rechercher un autre emploi (très souvent deux heures par jour). Ce temps libre est habituellement rémunéré par l'employeur. Ce droit n'est pas prévu par la loi. En conséquence, le salarié ne peut invoquer ce droit s'il n'établit pas l'existence d'une clause prévoyant ce temps libre dans la convention collective applicable à l'entreprise ou la réalité d'un usage dans la profession ou la localité.

Si le salarié commet une faute grave ou lourde pendant le préavis, il est privé du préavis restant à courir. Par contre, il bénéficie toujours de l'indemnité de licenciement et de l'indemnité compensatrice de congés payés car le droit à ces indemnités naît lors de la notification du licenciement[5].

Généralement, le salarié travaille pendant le préavis. Mais il arrive parfois que le salarié soit dispensé de travailler pendant le préavis, soit en raison d'une volonté unilatérale de l'employeur, soit en raison d'un accord entre les parties. L'employeur peut dispenser le salarié d'exécuter le préavis à condition qu'il lui verse les sommes qu'il aurait dû percevoir s'il avait effectivement travaillé pendant cette période[6]. Le salarié a droit au salaire[7] qu'il aurait reçu mais également à tous les avantages qui s'ajoutent à

1. Cass. soc., 22 juin 1994, *RJS*, 8-9/94, n° 978.
2. Ass. plén., 5 mars 1993, *RJS*, 4/93, n° 389.
3. Cass. soc., 5 octobre 1999, *RJS*, 11/99, n° 1370 ; Cass. soc., 16 février 1999, *Bull. civ.*, V, n° 72.
4. Cass. soc., 17 novembre 1965, *Bull. civ.*, V, n° 668.
5. Cass. soc., 5 avril 1990, *Bull. civ.*, V, n° 176.
6. L'article L. 1234-5 du Code du travail prévoit que la dispense par l'employeur de l'exécution du travail pendant le délai-congé ne doit entraîner, jusqu'à l'expiration de ce délai, aucune diminution des salaires et avantages, y compris l'indemnité de congés payés que le salarié aurait reçue s'il avait accompli son travail.
7. Le salaire s'entend du « salaire brut, assujetti au paiement par l'employeur des cotisations sociales, que le salarié aurait reçu s'il avait travaillé pendant la durée du délai-congé » (Cass. soc., 21 février 1990, *RJS*, 4/90, n° 290).

ce salaire tels que les primes de vacances[1], d'assiduité[2], de fin d'année[3] ou d'intéressement[4]. L'indemnité compensatrice de préavis constitue juridiquement un salaire[5]. Le salarié a droit à cette indemnité, même si pendant le préavis l'employeur découvre que le salarié avait commis une faute grave[6] ou lourde[7] ou si le salarié devient incapable de fournir le travail qu'il aurait dû effectuer en l'absence de dispense[8]. En revanche, le salarié qui refuse d'exécuter son préavis alors qu'il n'en a pas été dispensé par l'employeur doit verser à son employeur une indemnité égale aux salaires qu'il aurait reçus s'il avait continué à travailler jusqu'à l'expiration du préavis[9].

Lorsque la dispense d'exécuter le préavis résulte d'un accord (le salarié a demandé à ne pas travailler pendant le préavis et l'employeur a donné son accord), le salarié ne bénéficie pas d'une indemnité compensatrice de préavis. En effet, dans ce cas, les deux parties ne sont plus liées par le contrat de travail. Celui-ci prend fin immédiatement. Le salarié peut donc accepter un autre emploi.

II. L'indemnité de licenciement

L'indemnité légale de licenciement a été créée par une ordonnance du 13 juillet 1967 pour le salarié qui justifiait de deux ans d'ancienneté ininterrompue dans l'entreprise. La réforme intervenue en 1973 sur le licenciement a modifié le montant de l'indemnité de licenciement. La loi de modernisation sociale du 17 janvier 2002 a fixé un montant différent selon que le licenciement est notifié pour un motif personnel ou pour un motif économique. L'indemnité légale de licenciement ne constitue pas juridiquement un salaire. En conséquence, elle n'est pas soumise à des cotisations sociales[10] et à la prescription du salaire[11]. De plus, elle se cumule avec les allocations chômage[12].

1. Cass. soc., 9 juin 1983, *Bull. civ.*, V, n° 319.
2. Cass. soc., 23 novembre 1983, *Bull. civ.*, V, n° 569.
3. CCass. soc., 10 décembre 1987, *Bull. civ.*, V, n° 719.
4. Cass. soc., 17 avril 1991, *RJS*, 7/91, n° 923.
5. Cela signifie que le salarié bénéficie, pour l'indemnité compensatrice de préavis, des garanties du salaire (prescription, privilège, superprivilège, insaisissabilité et incessibilité) et qu'elle est soumise à des cotisations sociales.
6. Cass. soc., 10 juin 2003, *RJS*, 8-9, 2003, n° 1006.
7. Cass. soc., 22 mai 2002, *Bull. civ.*, V, n° 173.
8. C'est le cas notamment si le salarié est malade pendant le préavis. Cass. soc., 15 décembre 1993, *RJS*, 1/94, n° 27.
9. Cass. soc., 29 mars 1995, *RJS*, 5/95, n° 506. Cette indemnité est calculée à partir du salaire brut du salarié et a un caractère forfaitaire : elle est due quel que soit le préjudice subi par l'employeur.
10. Il en est toujours ainsi pour l'indemnité légale de licenciement : Cass. soc., 27 novembre 1985, *Bull. civ.*, V, n° 564. ; Cass. soc., 4 mai 1988, *Droit social*, 1989, 132 ; Cass. soc., 9 novembre 1989, *Bull. civ.*, V, n° 657. En revanche, l'indemnité conventionnelle ou contractuelle de licenciement peut être assujettie à l'impôt et à cotisations de sécurité sociale.
11. Les salaires sont soumis à une prescription de cinq ans. L'indemnité de licenciement bénéficie de la prescription trentenaire : Cass. soc., 20 octobre 1988, *Droit social*, 1989, 132.
12. Cass. soc., 6 mai 1982, *Bull. civ.*, V, n° 290.

Le salarié n'a droit à une indemnité de licenciement qu'en cas de licenciement et non en cas de démission ou de rupture de la force majeure. Le salarié est privé de l'indemnité de licenciement en cas de faute grave ou lourde[1]. Le salarié ne bénéficie de cette indemnité que s'il justifie d'une ancienneté ininterrompue minimale de deux années au service du même employeur. La suspension du contrat de travail n'interrompt pas l'ancienneté du salarié. En revanche, la période de suspension n'est pas prise en compte pour le calcul de la durée de l'ancienneté[2], sauf si elle est due à un accident du travail ou une maladie professionnelle[3], un congé maternité[4], ou à un congé de formation économique, sociale et syndicale[5]. La Cour de cassation a affirmé dans un arrêt du 11 janvier 2007 que « le droit à l'indemnité de licenciement naît à la date où l'employeur manifeste par l'envoi de la lettre recommandée (...) sa volonté de résilier le contrat de travail. L'indemnité doit dès lors être calculée conformément aux règles en vigueur à cette date »[6]. La Haute Juridiction a également jugé que « l'ancienneté du salarié s'apprécie au jour où l'employeur envoie la lettre recommandée de licenciement, date à laquelle se situe la rupture du contrat de travail »[7].

Le montant de l'indemnité de licenciement diffère en fonction du motif du licenciement. Lorsque le licenciement est fondé sur un motif économique ou en raison d'une inaptitude professionnelle suite à un accident du travail ou une maladie professionnelle[8], l'indemnité de licenciement ne peut être inférieure à deux dixièmes de mois de salaire par année d'ancienneté[9]. Lorsque le licenciement est fondé sur un motif personnel, l'indemnité ne peut être inférieure à un dixième de mois de salaire par année d'ancienneté[10]. L'indemnité de licenciement se calcule à partir du salaire global, c'est-à-dire le salaire brut auquel s'ajoutent les accessoires (primes...)[11]. Le

1. Le salarié est privé de l'indemnité de licenciement en cas de faute grave ou lourde si celle-ci a été commise avant la notification du licenciement. Le salarié a droit à cette indemnité si la faute a été commise pendant le préavis (Cass. soc., 3 juillet 1990, *Bull. civ.*, V, n° 333) ou découverte après la notification du licenciement (Cass. soc., 7 mars 1990, *RJS*, 4/90, n° 292).

2. Cass. soc., 10 février 1999, *Bull. civ.*, V, n° 64.

3. Article L. 1226-7 du Code du travail.

4. Article L. 1225-24 du Code du travail.

5. Article L. 3142-12 du Code du travail.

6. Cass. soc., 11 janvier 2007, *RJS*, 3/07, n° 330. La jurisprudence considérait auparavant que le droit à l'indemnité de licenciement naît le jour de la notification du licenciement (Cass. soc., 26 octobre 1999, *RJS*, 12/1999, n° 1459).

7. Cass. soc., 26 septembre 2006, *RJS*, 11/06, n° 1166 : la Cour de cassation décide dans cet arrêt que la date à retenir pour apprécier l'ancienneté du salarié au regard de l'ouverture de ses droits à indemnités est celle du jour où l'employeur envoie la lettre recommandée de licenciement et non le jour de sa présentation. Cet arrêt constitue un revirement de jurisprudence, car, auparavant, la Cour de cassation considérait que la rupture du contrat de travail se situait à la date de présentation de la lettre recommandée à l'adresse de son destinataire (Cass. soc., 25 novembre 1997, *Droit social*, 1998, p. 84, obs. J. Savatier).

8. Article L. 1226-14 du Code du travail.

9. À compter de dix ans d'ancienneté, l'indemnité de licenciement est de deux dixièmes de mois de salaire plus deux quinzièmes de mois par année d'ancienneté au-delà de dix ans.

10. À compter de dix ans d'ancienneté, cet article prévoit une majoration d'un quinzième de mois par année d'ancienneté au-delà de dix ans.

11. Cass. soc., 16 février 1989, *RJS*, 3/89, n° 221.

salaire servant de base est le douzième du salaire de base précédant le licenciement ou le tiers des trois derniers mois selon la formule la plus avantageuse pour le salarié.

La convention collective ou le contrat de travail peuvent toujours contenir des dispositions plus favorables que la loi : ces sources peuvent prévoir une condition d'ancienneté moins importante pour l'attribution de l'indemnité de licenciement, donner droit à cette indemnité même en cas de faute grave[1] ou fixer un montant plus élevé[2].

1. Cass. soc., 4 juillet 1990, *Bull. civ.*, V, n° 347.
2. Il arrive fréquemment que les conventions collectives prévoient un montant plus élevé en fonction de l'ancienneté du salarié.

3

Le licenciement économique

Le législateur a précisément défini le motif économique du licenciement (sect. I). Aux termes de l'article L. 1233-3 du Code du travail, le licenciement économique est « le licenciement effectué par un employeur pour un ou plusieurs motifs non inhérents à la personne du salarié résultant d'une suppression ou transformation d'emploi ou (loi du 18 janvier 2005) d'une modification, refusée par le salarié, d'un élément essentiel du contrat de travail, consécutives notamment à des difficultés économiques ou à des mutations technologiques ». La procédure de licenciement économique est plus complexe que celle du licenciement pour motif personnel dans la mesure où elle fait intervenir tous les acteurs de l'entreprise (sect. II). Par ailleurs, il existe diverses mesures pour prévenir et accompagner les licenciements (sect. III).

SECTION I
LE MOTIF ÉCONOMIQUE DU LICENCIEMENT

Le licenciement pour motif économique doit avoir une cause économique (I) et avoir un caractère réel et sérieux (II).

I. La cause économique

Le motif économique suppose une suppression, une transformation d'emploi ou une modification substantielle du contrat de travail. Le juge contrôle de manière stricte l'existence d'une suppression d'emploi. Le simple remplacement d'un salarié ne constitue pas une suppression d'emploi. En revanche, lorsque la tâche du salarié a été répartie entre plusieurs salariés de l'entreprise[1] ou lorsque elle a été attribuée à un

1. Cass. soc., 29 janvier 1992, *RJS*, 2/92, n° 264.

bénévole, il existe bien une suppression d'emploi[1]. La réalité de la suppression ou transformation d'un emploi ou de la modification substantielle du contrat de travail est examinée au niveau de l'entreprise[2].

Selon la définition de l'article L. 1233-3 du Code du travail, le motif économique est la conséquence d'une suppression ou transformation d'emploi ou d'une modification d'un élément essentiel du contrat de travail « consécutives notamment à des difficultés économiques ou à des mutations technologiques ». L'adverbe « notamment » a permis à la jurisprudence d'ajouter deux autres causes économiques de licenciement : la réorganisation nécessaire à la sauvegarde de la compétitivité de l'entreprise et la cessation d'activité.

Les difficultés économiques peuvent notamment être établies lorsque l'entreprise connaît des résultats déficitaires, des résultats qui se dégradent, une baisse de commande (mais non le simple ralentissement des ventes), une baisse d'activité, la compétitivité du marché, la perte d'un marché..., mais, lorsque la baisse du chiffre d'affaires est peu importante ou passagère, elle ne peut justifier un licenciement pour motif économique. Les difficultés économiques doivent être appréciées au regard du secteur d'activité du groupe auquel l'entreprise concernée appartient.

Les mutations technologiques correspondent à l'introduction de nouvelles technologies, qu'il s'agisse d'innovations technologiques ou de changements techniques. L'introduction d'une technologie informatique comportant une incidence sur l'emploi constitue une cause économique de licenciement, même si la compétitivité de l'entreprise ne serait pas menacée[3].

Lorsqu'elle n'est pas liée à des difficultés économiques ou à des mutations technologiques, une réorganisation peut constituer un motif économique seulement dans la mesure où elle est effectuée pour sauvegarder la compétitivité de l'entreprise ou celle du secteur d'activité du groupe à laquelle elle appartient. L'employeur ne peut pas se contenter de prendre en compte l'intérêt général de l'entreprise qui sans référence à la sauvegarde de la compétitivité n'est pas suffisant pour justifier un licenciement économique[4]. Ainsi, la réorganisation ne peut constituer un motif de licenciement si elle est destinée exclusivement à réaliser une économie sur un salaire ou décidée alors que la situation économique de l'entreprise et du groupe dont elle relevait était prospère et qu'aucune menace ne pèse sur la compétitivité ou n'est dictée par le désir d'augmenter les profits et celui de remettre en cause une situation acquise jugée trop favorable. Pour la jurisprudence, la réalité de la notion de sauvegarde de la compétiti-

1. Cass. soc., 7 octobre 1992, *Droit social*, 1992, 923.

2. Cass. soc., 5 avril 1995, *Droit social*, 1995, 487, chron. G. Lyon-Caen.

3. Cass. soc., 9 octobre 2002, *RJS*, 12/02, n° 1373 : la question se pose de savoir si la mutation technologique se suffit à elle-même comme cause économique de licenciement ou si pour constituer une telle cause elle doit être nécessaire à la sauvegarde de la compétitivité de l'entreprise. La Cour de cassation a jugé que « l'introduction d'une technologie informatique nouvelle comportant une incidence sur l'emploi constitue une cause économique de licenciement alors même que la compétitivité de l'entreprise ne serait pas menacée ».

4. Voir notamment Cass. soc., 13 mai 2003, *RJS*, 10/03, n° 1135 : « Si l'employeur peut réorganiser son entreprise dans le cadre de son pouvoir de direction, la seule prise en compte de l'intérêt général de l'entreprise sans référence à la sauvegarde de la compétitivité n'est pas suffisante pour justifier un licenciement économique. »

vité de l'entreprise était souvent conditionnée par l'existence de difficultés économiques avérées au moment du licenciement. Dans les arrêts du 11 janvier 2006 « Pages jaunes », la Cour de cassation a montré un infléchissement. En effet, elle a affirmé : « La réorganisation de l'entreprise constitue un motif économique de licenciement si elle est effectuée pour sauvegarder la compétitivité ou celle du secteur d'activité du groupe auquel elle appartient. Répond à ce critère la réorganisation mise en œuvre pour prévenir des difficultés économiques liées à des évolutions technologiques et leurs conséquences sur l'emploi, sans être subordonnée à l'existence de difficultés économiques à la date du licenciement. »[1]

La cessation d'activité peut constituer un motif économique si elle n'est pas due à une faute de l'employeur ou à sa légèreté blâmable[2]. Ainsi, seule la fermeture de toute l'entreprise peut constituer la cessation d'activité de l'entreprise admise comme motif de licenciement[3]. La Cour de cassation a précisé que la cessation d'activité de l'entreprise ne peut être celle de l'une de ses unités (établissements...). Ainsi, lorsqu'une entreprise comprend des établissements, des sites ou des magasins distincts, la fermeture de l'un de ces établissements, sites ou magasins constitue une réorganisation et non une cessation d'activité. En conséquence, si les emplois correspondants sont supprimés, le motif économique qui pourra essentiellement fonder des licenciements économiques sera non pas celui tiré de la cessation d'activité mais celui tiré de la réorganisation laquelle pour être un motif économique de licenciement valable doit être nécessaire à la sauvegarde de la compétitivité de l'entreprise. La fermeture doit, en outre, être définitive et non temporaire[4].

II. Le caractère réel et sérieux

La cause économique doit avoir un caractère réel et sérieux. Le caractère de réalité implique l'objectivité, la précision et l'exactitude. Le caractère sérieux renvoie à une cause d'une certaine gravité qui rend nécessaire le licenciement mais n'est pas syno-

1. Cass. soc., 11 janvier 2006, *RJS*, 3/06, n° 322. La Cour de cassation a démenti l'interprétation de certains auteurs qui ont vu dans ces décisions un revirement de jurisprudence permettant de faciliter les licenciements des entreprises. Selon un communiqué de son service de documentation et d'études : « En affirmant que la réorganisation mise en œuvre pour prévenir des difficultés économiques à venir et leurs conséquences sur l'emploi répond au critère de sauvegarde de la compétitivité de l'entreprise, la Cour de cassation précise la portée de ce critère dans une optique de prévention. Sur ce point l'arrêt, n'affirme nullement que pourraient être justifiés par un tel motif des licenciements économiques effectués pour prévenir des difficultés économiques sans autre justification. En relevant que les difficultés économiques à venir étaient liées à des mutations technologiques, la Cour de cassation indique que la source des difficultés futures doit être démontrée et appelle des mesures d'anticipation. »

2. Cass. soc., 16 janvier 2001, *Bull. civ.*, V, n° 10.

3. Cass. soc., 16 mars 2004, *RJS*, 6/04, n° 607 : « (...) l'employeur n'avait fait qu'interrompre son activité sans la cesser de manière définitive en sorte qu'il avait agi avec légèreté blâmable en prononçant le licenciement de l'intéressé (...). »

4. Cass. soc., 9 mars 2004, *RJS*, 6/04, n° 667.

nyme de cause insurmontable ou de cas de force majeure. Il appartient aux juges du fond d'apprécier le caractère réel et sérieux du motif invoqué par l'employeur.

Le motif économique quel qu'il soit ne peut avoir un caractère réel et sérieux si l'employeur n'a pas exécuté au préalable son obligation d'adaptation et son obligation de reclassement du ou des salariés congédiés. Le licenciement économique d'un salarié ne peut intervenir en cas de suppression d'emploi que si le reclassement de l'intéressé dans l'entreprise n'est pas possible. L'article L. 1233-4 du Code du travail[1] prévoit que « le licenciement pour motif économique d'un salarié ne peut intervenir que lorsque tous les efforts de formation et d'adaptation ont été réalisés et que le reclassement de l'intéressé sur un emploi relevant de la même catégorie que celui qu'il occupe ou sur un emploi équivalent ou à défaut et sous réserve de l'accord exprès du salarié sur un emploi d'une catégorie inférieure ne peut être réalisé dans le cadre de l'entreprise ou le cas échéant dans les entreprises du groupe auquel l'entreprise appartient. Les offres de reclassement proposées aux salariés doivent être écrites et précises ».

L'obligation de reclassement ne se limite donc pas à proposer au salarié un emploi équivalent à celui qu'il occupait précédemment. Si l'employeur n'est pas en mesure d'offrir au salarié un emploi équivalent, il doit lui proposer un emploi de moindre qualification. Cette obligation concerne les postes qui seraient disponibles dans l'entreprise mais également à l'intérieur du groupe auquel l'employeur appartient parmi les entreprises dont l'activité ou l'organisation leur permettent d'effectuer la permutation de tout ou partie du personnel[2]. L'employeur doit même proposer au salarié menacé de licenciement une formation s'il existe dans l'entreprise un emploi qui nécessite des compétences dont ce salarié ne dispose pas. En effet, la Cour de cassation a affirmé que « l'employeur, tenu d'exécuter de bonne foi le contrat de travail, a le devoir d'assurer l'adaptation des salariés à l'évolution de leurs emplois »[3]. Cependant, l'employeur n'est tenu que d'assurer une formation relativement légère pour seulement compléter les compétences déjà acquises par le salarié[4].

L'obligation de reclassement ne consiste pas à imposer un reclassement mais à rechercher des postes disponibles et à les proposer aux salariés concernés. Aussi, le refus par un salarié menacé de licenciement économique des mesures de reclassement qui lui sont proposées ne peut constituer une faute[5].

1. Cet article tel qu'issu de la loi du 17 janvier 2002 a consacré pour l'essentiel la jurisprudence antérieure. La Cour de cassation avait notamment affirmé : « Dans le cadre de son obligation de reclassement dans l'entreprise, l'employeur doit, en cas de suppression ou transformation d'emplois, proposer aux salariés concernés des emplois disponibles de même catégorie ou à défaut de catégorie inférieure, fût-ce par voie de modification substantielle des contrats de travail » (Cass. soc., 8 avril 1992, *RJS*, 5/92, n° 598).

2. Cass. soc., 7 avril 2004, *RJS*, 6/04, n° 666. L'employeur doit rechercher s'il existe des emplois disponibles dans les entreprises du groupe même situées à l'étranger dès lors que la législation applicable dans le pays étranger n'empêche pas l'emploi de salariés étrangers, Cass. soc., 30 mars 1999, *RJS*, 5/99, n° 644.

3. Cass. soc., 25 février 1992, *RJS*, 4/92, n° 421.

4. Cass. soc., 17 février 1998, *RJS* 4/98, n° 434.

5. Cass. soc., 29 janvier 2003, *RJS*, 4/03, n° 436 : « Le salarié menacé de licenciement économique est en droit de refuser les mesures de reclassement qui lui sont proposées. » La Cour de cassation avait déjà retenu cette solution au sujet du refus d'un salarié inapte à son emploi pour raisons de santé des mesures de reclassement qui lui sont proposées.

Le législateur exige que l'offre de reclassement soit formulée par écrit et avec précision afin de faciliter le contrôle de l'existence et du contenu de la proposition de reclassement de l'employeur. La Cour de cassation fait une application stricte des textes et considère que seule l'existence d'offres écrites et précises adressées au salarié permet d'établir l'exécution par l'employeur de son obligation[1]. À défaut, le licenciement est nécessairement dépourvu de cause réelle et sérieuse, à moins que l'impossibilité de reclassement soit établie.

La question s'est posée de savoir si, dans le cadre de son obligation de reclassement préalable à tout licenciement, l'employeur devait laisser aux salariés un certain délai pour faire connaître leur acceptation ou leur refus de ses propositions de reclassement. Malgré l'absence d'obligation légale, on peut considérer que l'employeur est tenu de laisser aux salariés un délai raisonnable pour se déterminer en application de l'obligation d'exécution de bonne foi du contrat de travail[2]. La Cour de cassation a, en outre, jugé que, lorsque l'employeur a donné un délai au salarié pour se prononcer sur la proposition de reclassement et qu'il a licencié le salarié avant même que le délai qu'il a lui-même imparti aux salariés pour se prononcer sur le reclassement proposé ne soit expiré, le licenciement était sans cause réelle et sérieuse[3].

Le juge doit se placer à la date du prononcé de la rupture pour apprécier la réalité et le sérieux du motif invoqué par l'employeur. Les circonstances postérieures n'ont pas à être prises en compte. La pertinence et le bien-fondé du motif économique à l'appui d'un licenciement s'apprécient à la date de ce licenciement : un licenciement ne saurait être valablement fondé sur des difficultés économiques antérieures ayant disparu au moment où ce licenciement est prononcé. Réciproquement, en l'absence de difficulté au moment du licenciement les difficultés économiques ultérieures ne sauraient justifier rétroactivement ce licenciement. Mais la jurisprudence a apporté un tempérament en cas de réorganisation nécessaire à la sauvegarde de la compétitivité de l'entreprise. Dans une telle hypothèse, pour apprécier la nécessité de sauvegarde, l'employeur doit se placer au jour du licenciement, mais il n'est pas interdit au juge en cas de contestation sur la cause économique de prendre en compte des éléments postérieurs afin de vérifier si la réorganisation était ou non nécessaire à la sauvegarde de la compétitivité de l'entreprise[4].

1. Cass. soc., 20 septembre 2006, *RJS*, 11/06, n° 1163.

2. Article L. 1222-1 du Code du travail. La Cour de cassation avait précédemment jugé que le délai d'un mois prévu à l'article L. 1222-6 du Code du travail relatif à la modification du contrat de travail pour motif économique n'est pas applicable à l'exécution de l'obligation de reclassement : si le salarié ne s'est pas manifesté dans le mois de la proposition de reclassement qui lui a été faite, il n'en résulte pas qu'il a accepté cette proposition.

3. Cass. soc., 24 avril 2003, *RJS*, 7/03, n° 859 : « Ayant constaté que les licenciements avaient été prononcés par l'employeur avant l'expiration du délai qu'il avait imparti aux salariés pour faire connaître leur acceptation ou leur refus de ses propositions de reclassement, en sorte qu'il n'avait pas satisfait à son obligation de reclassement, la cour d'appel a pu décider que les licenciements étaient dépourvus de cause réelle et sérieuse. »

4. Cass. soc., 26 mars 2002, *RJS*, 6/02, n° 665 : en l'espèce, un employeur a licencié un salarié pour motif économique en tenant compte des prévisions pour l'année suivante. Ces prévisions se sont d'ailleurs révélées exactes. La question s'est posée de savoir si le juge pouvait tenir compte d'éléments postérieurs pour apprécier le motif économique d'un licenciement en raison d'une réorganisation de l'entreprise nécessaire à la sauve-

SECTION II
LA PROCÉDURE DE LICENCIEMENT

La procédure de licenciement pour motif économique est marquée par les prérogatives individuelles des salariés (I) et les prérogatives des représentants du personnel (II).

I. Les prérogatives individuelles des salariés

Les salariés peuvent revendiquer l'application de règles de type procédural qui fixent l'ordre des licenciements (1), imposent, le cas échéant, un entretien préalable (2) et la notification de la rupture (3), et leur attribuent une priorité de réembauchage (4).

1. L'ordre des licenciements

Selon l'article L. 1233-5 du Code du travail, « lorsque l'employeur procède à un licenciement pour motif économique et en l'absence de convention ou accord collectif de travail applicable, il définit les critères retenus pour fixer l'ordre des licenciements, après consultation du comité d'entreprise ou, à défaut, des délégués du personnel ». Aux termes de ce même article, ces critères doivent notamment prendre en compte les charges de famille et en particulier celles de parents isolés, l'ancienneté de service dans l'établissement ou l'entreprise, la situation des salariés qui présentent des caractéristiques sociales rendant leur réinsertion professionnelle particulièrement difficile, notamment des personnes handicapées et des salariés âgés, les qualités professionnelles appréciées par catégorie[1]. L'employeur doit prendre en compte tous les critères légaux pour fixer l'ordre des licenciements[2], mais il peut ajouter d'autres critères. En effet, la liste des critères légaux n'est pas limitative comme l'indique l'adverbe « notamment » contenu dans l'article L. 1233-5 du Code du travail. De même, il a la possibilité de privilégier un critère parmi d'autres ou établir une pondération entre les

garde de sa compétitivité. La Cour de cassation a affirmé : « La CA ayant relevé, au vu des résultats déficitaires de 1994 et 1995, que les prévisions en 1993 d'une dégradation de sa situation économique dans les années à venir s'étaient révélées exactes, a pu décider que la réorganisation entreprise par la société en 1993 était indispensable à la sauvegarde de sa compétitivité. »

1. La loi de modernisation sociale du 17 janvier 2002 avait retiré le critère des « qualités professionnelles appréciées par catégorie » qui, aux yeux de certains parlementaires, instillait un climat de compétition nuisible entre les salariés. Mais un accord ou une convention collectifs pouvait maintenir ce critère. Mais la loi du 18 janvier 2005 a rétabli ce critère.

2. Cass. soc., 14 janvier 1997, *Droit social,* 1997, 159.

critères[1]. Cependant, comme il ne peut que compléter les critères légaux sans en exclure aucun, l'employeur ne peut privilégier un critère qu'après avoir pris en considération l'ensemble d'entre eux. Les juges du fond doivent examiner l'ensemble des critères pour s'assurer que l'employeur a satisfait ou non à ses obligations[2].

Les critères relatifs à l'ordre des licenciements pour motif économique doivent être appréciés à l'intérieur de la catégorie professionnelle à laquelle appartiennent les emplois supprimés[3]. À défaut de définition par la convention collective ou l'accord professionnel applicable, la catégorie professionnelle s'entend de celle réunissant l'ensemble des salariés qui exercent au sein de l'entreprise des fonctions de même nature supposant une formation commune[4]. L'ordre des licenciements ne trouve pas à s'appliquer lorsqu'il n'existe qu'une personne dans la catégorie professionnelle concernée par le licenciement[5]. De même, l'ordre des licenciements ne s'applique pas « lorsque tous les emplois de la catégorie dont relève le salarié ont été supprimés »[6].

Le non-respect des règles relatives à l'ordre des licenciements n'est pas sanctionné sévèrement par la jurisprudence. La Cour de cassation admet que les juges du fond allouent au salarié une réparation importante[7], mais elle refuse qu'un licenciement prononcé en violation de ces règles soit jugé sans cause réelle et sérieuse[8].

2. L'entretien préalable au licenciement

L'employeur doit convoquer à un entretien préalable le salarié qu'il envisage de licencier pour motif économique, peu importe que ce salarié soit licencié seul ou en même temps que d'autres travailleurs. L'employeur n'est dispensé de cette obligation

1. Cass. soc., 15 mai 1991, *RJS*, 6/91, n° 698.
2. Cass. soc. 1er avril 2003, *RJS*, 7/03, n° 863. En l'espèce, un salarié a formé une demande d'indemnisation pour non-respect de l'ordre des licenciements. Une cour d'appel a fait droit à sa demande et considéré que l'employeur n'avait pas respecté l'ordre des licenciements en se fondant exclusivement sur le fait que le salarié licencié était âgé et avait beaucoup d'ancienneté. La Cour de cassation a cassé cet arrêt : « En cas de licenciement économique, à défaut de convention ou d'accord collectif applicable, l'employeur doit prendre en compte l'ensemble des critères prévus à l'article L. 321-1-1 du Code du travail pour fixer l'ordre des licenciements. Dès lors, une CA ne saurait statuer sur le non-respect par l'employeur de l'ordre des licenciements en ne retenant que l'âge et l'ancienneté du salarié, sans constater que les autres salariés appartenant à la même catégorie professionnelle avaient une ancienneté ou un âge inférieur, ni vérifier les autres critères dont devait tenir compte l'employeur pour déterminer l'ordre des licenciements. » Il appartient au juge de vérifier par comparaison entre les situations respectives des salariés concernés si l'ensemble des critères applicables dans l'entreprise a été respecté. Il existe ainsi un certain parallélisme. De plus, l'employeur est tenu de procéder à l'examen de l'ensemble des critères avant de choisir la personne concernée par le licenciement.
3. L'article L. 321-4 du Code du travail prévoit qu'en début de procédure l'employeur doit mentionner les catégories professionnelles menacées par le licenciement.
4. Cass. soc., 7 juillet 1998, *RJS*, 10/98, n° 1196 ; Cass. soc., 8 juin 1999, *RJS*, 7/99, n° 909.
5. Cass. soc., 1er avril 2003, *RJS*, 7/03, n° 863.
6. Cass. soc., 14 janvier 2003, *RJS*, 3/03, n° 330.
7. Cass. soc., 23 avril 1997, *RJS*, 6/97 : la Cour de cassation a affirmé que le non-respect des critères d'ordre de licenciement « constitue une illégalité qui entraîne un préjudice, pouvant aller jusqu'à la perte injustifiée de son emploi, lequel doit être intégralement réparé ».
8. Cass. soc., 8 juin 1999, *RJS*, 7/99, n° 909.

que s'il s'agit d'un licenciement concernant 10 salariés et plus dans une même période de 30 jours et lorsqu'il existe des représentants du personnel (un comité d'entreprise ou des délégués du personnel dans l'entreprise)[1]. Les règles relatives à la convocation à l'entretien et au déroulement de celui-ci sont similaires à celles prévues en cas de licenciement pour motif personnel. Mais il existe une spécificité. Dès que l'employeur convoque le salarié, il doit lui proposer des mesures d'évaluation des compétences professionnelles et d'accompagnement en vue du reclassement.

Lorsque l'employeur méconnaît les règles de procédure relatives à l'entretien préalable, le licenciement est irrégulier (et non pas sans cause réelle et sérieuse). La sanction de cette irrégularité est identique à celle existant pour un licenciement pour motif personnel. Elles sont exposées aux articles L. 1235-2 et L. 1235-5 du Code du travail. En outre, l'absence de propositions de mesures d'évaluation des compétences professionnelles et d'accompagnement en vue de reclassement est sanctionnée de manière spécifique : l'employeur doit être condamné à verser un mois de salaire brut à l'ASSEDIC[2].

3. La notification des licenciements

L'employeur doit notifier au salarié le licenciement pour motif économique de la même manière que pour un motif personnel. La lettre de licenciement doit énoncer la cause économique (difficultés économiques, changements technologiques...) et la conséquence de cette cause sur l'emploi (suppression ou transformation d'emploi, modification substantielle du contrat)[3]. Cependant, le délai entre la date fixée pour l'entretien préalable et la notification est plus long lorsque le licenciement est prononcé pour un motif économique. L'article L. 1233-39 du Code du travail impose un certain calendrier. Les lettres de licenciement ne peuvent être adressées aux salariés avant l'expiration d'un certain délai qui ne peut être inférieur à 30 jours lorsque le nombre des licenciements est inférieur à 100, à 45 jours lorsque le nombre des licenciements est au moins égal à 100 et inférieur à 250, et à 60 jours lorsque le nombre des licenciements est au moins égal à 250.

Toutefois, si le salarié est licencié individuellement pour un motif d'ordre économique ou s'il est inclus dans un licenciement collectif d'ordre économique concernant moins de 10 salariés dans une même période de 30 jours, la lettre de licenciement peut lui être adressée moins de 7 jours ouvrables à compter de la date pour laquelle le salarié a été convoqué à l'entretien préalable. Ce délai est de q15 jours ouvrables en cas de licenciement individuel pour motif économique d'un cadre. Si l'employeur a envisagé le licenciement de plusieurs salariés et n'a finalement congédié qu'un cadre, son licenciement n'est pas individuel[4].

1. Article L. 1233-38 du Code du travail.
2. Article L. 1235-16 du Code du travail.
3. Cass. soc., 22 février 2000, *RJS*, 4/00, n° 394 ; Cass. soc., 6 juillet 1999, *RJS*, 8-9/99, n° 1042.
4. Cass. soc., 12 octobre 2004, *RJS*, 2004, n° 1268.

4. La priorité de réembauchage

Selon l'article L. 1233-45 du Code du travail, le salarié licencié pour motif économique bénéficie d'une priorité de réembauchage durant un délai d'un an à compter de la date de rupture de son contrat s'il manifeste le désir d'user de cette priorité au cours de cette année[1]. La lettre de licenciement doit mentionner la priorité de réembauchage et ses conditions de mise en œuvre conformément à l'article L. 1233-42 du Code du travail.

Si le salarié a exprimé son souhait de bénéficier de la priorité de réembauchage, l'employeur doit l'informer de tout emploi devenu disponible et compatible avec sa qualification. La priorité de réembauchage ne peut s'exercer que lorsque l'employeur procède à des embauches et non lorsqu'un emploi est proposé en interne aux salariés de l'entreprise. Un emploi n'est pas disponible lorsque l'employeur recrute par contrat à durée déterminée un salarié pour remplacer un travailleur absent pendant une durée limitée[2] ou un travailleur en congés payés[3]. Toutefois, elle s'exerce lorsque l'employeur engage par contrat à durée indéterminée des salariés dont le contrat à durée déterminée était expiré.

Le droit des salariés à la priorité de réembauchage s'exerce à l'égard de l'entreprise[4], même s'il y a eu cession d'entreprise[5]. Mais le périmètre de la priorité de réembauchage ne déborde pas l'entreprise pour s'étendre au groupe de sociétés, à la différence de la solution retenue pour l'obligation de reclassement. En cas de transfert d'une entité économique autonome conservant son identité, au sens de l'article L. 1224-1 du Code du travail, un salarié licencié antérieurement à ce transfert est en droit de se prévaloir de la priorité de réembauchage à l'égard de l'entreprise cessionnaire s'il était affecté à l'entité transférée. Il importe peu qu'il ait adressé sa demande à l'auteur du licenciement.

La violation par l'employeur de l'article L. 1233-42 du Code du travail qui exige la mention de la priorité de réembauchage dans la lettre de licenciement « cause nécessairement au salarié un préjudice que le juge doit réparer par une indemnité »[6]. De plus, selon l'article L. 1235-13 du Code du travail, le non-respect de la priorité de réembauchage ouvre droit au profit du salarié à une indemnité qui ne peut être inférieure à deux mois de salaire. Ces deux indemnités sont cumulables.

1. Le délai d'un an court à compter de l'expiration du préavis, même s'il n'est pas travaillé (Cass. soc., 21 janvier 1993, *RJS,* 8-9/93, n° 858).
2. Cass. soc., 17 décembre 1992, *RJS,* 3/93, n° 263 ; Cass. soc., 12 décembre 1995, *Droit social,* 1996, 200 ; Cass. soc., 26 novembre 1997, *RJS,* 2/98, n° 193.
3. Cass. soc., 17 juin 1992, *Bull. civ.,* V, n° 404.
4. Cass. soc., 6 avril 1994, *Bull. civ.,* V, n° 134.
5. Cass. soc., 26 février 1992, *Bull. civ.,* V, n° 128 ; Cass. soc., 5 février 2002, *Bull. civ.,* V, n° 52.
6. Cass. soc., 16 mars 2004, *RJS,* 2004 n° 529, même en cas de cessation définitive d'activité de l'entreprise.

II. Les prérogatives des représentants du personnel

Les représentants du personnel interviennent avant qu'un licenciement économique soit envisagé. Le comité d'entreprise doit être informé en amont dès lors que la société est une cible visée par une offre publique d'achat (OPA) ou une offre publique d'échange (OPE), qu'une opération de concentration est prévue ou que la société est l'initiatrice d'une offre publique d'achat ou d'une offre publique d'échange (1). Par la suite, le Code du travail a prévu deux consultations différentes : une consultation concernant les projets de restructuration (2) et une consultation concernant les projets de licenciement (3).

1. L'information en amont

En amont, le législateur impose l'information du comité d'entreprise lorsque la société est une cible visée par une offre publique d'achat (OPA) ou une offre publique d'échange (OPE). Le Code du travail institue une procédure originale d'information du comité d'entreprise en cas de dépôt d'une offre publique d'achat ou d'échange. Lorsque survient un tel événement, le chef d'entreprise cible réunit immédiatement le comité d'entreprise pour l'en informer. L'information du comité d'entreprise est également prévue lorsque l'entreprise est partie à une opération de concentration[1]. Dans une telle hypothèse, l'article L. 2323-20 *bis* du Code du travail prévoit que, lorsqu'une entreprise est concernée, le chef d'entreprise réunit le comité au plus tard dans un délai de trois jours à compter de la publication du communiqué consécutive à la notification de l'opération. Le comité d'entreprise est entendu à sa demande par le Conseil de la concurrence[2] ou par la Commission de Bruxelles[3]. Dans tous les cas, l'article L. 2323-19 du Code du travail impose une consultation préalable du comité en cas de « modification de l'organisation économique ou juridique de l'entreprise ».

De même, le comité d'entreprise doit être informé lorsque l'entreprise est l'initiatrice d'une offre publique d'achat ou d'une offre publique d'échange. La loi du 18 janvier 2005 dispense le chef d'entreprise de « consulter le comité d'entreprise avant le lancement d'une OPA ou OPE portant sur le capital d'une entreprise. En revanche, il doit réunir le comité d'entreprise dans les deux jours ouvrables suivant la publication de l'offre en vue de lui transmettre des informations écrites et précises sur le contenu de l'offre et sur les conséquences en matière d'emploi qu'elle est susceptible d'entraîner ».

1. Telle que définie à l'article L. 430-1 du Code de commerce.
2. Article L. 430-6 alinéa 3 du Code de commerce.
3. Règlement du 20 janvier 2004 relatif au contrôle des concentrations.

Le législateur a privilégié la nécessaire confidentialité des projets d'offres publiques et dans le même temps prévenu les risques de délit d'initié. Cette nouvelle règle puise surtout sa légitimité dans l'article 6 § 2 de la directive du 11 mars 2002 « établissant un cadre général relatif à l'information et la consultation des travailleurs » selon lequel les États membres prévoient que, dans des cas spécifiques, l'employeur n'est pas obligé de communiquer des informations ou de procéder à des consultations susceptibles d'entraver gravement le fonctionnement de l'entreprise ou de lui porter préjudice.

2. L'information et la consultation sur les projets de restructuration

Alors même qu'aucun projet de licenciement collectif n'est établi, le comité d'entreprise doit être informé et consulté sur tout projet de restructuration et de compression des effectifs[1]. Selon l'article L. 2323-15 du Code du travail, « le comité d'entreprise est obligatoirement saisi en temps utile des projets de compression des effectifs ; il émet un avis sur l'opération projetée et ses modalités d'application ».

Cette procédure est obligatoire, même si l'employeur doit respecter une procédure d'information et de consultation du comité d'entreprise prévue par le livre III du Code du travail en cas de licenciement collectif. Les deux procédures, celle sur les projets de restructuration et celle sur les projets de licenciement, sont distinctes et doivent toutes deux être respectées. La consultation sur les projets de restructuration précède ou coïncide avec celle sur les projets de licenciement[2]. Les deux procédures peuvent se dérouler de manière concomitante[3]. Dès que la procédure sur les projets de restructuration est engagée, l'employeur peut déclencher celle sur les projets de licenciement.

Lorsque l'employeur commet des irrégularités dans la procédure de consultation sur les projets de restructuration, la procédure de consultation sur les projets de licenciement est nulle. En conséquence, la procédure de consultation sur les projets de licenciement doit être recommencée depuis le début. Toutefois, la nullité de la procédure de licenciement ne peut être prononcée lorsque les licenciements ont déjà été notifiés dès lors que l'irrégularité a été soulevée après cette notification. Au contraire, si l'irrégularité est dénoncée avant la notification des licenciements et que l'employeur ignore cette contestation, la procédure de licenciement ainsi que les licenciements notifiés peuvent être annulés[4].

1. Cass. soc., 16 avril 1996, *RJS,* 5/96, n° 560.
2. Cass. soc., 17 juin 1997, *Bull. civ.,* V, n° 223.
3. L'employeur doit cependant respecter les délais les plus favorables (Cass. soc., 17 juin 1997, *RJS,* 8-9/97, n° 990). C'est la Cour de cassation qui avait introduit la possibilité de conduire les consultations du comité d'entreprise sur le projet de licenciement pour motif économique et du livre IV sur le projet de restructuration de manière concomitante. La loi du 17 janvier 2002 avait supprimé cette facilité. Mais la loi du 18 janvier 2005 de cohésion sociale a consacré la jurisprudence antérieure. Selon l'article L. 1233-30 du Code du travail, les employeurs peuvent procéder aux opérations de consultation prévues pour les projets de licenciement et pour les projets de restructuration.
4. Cass. soc., 14 janvier 2003, *Bull. civ.,* V, n° 5 ; Cass. soc., 7 avril 2004, *RJS,* 6/04, n° 672.

3. L'information et la consultation sur les projets de licenciement

La procédure d'information et de consultation des représentants du personnel ne concerne que les licenciements collectifs. L'employeur n'a pas à respecter cette procédure s'il s'agit d'un licenciement individuel pour motif économique, sauf dans les cas particuliers prévus par l'article L. 1233-26 du Code du travail[1]. La procédure d'information et de consultation des représentants du personnel est différente selon le nombre de licenciements envisagé.

A. La procédure d'information et de consultation relative au licenciement collectif de moins de 10 personnes

Lorsque le nombre des licenciements envisagés est d'au moins 2 salariés dans une même période de 30 jours ou au moins 10 salariés dans une même période de 30 jours, l'employeur doit réunir et consulter le comité d'entreprise[2] ou les délégués du personnel[3]. L'employeur est tenu d'adresser aux représentants du personnel, avec la convocation aux réunions, tous renseignements utiles sur le projet de licenciement collectif. L'information doit, dans tous les cas de licenciements économiques, indiquer la ou les raisons économiques, financières ou techniques du projet de licenciement, le nombre de travailleurs dont le licenciement est envisagé, les catégories professionnelles concernées et les critères proposés pour l'ordre des licenciements, le nombre de travailleurs, permanents ou non, employés dans l'établissement, le calendrier prévisionnel des licenciements. Lorsque le nombre des licenciements envisagés est au moins égal à 10 dans une même période de 30 jours, il doit également leur adresser les mesures de reclassement ou le plan de sauvegarde de l'emploi.

L'employeur ne peut pas invoquer l'absence de comité d'entreprise ou de délégué du personnel pour justifier l'absence d'information et de consultation des représentants du personnel si aucun procès-verbal de carence n'a été établi après l'organisation des élections. Les licenciements prononcés sans information et consultation des représentants du personnel en l'absence de représentation du personnel sont irréguliers. Cette irrégularité n'entraîne pas la nullité du licenciement. Le salarié a seulement droit à une indemnité qui ne peut être inférieure à un mois de salaire brut.

1. Lorsque l'employeur a licencié pour motif économique pendant trois mois consécutifs plus de 10 salariés sans atteindre 10 salariés sur une même période de t30 jours, tout nouveau licenciement économique même individuel envisagé dans les trois mois suivants est soumis à la procédure relative au projet de licenciement d'au moins 10 salariés. De plus, lorsqu'un employeur a licencié sur la même année plus de 18 personnes sans avoir à présenter un plan de sauvegarde de l'emploi, tout nouveau licenciement économique envisagé au cours des trois mois suivant la fin de cette année est soumis aux dispositions relatives aux projets de licenciements d'au moins 10 salariés.
2. C'est le cas si l'entreprise ou l'établissement comporte au moins 50 salariés.
3. C'est le cas si l'entreprise comporte plus de 10 et moins de 50 salariés.

B. La procédure d'information et de consultation relative au licenciement collectif d'au moins 10 personnes

Lorsque le nombre de licenciements envisagés est au moins égal à 10 sur une période de 30 jours, les règles relatives à l'information et à la consultation des représentants du personnel sont plus complexes. Des dispositions supplémentaires concernant le nombre et la fréquence des réunions sont prévues par le Code du travail.

Dans les entreprises occupant moins de 50 salariés, l'employeur doit réunir les délégués du personnel. L'employeur doit préalablement leur communiquer les informations obligatoires pour tous les licenciements collectifs. Les délégués du personnel tiennent deux réunions séparées par un délai qui ne peut être supérieur à 14 jours en application de l'article L. 1233-30 du Code du travail. Dans les entreprises occupant au moins 50 salariés, l'employeur doit consulter le comité d'entreprise. Celui-ci tient également deux réunions mais qui sont séparées d'un délai variable. Ce délai ne peut être supérieur à 14 jours lorsque le nombre des licenciements est inférieur à 100, 21 jours lorsque le nombre des licenciements est au moins égal à 100 et inférieur à 250, et 28 jours lorsque le nombre des licenciements est au moins égal à 250.

Le comité d'entreprise a la possibilité de se faire assister par un expert-comptable comme le prévoit l'article L. 2325-35 du Code du travail. Il doit prendre la décision de recourir à un expert-comptable lors de la première réunion. Il tient alors une deuxième réunion au plus tôt le vingtième et au plus tard le vingt-deuxième jour après la première. Il tient enfin une troisième réunion dans un délai qui court à compter de la deuxième et qui ne peut être supérieur à 14 jours lorsque le nombre de licenciements est inférieur à 100, à 21 jours lorsque le nombre de licenciements est au moins égal à 100 et inférieur à 250, et à 28 jours lorsque le nombre de licenciements est au moins égal à 250.

L'employeur doit comme pour tout licenciement collectif adresser au comité d'entreprise, avec la convocation à la première réunion, tous les renseignements utiles sur le projet de licenciement collectif (raisons économiques, financières ou techniques ; nombre de licenciements envisagés...). Mais, lorsque le projet de licenciement concerne au moins 10 salariés dans une entreprise d'au moins 50 salariés, l'employeur doit également adresser au comité d'entreprise un projet de plan de sauvegarde de l'emploi qui fera l'objet de discussions et de modifications tout au long de la procédure de consultation.

L'irrégularité de la procédure consultative permet seulement d'obtenir la suspension de la procédure de licenciement, si celle-ci n'est pas terminée, ou, à défaut, la réparation du préjudice subi[1].

1. Seule l'absence d'un plan social ou la nullité de celui-ci entraîne la nullité de la procédure de licenciement.

C. *La procédure de licenciement collectif lors d'une procédure de redressement ou de liquidation judiciaire*

Dans le cadre d'une procédure de redressement judiciaire, l'administrateur judiciaire peut licencier pour motif économique des salariés pendant la période précédant l'adoption d'un plan de redressement. Ces licenciements sont possibles à condition qu'ils présentent un caractère urgent, inévitable et indispensable. L'administrateur judiciaire doit préalablement obtenir l'autorisation de licencier du juge commissaire et procéder à l'information et à la consultation du comité d'entreprise, et à défaut des délégués du personnel[1]. De plus, l'administrateur judiciaire doit, avant de présenter au tribunal de commerce un plan de redressement comportant des licenciements pour motif économique, informer et consulter le comité d'entreprise ou, à défaut, les délégués du personnel[2]. Enfin, en cas de liquidation judiciaire, le liquidateur doit procéder à l'information et à la consultation des représentants du personnel avant de procéder aux licenciements économiques des salariés.

4. Les accords de méthode

La loi du 3 janvier 2003 portant relance de la négociation collective en matière de licenciements économiques prorogée par une loi du 30 juin 2004 avait ouvert la possibilité à titre expérimental de déroger par accord collectif aux dispositions du Code du travail relatives aux modalités d'information et de consultation du comité d'entreprise[3]. Ces accords ont pour objet d'organiser la procédure d'information et de consultation du comité d'entreprise lorsque l'employeur envisage le licenciement pour motif économique d'au moins 10 salariés sur une même période de 30 jours et, éventuellement, de fixer les conditions dans lesquelles l'établissement d'un plan de sauvegarde de l'emploi fait l'objet d'un accord.

La loi du 18 janvier 2005 de programmation de la cohésion sociale a pérennisé et étendu le dispositif introduit pas la loi du 3 janvier 2003 dans un article L. 1233-21 du Code du travail : les accords de méthode « peuvent fixer, par dérogation aux règles de consultation des instances représentatives du personnel (...), les modalités d'information et de consultation du comité d'entreprise applicables lorsque l'employeur projette de prononcer le licenciement économique d'au moins 10 salariés sur une même période de 30 jours ». Cette confiance dans le dialogue social est au cœur de la directive du 11 mars 2002 « établissant un cadre général relatif à l'information et la consul-

1. Article L. 1233-58 du Code du travail. Cette consultation est obligatoire quels que soient l'effectif de l'entreprise et le nombre de licenciements envisagés.

2. Article L. 1233-58 du Code du travail.

3. Le législateur voulait consacrer la pratique des accords de méthode conclus lors de restructurations d'entreprise. Avant la loi du 3 janvier 2003, seuls pouvaient être conclus des accords de méthode non dérogatoires, renfermant des stipulations plus favorables que la loi. Sous l'empire de la loi du 3 janvier 2003, plus de 180 accords collectifs ont été conclus, le plus souvent « à chaud » lors d'une restructuration.

tation des travailleurs » et qui, en son article 5, invite les États membres à « confier aux partenaires sociaux, au niveau approprié, le soin de définir librement et à tout moment par voie d'accord négocié les modalités d'information et de consultation des travailleurs ».

La loi de cohésion sociale innove considérablement : les accords de méthode peuvent être « des accords d'entreprise, de groupe ou de branche ». Ce dernier niveau de négociation ouvre la voie à l'application de tels accords dans les petites et moyennes entreprises dépourvues de représentation syndicale. Les accords de méthode peuvent être à durée déterminée ou indéterminée alors que la loi du 3 janvier 2003 leur assignait une durée maximale de deux ans.

Selon l'article L. 1233-21 du Code du travail, les accords de méthode peuvent fixer les conditions dans lesquelles le comité d'entreprise est réuni et informé de la situation économique et financière de l'entreprise. Ils peuvent fixer librement une concomitance des procédures consultatives relatives aux projets de restructuration et de licenciement, le nombre de réunions et les délais qui les séparent, même s'ils sont plus réduits que ceux prévus par le Code du travail, les modalités de recours à un expert-comptable et ses conséquences sur le nombre de réunions, l'articulation des consultations du comité central d'entreprise et des comités d'établissement, les conditions dans lesquelles le comité d'entreprise peut formuler des propositions alternatives au projet économique à l'origine d'une restructuration ayant des incidences sur l'emploi et obtenir une réponse motivée de l'employeur à ses propositions. Les accords de méthode peuvent aussi déterminer les conditions dans lesquelles l'établissement du plan de sauvegarde de l'emploi fait l'objet d'un accord. Les accords de méthode peuvent même anticiper le contenu du plan de sauvegarde de l'emploi. Mais il est impossible de déroger au contenu légal du plan de sauvegarde de l'emploi ou d'écarter ses conditions de validité jurisprudentielles. Les accords de méthode peuvent « organiser la mise en œuvre d'actions de mobilité professionnelle et géographique au sein de l'entreprise et du groupe ».

Le législateur a interdit certaines dérogations dans les accords de méthode. L'article L. 1233-23 du Code du travail affirme que les accords de méthode ne peuvent déroger à la règle selon laquelle la décision du chef d'entreprise doit être précédée par la consultation de l'instance représentative qui doit disposer d'informations précises et écrites transmises par le chef d'entreprise, d'un délai d'examen suffisant et de la réponse motivée du chef d'entreprise à ses propres observations. Le caractère préalable de la consultation et l'exigence d'une information complète, précise et loyale du comité d'entreprise participent de l'essence même de sa compétence consultative. Les accords de méthode ne peuvent également pas déroger aux dispositions de l'article L. 1233-4 du Code du travail. Ce texte rappelle que le licenciement économique ne peut intervenir que lorsque tous les efforts de formation et d'adaptation ont été réalisés et que le reclassement de l'intéressé dans l'entreprise ou le groupe ne peut être réalisé. L'obligation d'adaptation et de reclassement des salariés licenciés est intangible. Enfin, ces accords ne peuvent déroger à l'obligation pour l'employeur d'adresser au comité tous les renseignements nécessaires dans le cadre de la consultation relative au projet de licenciement ainsi qu'à l'obligation de mettre à l'étude les suggestions formulées par le comité d'entreprise relatives aux mesures sociales proposées et de leur donner une réponse motivée.

La loi du 3 janvier 2003 affirmait que la validité d'un accord de méthode dérogatoire est subordonnée à la consultation du comité d'entreprise. La loi du 18 janvier 2005 a supprimé cette disposition. Il s'agit d'un retour au droit commun selon lequel, si « la négociation d'un accord collectif d'entreprise portant sur l'un des objets soumis légalement à l'avis du comité d'entreprise » donne lieu à consultation « concomitamment à l'ouverture de la négociation et au plus tard avant la signature de l'accord », l'absence d'une telle consultation « n'a pas pour effet d'entraîner la nullité » dudit accord « dont la validité et la force obligatoire demeurent soumises aux règles qui lui sont propres »[1]. Toute action en contestation visant tout ou partie de ces accords doit être formée, à peine d'irrecevabilité, avant l'expiration d'un délai de 3 mois à compter de leur dépôt auprès de la direction départementale du travail, de l'emploi et de la formation professionnelle. Ce délai est porté à 12 mois pour les accords qui déterminent ou anticipent le contenu du plan de sauvegarde de l'emploi.

SECTION III
LA PRÉVENTION ET L'ACCOMPAGNEMENT DES LICENCIEMENTS

La prévention et l'accompagnement des licenciements résultent de mesures telles que le plan de sauvegarde de l'emploi (I) et diverses autres mesures de reclassement (II).

I. Le plan de sauvegarde de l'emploi

L'employeur qui envisage un licenciement collectif pour motif économique doit mettre en place un plan de sauvegarde de l'emploi (1). L'accord national interprofessionnel du 21 novembre 1974, puis celui du 20 octobre 1986, les lois du 30 décembre 1986, du 2 août 1989, du 27 janvier 1993 et du 17 janvier 2002 ont élaboré les différentes règles relatives au plan social qui est devenu le plan de sauvegarde de l'emploi[2] (2).

1. Cass. soc., 19 mars 2003, *Bull. civ.*, 2003, V, n° 105.
2. La loi de modernisation sociale du 17 janvier 2002 a remplacé les mots « plan social » par les mots « plan de sauvegarde de l'emploi ».

1. L'exigence d'un plan de sauvegarde de l'emploi

Dans les entreprises employant au moins 50 salariés, lorsque le nombre de licenciements économiques envisagé est d'au moins 10 salariés sur une même période de 30 jours, « l'employeur doit établir et mettre en œuvre un plan de sauvegarde de l'emploi pour éviter les licenciements ou en limiter le nombre et pour faciliter le reclassement du personnel dont le licenciement ne pourrait être évité, notamment des salariés âgés ou qui présentent les caractéristiques sociales ou de qualification rendant leur réinsertion professionnelle particulièrement difficile » (art. L. 1233-61 du Code du travail). Le seuil de déclenchement de l'établissement d'un plan social s'apprécie au niveau de l'entreprise[1]. La Cour de cassation refuse la prise en compte des effectifs du groupement d'intérêt économique dont est membre l'entreprise[2]. L'obligation de mettre en place un plan de sauvegarde de l'emploi existe, même s'il n'existe pas de représentant du personnel.

Depuis l'arrêt de la Cour de cassation « Framatome-Majorette » du 3 décembre 1996, l'employeur était tenu d'établir et de mettre en œuvre un plan social lors d'une restructuration qui conduisait à proposer à au moins 10 salariés « la modification d'un élément essentiel de leur contrat de travail et par conséquent à envisager le licenciement de ces salariés ou à tout le moins la rupture de leurs contrats de travail pour motif économique en cas de refus »[3]. Ainsi, le transfert d'un siège social ou le déménagement d'un établissement qui conduit à proposer une mutation géographique à un grand nombre de salariés dont le contrat ne comprend pas une clause de mobilité imposait la mise en place d'un plan social. L'obligation existait dès que l'employeur proposait une modification de leur contrat de travail à 10 salariés au moins, avant même que ceux-ci aient fait connaître leur acceptation ou leur refus de la modification envisagée.

La loi du 18 janvier 2005 de programmation de la cohésion sociale a modifié l'article L. 1233-25 du Code du travail : « Lorsque au moins 10 salariés ont refusé la modification d'un élément essentiel de leur contrat de travail proposée par leur employeur pour l'un des motifs énoncés à l'article L. 1233-3 et que leur licenciement est envisagé, celui-ci est soumis aux dispositions applicables en cas de licenciement collectif pour motif économique. »[4] Désormais, l'élaboration du plan de sauvegarde de l'emploi ne sera pas requise et la procédure consultative relative au projet de licenciement sera inhibée tant que 10 salariés au moins n'auront pas refusé expressément la modification de leur contrat de travail. Le législateur a donc clairement voulu censurer la jurisprudence « Framatome-Majorette ».

1. Cass. soc., 26 février 2003, *RJS*, 2003, n° 589.
2. Cass. soc., 30 juin 2004, *RJS*, 2004, n° 1015 : « Il y a lieu de tenir compte des seuls effectifs de l'entreprise dans laquelle est revendiquée la mise en œuvre du plan social. »
3. Cass. soc., 3 décembre 1996, Framatome et Majorette, *RJS*, 1/97, n° 24 ; Cass. soc., 10 juillet 2001, *Bull. civ.*, V, n° 256 ; Cass. soc., 25 juin 2003, *Droit social*, 2003, 1024, note Ph. Waquet.
4. L'ancienne rédaction prévoyait que, lorsque l'employeur envisage le licenciement de plusieurs salariés ayant refusé une modification substantielle de leur contrat de travail, ces licenciements sont soumis aux dispositions applicables en cas de licenciement collectif pour motif économique.

2. L'élaboration d'un plan de sauvegarde de l'emploi

Le plan de sauvegarde de l'emploi est un acte juridique unilatéral qui doit être élaboré par l'employeur. Il doit être établi et présenté aux représentants du personnel dès le début de la procédure. En effet, avant la réunion avec les représentants du personnel, l'employeur doit leur adresser tous les renseignements utiles et en particulier le plan de sauvegarde de l'emploi. Ce dernier est alors soumis à la discussion des représentants du personnel[1].

L'autorité administrative compétente[2] doit se voir notifier tout projet de licenciement pour motif économique d'au moins 10 salariés sur 30 jours. L'article L. 1233-57 du Code du travail introduit par la loi du 17 janvier 2002 prévoit que l'autorité administrative peut, tout au long de la procédure de licenciement et jusqu'à la dernière réunion du comité d'entreprise, présenter toute proposition destinée à compléter ou modifier le plan de sauvegarde de l'emploi en tenant compte de la situation économique et des capacités financières de l'entreprise – le cas échéant, du groupe auquel l'entreprise appartient. En l'absence de plan de sauvegarde de l'emploi, l'autorité administrative constate cette carence et la notifie à l'entreprise. Elle s'assure également que les représentants du personnel ont été régulièrement consultés et que les règles relatives à l'élaboration d'un plan de sauvegarde de l'emploi ou des mesures de reclassement ont été respectées. Elle avertit le chef d'entreprise et les représentants du personnel d'une éventuelle irrégularité de procédure.

Le plan de sauvegarde de l'emploi doit comporter des mesures qui ont pour but d'éviter les licenciements ou d'en limiter le nombre et des mesures qui ont pour objet de faciliter le reclassement des salariés dont le licenciement ne pourrait être évité[3]. Le plan de sauvegarde de l'emploi doit contenir un plan de reclassement comprenant des mesures précises et concrètes de nature à éviter les licenciements ou à en limiter le nombre. Aux termes de l'article L. 1233-62 du Code du travail, le plan doit prévoir des mesures telles que, par exemple : des actions en vue du reclassement interne des salariés sur des emplois relevant de la même catégorie d'emplois ou équivalents à ceux qu'ils occupent ou, sous réserve de l'accord exprès des salariés concernés, sur des emplois de catégorie inférieure ; des créations d'activités nouvelles par l'entreprise ; des actions favorisant le reclassement externe à l'entreprise, notamment le soutien à la réactivation du bassin d'emploi ; des actions de soutien à la création d'activités nouvelles ou à la reprise d'activités existantes par les salariés ; des actions de formation, de validation des acquis de l'expérience ou de reconversion de nature à faciliter le reclassement externe des salariés sur des emplois équivalents ; des mesures

1. En l'absence de représentant du personnel, le plan de sauvegarde de l'emploi doit être porté à la connaissance des salariés par voie d'affichage sur les lieux de travail.

2. L'autorité administrative compétente est la direction départementale de l'emploi et de la formation professionnelle.

3. C'est le cas notamment des salariés âgés ou qui présentent des caractéristiques sociales ou de qualification rendant leur réinsertion professionnelle particulièrement difficile.

de réduction ou d'aménagement du temps de travail ainsi que des mesures de réduction du volume des heures supplémentaires effectuées de manière régulière.

La jurisprudence a apporté quelques précisions concernant les mesures envisagées dans le plan de sauvegarde de l'emploi. Ces mesures doivent être précises et concrètes. Les mesures doivent être effectives et permettre réellement de diminuer le nombre de licenciements ou d'assurer le reclassement de plusieurs salariés[1]. L'employeur doit mettre en œuvre toutes les mesures possibles. Celles-ci sont appréciées en fonction des capacités et des moyens de l'entreprise[2]. L'article L. 1235-10 du Code du travail issu de la loi du 17 janvier 2002 de modernisation sociale a repris cette exigence jurisprudentielle : « La validité du plan de sauvegarde de l'emploi est appréciée au regard des moyens dont dispose l'entreprise ou, le cas échéant, l'unité économique et sociale ou le groupe. »

Le plan de sauvegarde de l'emploi « s'applique à tous les salariés appartenant aux catégories professionnelles concernées par le projet de licenciement ». Mais une différence de traitement peut être opérée à l'intérieur même du plan à certaines conditions. La Cour de cassation a jugé que, « si le plan peut contenir des mesures réservées à certains salariés, c'est à la condition que tous les salariés de l'entreprise placés dans une situation identique puissent bénéficier de l'avantage ainsi accordé et que les règles déterminant les conditions d'attribution de cet avantage soient préalablement définies et contrôlables ». Une différence de traitement entre des salariés ayant bénéficié de deux plans sociaux distincts est admissible si elle repose sur des « raisons objectives et étrangères à toute discrimination prohibée » telles que les difficultés particulières de reclassement, le niveau de qualification des travailleurs ou la situation de l'emploi[3].

3. La nullité du licenciement pour motif économique

Le législateur a prévu un cas particulier de nullité en matière de licenciement pour motif économique. Selon l'article L. 1235-10 du Code du travail, la procédure de licenciement est nulle et de nul effet tant qu'un plan visant au reclassement de salariés s'intégrant au plan de sauvegarde de l'emploi n'est pas présenté par l'employeur aux représentants du personnel. En premier lieu, la sanction découle de l'absence de présentation d'un plan de reclassement, c'est-à-dire d'un manquement à l'obligation de reclassement collectif. La nullité n'est pas encourue en cas de non-respect de l'obligation individuelle de reclassement individuel[4]. En second lieu, la nullité frappe le plan présenté aux représentants du personnel qui s'avère insuffisant et dénué de pertinence.

L'article L. 1235-10 du Code du travail prévoit également que lorsque, le tribunal constate la nullité de la procédure de licenciement sur le fondement de l'ar-

1. Cass. soc., 13 février 1997, *Droit social,* 1997, 254.
2. Cass. soc., 28 mars 2000, *Bull. civ.,* V, n° 131.
3. Cass. soc., 10 décembre 2003, *RJS,* 2/04, n° 195.
4. Cass. soc., 26 février 2003 : « En l'absence de disposition expresse et la nullité ne se présumant point, la méconnaissance de l'obligation individuelle de reclassement n'est pas sanctionnée par la nullité de la procédure. »

ticle L. 1235-10 du Code du travail, il prononce l'annulation du licenciement. Ainsi, lorsque la procédure est nulle en raison de l'absence ou de l'insuffisance du plan de reclassement, le licenciement est nul. Toutefois, le défaut de plan n'entraîne pas la nullité des licenciements économiques lorsqu'ils sont prononcés à l'occasion du redressement ou de la liquidation judiciaire de l'employeur. Cette disposition a été insérée par la loi de modernisation sociale qui n'a fait que consacrer la jurisprudence antérieure. La Cour de cassation avait jugé dans l'arrêt Samaritaine que la nullité qui affecte le plan social s'étend à tous les actes subséquents et qu'en particulier « les licenciements prononcés par l'employeur qui constituent la suite et la conséquence de la procédure de licenciement collectif (...) sont eux-mêmes nuls »[1].

Le pouvoir d'annulation de la procédure de licenciement pour défaut de plan de reclassement appartient au juge judiciaire. Ce pouvoir est octroyé aux juges du fond mais également au juge des référés[2]. En cours de procédure, seuls les représentants du personnel peuvent agir pour faire valoir qu'ils n'ont pas été réunis ou informés, ou que le plan présenté n'est pas suffisant et doit être enrichi ou amendé. Tant que la procédure est en cours, les salariés ne possèdent aucun droit individuel à faire valoir le respect d'une procédure intéressant la collectivité des salariés dans son ensemble au travers de leur représentation. Ils sont ainsi « sans intérêt à agir en nullité » de la procédure[3]. Cependant, dès que les licenciements pour motif économique ont été prononcés, la jurisprudence reconnaît aux salariés licenciés un « droit propre à faire valoir que leur licenciement est nul (...) »[4]. Cette action en nullité n'est alors pas réservée aux seuls représentants du personnel.

Les actions en nullité sont soumises à des délais spécifiques. Aux termes de l'article L. 1235-7 du Code du travail, « toute action en référé portant sur la régularité de la procédure de consultation doit, à peine d'irrecevabilité, être introduite dans un délai de quinze jours suivant chacune des réunions du comité d'entreprise ». Et, selon le même texte, « toute contestation portant sur la régularité ou la validité du licenciement se prescrit par douze mois à compter de la dernière réunion du comité d'entreprise ou, dans le cadre de l'exercice par le salarié de son droit individuel à contester la régularité ou la validité du licenciement, à compter de la notification de celui-ci »[5]. Toutefois, ce délai n'est opposable au salarié que s'il en a été fait mention dans la lettre de licenciement.

Lorsque le licenciement pour motif économique est nul en raison de la nullité de la procédure, le juge peut « ordonner, à la demande du salarié, la poursuite de son

1. Cass. soc., 13 février 1997, *Bull. civ.*, V, n° 64 ; *D.*, 1997, 172, note A. Lyon-Caen ; *Droit social*, 1997, 255, note G. Couturier ; *JCP*, éd. G, 1997, n° 19-20, p. 230, note F. Gaudu.

2. Cass. soc., 12 novembre 1996, *RJS*, 12/96, n° 1249.

3. Cass. soc., 15 janvier 2003, *Bull. civ.*, V, n° 8.

4. Cass. soc., 28 mars 2000, *Bull. civ.*, V, n° 132 ; Cass. soc., 2 mai 2001, *Bull. civ.*, n° 145. Lorsqu'un salarié agit individuellement en justice pour faire reconnaître la nullité de son licenciement sur le fondement de la nullité de la procédure, le juge prud'homal est compétent.

5. Auparavant, la Cour de cassation considérait que l'action individuelle tendant à faire reconnaître la nullité du plan social devait être « exercée dans le délai de la prescription quinquennale ». La nullité était donc relative. La loi du 18 janvier 2005 a édicté des délais abrégés.

contrat de travail, sauf si la réintégration est devenue impossible, notamment du fait de la fermeture de l'établissement et du site ou de l'absence d'emploi disponible de nature à permettre la réintégration du salarié » (art. L. 1235-11 du Code du travail)[1]. L'obligation de réintégration ne concerne que l'entreprise et ne s'étend pas au groupe auquel elle appartient[2]. Lorsque le salarié ne demande pas la poursuite de son contrat de travail ou lorsque la réintégration apparaît impossible, le salarié a droit à une indemnité qui ne peut être inférieure aux salaires des douze derniers mois.

II. Les autres mesures d'accompagnement

Les principales autres mesures d'accompagnement des licenciements pour motif sont le congé de reclassement (1) et la convention de reclassement personnalisé (2).

1. Le congé de reclassement

Le congé de reclassement s'adresse aux salariés licenciés pour motif économique appartenant aux entreprises dont l'effectif est au moins égal à 1 000 salariés (art. L. 1233-71 du Code du travail). Cet effectif s'apprécie sur les douze derniers mois qui précèdent le début de la procédure de licenciement dans le cadre de l'entreprise en tenant compte éventuellement des établissements, de l'unité économique et sociale, le groupe lorsque le siège social est situé en France, l'établissement situé en France lorsqu'il s'agit d'un groupe ou d'une société étrangère, et les entreprises ou groupes de dimension communautaire.

L'employeur doit proposer au salarié dont le licenciement pour motif économique est envisagé un congé de reclassement. Si le salarié accepte ce congé, il bénéficiera d'actions de formation destinées à favoriser son reclassement professionnel. La durée du congé de reclassement est de quatre à neuf mois et commence dès le préavis. L'employeur doit verser au salarié sa rémunération habituelle pendant le préavis et ensuite une allocation correspondant à 65 % de sa rémunération brute. L'em-

1. Le 5 novembre 2004, le Conseil des prud'hommes de Soissons ordonna la réintégration de 115 salariés de la société Wolber, filiale du groupe Michelin, licenciés à la fin de l'année 1999 lors de la fermeture et la délocalisation de l'usine. Une telle remise en état, cinq années après la disparition de l'entreprise, parut surréaliste. La loi du 18 janvier 2005 modifia le premier alinéa de l'article L. 1235-11 du Code du travail en excluant la réintégration du salarié lorsqu'elle s'avère impossible.

2. Cass. soc., 15 février 2006, *RJS*, 4/06, n° 416 : « Après l'annulation d'un licenciement pour nullité du plan de sauvegarde de l'emploi, l'obligation de réintégration résultant de la poursuite alors ordonnée du contrat de travail ne s'étend pas au groupe auquel appartient l'employeur. » Le contrat de travail qui doit être poursuivi ne peut l'être qu'entre les cocontractants initiaux. Une autre personne, même si elle est membre du groupe, n'a pas à subir les conséquences de la nullité et ne peut se voir imposer une qualité d'employeur à laquelle elle n'a pas souscrit. Cette solution s'oppose à celle retenue pour l'obligation de reclassement dans lequel le groupe doit être pris en considération dans la mesure où il est le périmètre de permutabilité du personnel et le cadre d'appréciation de la suffisance des mesures prises par l'employeur.

ployeur qui manque à son obligation de proposer un congé de reclassement doit verser une contribution à l'Unedic d'un montant égal à deux mois de salaire sur le salaire moyen des douze derniers mois.

2. La convention de reclassement personnalisé

La loi du 18 janvier 2005 a institué la « convention de reclassement personnalisé »[1]. Celle-ci a pour but de favoriser le reclassement accéléré des salariés licenciés pour motif économique. La convention de reclassement personnalisé permet au salarié de bénéficier, après la rupture de son contrat de travail, d' « actions de soutien psychologique, d'orientation, d'accompagnement, d'évaluation des compétences professionnelles et de formation destinées à favoriser son reclassement ». Elle comprend un plan d'action de reclassement personnalisé (bilan de compétences, suivi individuel, mesures d'appui, d'orientation ou d'accompagnement, actions de formation...) mis en œuvre par l'ANPE. Le salarié licencié bénéficie d'une allocation spécifique de reclassement (ASR), voire d'une indemnité différentielle de reclassement (IDR).

Le dispositif de la convention de reclassement personnalisé s'applique aux entreprises de moins de 1 000 salariés. Les salariés qui peuvent bénéficier d'une convention de reclassement personnalisé sont ceux qui sont titulaires d'un contrat de travail et dont le licenciement économique est envisagé, mais également ceux dont le départ est volontaire ou négocié ou dont le licenciement est consécutif à une cessation totale d'activité ou ceux dont le contrat est rompu pour fin de chantier selon les usages de la profession lorsque la convention ou les accords collectifs le prévoient. Le salarié doit également avoir au moins deux ans d'ancienneté dans l'entreprise[2].

Aux termes de l'article L. 1233-65 du Code du travail, l'employeur a l'obligation de proposer à son salarié le bénéfice d'une convention de reclassement personnalisé lorsqu'il envisage de prononcer un licenciement pour motif économique. Le salarié doit apporter sa réponse dans un délai de 14 jours. En cas de refus, le salarié est licencié pour motif économique[3]. Lorsque le salarié accepte la convention de reclassement personnalisé, le contrat de travail est rompu du commun accord des parties (art. L. 1233-67 du Code du travail). Malgré cela, la Cour de cassation a admis dans un arrêt du 5 mars 2008 que le salarié peut toujours contester le motif économique de la rupture[4].

1. La convention de reclassement personnalisé a remplacé les conventions de conversion et le PARE anticipé.

2. Si le salarié ne justifie pas de deux ans d'ancienneté dans l'entreprise, il n'est pas pour autant exclu du bénéfice d'une convention de conversion personnalisée. S'il remplit la condition d'application pour avoir droit à l'ARE (allocation de retour à l'emploi), il peut bénéficier d'une CRP dans des conditions particulières.

3. L'acceptation peut être expresse ou tacite lorsque le salarié ne répond pas dans le délai de 14 jours.

4. Cass. soc., 5 mars 2008, *RJS*, 5/08, n° 580 : « (...) si l'adhésion du salarié à une convention de reclassement personnalisé entraîne une rupture qui est réputée intervenir d'un commun accord, elle ne le prive pas de la possibilité d'en contester le motif économique ».

4

La succession d'employeurs

Lorsque survient une modification dans la situation de l'employeur, le Code du travail prévoit le maintien des contrats de travail en cours. En effet, le contrat de travail continue de produire ses effets lorsque l'employeur cède son entreprise. Le repreneur devient le nouvel employeur. Il est alors partie à un contrat de travail qu'il n'a pas conclu. Cette règle porte ainsi atteinte au principe de l'effet relatif du contrat. Mais elle est justifiée car elle permet aux salariés de ne pas perdre leur emploi lorsqu'un transfert d'entreprise intervient.

Le principe du maintien des contrats de travail en cas de transfert a été consacré par une loi du 19 juillet 1928. Par la suite, le droit communautaire a eu un impact important sur le droit interne. La directive du 14 février 1977 modifiée par la directive du 29 juin 1978 puis la directive du 12 mars 2001 traite du rapprochement des législations relatives au maintien des droits des travailleurs en cas de transferts d'entreprise, d'établissement ou de partie d'établissement. Ces directives ont contraint le législateur français à modifier le dispositif existant. La jurisprudence de la Cour de justice des Communautés européennes occupe également une place considérable. En effet, la loi française doit toujours être conforme au droit communautaire. Le juge français est donc fortement influencé par les décisions de la Cour de justice des Communautés européennes. Le maintien des contrats de travail ne s'impose qu'à certaines conditions (sect. I). La succession d'employeurs a des conséquences tant sur les relations individuelles que collectives (sect. II).

SECTION I
LES CONDITIONS DU MAINTIEN DES CONTRATS DE TRAVAIL

L'article L. 1224-1 du Code du travail prévoit que, s'il survient une modification dans la situation juridique de l'employeur, notamment par succession, vente, fusion, transformation du fonds, mise en société, tous les contrats de travail en cours au jour de la modification subsistent entre le nouvel employeur et le personnel de l'entreprise. La directive du 12 mars 2001 prévoit qu'elle est applicable aux « transferts d'entreprises, d'établissements ou de parties d'établissement à un autre chef d'entreprise résultant d'une cession conventionnelle ou d'une fusion » (art. 1er). Ainsi, les contrats de travail sont maintenus à trois conditions : il doit exister un contrat de travail lors du changement d'employeur (I), une entité économique doit être transférée (II) et l'activité de cette entité doit se poursuivre (III).

I. L'existence d'un contrat de travail lors du changement d'employeur

Le nouvel employeur n'est lié que par les contrats de travail qui étaient encore en cours au moment du transfert[1]. Tous les contrats de travail sont concernés : les contrats à durée indéterminée mais également les contrats à durée déterminée, les contrats de qualification, les contrats d'apprentissage... Il importe peu que le contrat de travail soit suspendu au moment du transfert (en raison d'un arrêt de travail pour maladie, d'un congé maternité...).

Lorsqu'un salarié a démissionné ou a été licencié pour un motif totalement indépendant du transfert avant que celui-ci ne soit effectif, l'article L. 1224-1 du Code du travail ne s'applique pas. Ainsi, si le préavis relatif à la démission ou au licenciement est en cours au moment du transfert, il continuera à être exécuté après le transfert avec le nouvel employeur, et la relation de travail cessera à l'expiration du préavis. Par contre, lorsque le licenciement a été prononcé avant le transfert pour contourner l'application des dispositions de l'article L. 1224-1 du Code du travail, il est privé d'effet et le contrat de travail se poursuit avec le nouvel employeur[2].

II. Le transfert d'une entité économique

La règle du maintien des contrats de travail s'applique lorsqu'il y a transfert (2) d'une entité économique autonome (1).

1. L'article L. 1224-1 du Code du travail dispose : « Tous les contrat de travail en cours subsistent entre le nouvel entrepreneur et le personnel de l'entreprise. » De même, l'article 3 de la directive du 12 mars 2001 affirme : « Les droits et obligations qui résultent pour le cédant d'un contrat de travail ou d'une relation de travail existant à la date du transfert (...) sont du fait de ce transfert, transférés au cessionnaire. »

2. Cass. soc., 20 janvier 1998, *Bull. civ.,* V, n° 16.

1. La notion d'entité économique

L'entité économique a été définie à plusieurs reprises. La Cour de justice des Communautés européennes a décidé que le transfert d'une entité économique suppose la cession d'une activité économique ainsi que la cession d'éléments d'actifs corporels ou incorporels, ou la reprise par le nouvel employeur d'une partie essentielle des effectifs en termes de nombre et compétence que l'ancien employeur affectait à l'exécution du contrat[1]. La Cour de cassation, quant à elle, a défini l'entité économique comme un ensemble organisé de personnes et d'éléments corporels ou incorporels permettant l'exercice d'une activité économique qui poursuit un objectif propre[2]. La directive du 29 juin 1998 impose le transfert d' « une entité économique maintenant son identité, entendue comme un ensemble organisé de moyens, en vue de la poursuite d'une activité économique, que celle-ci soit essentielle ou accessoire ». L'entité doit donc être autonome et conserver son identité. Cette définition de l'entité économique s'inspire de la jurisprudence communautaire et a été reprise dans la directive du 12 mars 2001.

Il ressort de ces définitions plusieurs éléments. D'abord, l'entité économique suppose obligatoirement une activité économique[3]. L'existence d'une activité économique est indispensable mais elle ne permet pas à elle seule de constituer une entité économique. L'activité économique doit également être autonome[4] ou poursuivre un objectif propre[5]. La question de l'autonomie de l'activité est importante lorsqu'une entreprise choisie d'extérioriser un service en le confiant à un tiers[6]. Ainsi, lorsque le service ne correspond qu'à une partie des services centraux de l'entreprise et qu'il ne dispose pas d'une autonomie relative à ses moyens en personnel et à l'organisation de sa production, le service ne constitue pas une entité économique autonome[7]. Par contre, si le service poursuit une finalité propre et dispose de moyens particuliers en matériel et en personnel, l'entité économique autonome existe[8]. En outre, l'activité autonome peut être une activité accessoire de l'entreprise telle que l'activité de restauration[9], de gardiennage, de nettoyage des locaux[10]... Elle ne constitue pas nécessairement l'activité principale de l'entreprise.

1. CJCE, 24 janvier 2002, Temco services, *RJS*, 5/04, n° 511 ; CJCE, 11 mars 1997, Ayse Süzen, *RJS*, 6/97, n° 770 ; CJCE, 10 décembre 1998, Hernandez Vidal, *RJS*, 2/99, n° 315.
2. Cass. soc., 15 février 1992, *RJS*, 4/92, n° 408 : « un service distinct disposant de moyens propres ».
3. Cass. soc., 31 janvier 2001, *RJS*, 4/01, n° 415 : l'article L. 122-12 du Code du travail ne s'applique pas à la cession d'un immeuble à usage d'habitation.
4. Cass. soc., 18 juillet 2000, *RJS*, 11/00, n° 1063.
5. CJCE, 25 janvier 2001, Oy Liikenne Ab, *RJS*, 5/01, n° 690 ; CJCE, 24 janvier 2002, Temco service industries SA, *RJS*, 4/02, n° 511 ; Cass. soc., 23 janvier 2002, *RJS*, 5/02, n° 533.
6. C'est le cas par exemple d'une maison de retraite qui choisit de confier l'activité de restauration à une entreprise extérieure.
7. Cass. soc., 18 juillet 2000, *RJS*, 11/00, n° 1063.
8. Cass. soc., 23 janvier 2002, *RJS*, 4/02, n° 511.
9. Cass. soc., 28 novembre 2001, *RJS*, 4/02, n° 395.
10. CJCE, 24 janvier 2002, *RJS*, 4/02, n° 511.

Enfin, l'activité économique doit être organisée. L'entité économique suppose des éléments comme « le personnel qui la compose, son encadrement, l'organisation de son travail, ses méthodes d'exploitation ou encore, le cas échéant, les moyens d'exploitation à sa disposition »[1]. Les différents éléments nécessaires à l'existence d'une entité économique sont : les éléments corporels (les locaux, le matériel et les marchandises), les éléments incorporels, le transfert de la clientèle, la compétence et le rôle du personnel. Le juge apprécie en fonction de l'activité si ces éléments sont suffisamment présents pour que l'entité économique autonome soit constituée. La jurisprudence de la Cour de cassation exige très souvent le transfert d'éléments d'actifs (corporels ou incorporels). La Cour de justice des Communautés européennes fait preuve de plus de souplesse et admet que, dans les secteurs d'activité reposant essentiellement sur la main-d'œuvre tels que le nettoyage, une collectivité de travailleurs peut correspondre à une entité économique dont l'identité est maintenue par-delà son transfert lorsque le nouveau chef d'entreprise ne se contente pas de poursuivre l'activité en cause mais reprend également une partie essentielle des effectifs que son prédécesseur affectait spécialement à cette tâche[2].

2. La notion de transfert

L'article L. 1224-1 du Code du travail et la directive du 12 mars 2001 prévoit le maintien des contrat de travail lorsqu'il existe un lien de droit entre les employeurs successifs. En effet, l'article L. 1224-1 du Code du travail se réfère à la succession, la vente, la fusion, la transformation du fonds, la mise en société. Toutes ces opérations supposent un lien de droit entre les employeurs. La directive, quant à elle, évoque « une cession conventionnelle ou une fusion ». La jurisprudence a interprété de manière extensive ces textes. Elle a décidé que les actes de transfert à titre gratuit ou onéreux, les actes transférant seulement un droit d'exploitation (la location-gérance d'un fonds de commerce...) et les actes transférant un droit de propriété avaient pour conséquence le maintien des contrats de travail en cours. La Cour de cassation a clairement affirmé dans trois arrêts du 16 mars 1990[3] que l'article L. 1224-1 du Code du

1. CJCE, 25 janvier 2001, *RJS*, 5/01, n° 690.

2. CJCE, 24 juin 2002, *RJS*, 4/02, n° 511. Dans un arrêt du 24 septembre 2002, la Cour de cassation a opéré un rapprochement avec cette jurisprudence en jugeant que les conditions du transfert d'une entité économique sont remplies lorsque la même activité d'animation de rayons de grande surface faisant appel à un personnel qualifié se poursuit sous une nouvelle direction avec la plus grande partie du personnel précédemment affecté à cette activité par le précédent exploitant et des moyens identiques. De même, dans un arrêt du 3 avril 2002, la Cour de cassation a jugé que Si en principe, l'application de l'article L. 1224-1 du Code du travail est écartée en l'absence de transfert au repreneur d'éléments corporels ou incorporels, il convient de noter qu'un tel transfert ne suppose pas nécessairement un transfert de propriété des actifs. Ainsi, comme en l'espèce, la simple mise à disposition au nouvel exploitant des éléments d'actifs nécessaires au fonctionnement de l'activité est suffisante.

3. Ass. plén., 16 mars 1990, *Droit social*, 1990, 399, obs. G. Couturier et X. Prétot. Cette jurisprudence a fait l'objet de plus confirmations : Cass. soc., 22 juin 1993, *RJS*, 8-9/93, n° 845 ; Cass. soc., 12 octobre 1999, *RJS*, 4/00, n° 378.

travail s'applique même en l'absence d'un lien de droit entre les employeurs successifs, à tout transfert d'une entité économique conservant son identité et dont l'activité est poursuivie ou reprise.

III. La poursuite de l'activité

L'application de l'article L. 1224-1 du Code du travail suppose que l'activité se soit poursuivie. Une suspension de quelques jours ou de quelques mois est sans incidence sur l'application de ce texte[1]. Par contre, lorsque le cessionnaire modifie immédiatement l'activité de l'entreprise, les contrats de travail ne sont pas maintenus[2]. La Cour de cassation a également décidé que l'entité économique perdait son identité lorsque les conditions d'exercice de l'activité avaient été profondément modifiées[3]. Ainsi, lorsque le repreneur poursuit la même activité mais dans d'autres locaux, avec d'autres méthodes de fabrication, voire avec un matériel différent, l'article L. 1224-1 du Code du travail peut ne pas trouver application.

L'activité de l'entreprise peut se poursuivre dans le cadre d'un service public administratif. Pendant un temps, la Cour de cassation considérait que les dispositions de l'article L. 1224-1 du Code du travail ne s'appliquaient pas en cas de transfert d'une entité économique d'une personne privée à une personne morale de droit public chargée de la gestion d'un service public à caractère administratif. C'était notamment le cas lorsqu'une clinique gérée par une société anonyme était cédée à un centre hospitalier[4] ou lorsqu'un service de ramassage scolaire initialement exploité par une société privée était ensuite confié à un service intercommunal[5]. L'article L. 1224-1 du Code du travail devait en revanche s'appliquer lorsque le cessionnaire était une personne publique exploitant un service public à caractère industriel et commercial[6]. Mais la Cour de cassation a opéré un revirement de jurisprudence par un arrêt du 25 juin 2002[7]. Dans cet arrêt, la haute juridiction a affirmé : « La seule circonstance que le cessionnaire soit un établissement public à caractère administratif lié à son personnel par des rapports de droit public ne peut suffire à caractériser une modification dans l'identité de l'entité économique transférée. »

1. Cass. soc., 13 juin 1990, *RJS,* 1990, n° 554 ; Cass. soc., 20 octobre 1994, *Droit social,* 1995, 57 ; Cass. soc., 25 juin 1996, *RJS,* 10/96, n° 1017 ; Cass. soc., 28 mai 1997, *RJS,* 10/97, n° 1071.
2. Cass. soc., 12 décembre 1990, *Bull. civ.,* V, n° 652.
3. Cass. soc., 5 juillet 1983, *Droit social,* 1984, p. 99 ; Cass. soc., 18 octobre 1983, *Bull. civ.,* V, n° 503 ; Cass. soc., 23 mai 1984, *Bull. civ.,* V, n° 221.
4. Cass. soc., 7 février 1980, *Bull. civ.,* V, n° 115 ; Cass. soc., 24 octobre 1989, *Bull. civ.,* V, n° 609.
5. Cass. soc., 2 octobre 1985, *Bull. civ.,* V, n° 42.
6. Cass. soc., 7 avril 1998, *Bull. civ.,* V, n° 200 ; Cass. soc., 6 décembre 1995, *RJS,* 3/96, n° 250 ; Cass. soc., 22 mars 1999, *RJS,* 4/99, n° 478.
7. Cass. soc., 25 juin 2002, *Bull. civ.,* V, n° 209 ; dans le même sens, Cass. soc., 14 janvier 2003, *Bull. civ.,* V, n° 3 ; Cass. soc., 24 février 2004, *RJS,* 5/04, n° 506.

Cet arrêt traduit une évolution attendue de la position de la chambre sociale de la Cour de cassation ayant pour objet d'aligner la jurisprudence française sur celle du juge communautaire. Selon la jurisprudence communautaire, seule la réorganisation des structures de l'administration publique ou le transfert d'attribution administrative entre des administrations publiques sont exclus du champ de la directive du 12 mars 2001. Dans l'arrêt de la Cour de justice des Communautés européennes Mayeur/APIM du 26 septembre 2000[1], le juge communautaire a été saisi à titre préjudiciel par le juge français à l'occasion de la reprise par une commune des actes de publicité et d'information exercés auparavant par une association sans but lucratif. La Cour de justice a relevé que le seul fait que le cessionnaire soit un organisme de droit public ne permettait pas d'exclure du champ d'application de la directive le transfert d'une activité économique d'une personne morale de droit privé à une personne morale de droit public, à moins que l'entité économique ne perde son identité à la suite d'un transfert.

Ainsi, dans les opérations de transfert mettant en cause une personne de droit public, l'article L. 1224-1 du Code du travail ne pourra être écarté que dans deux cas : si le transfert s'inscrit dans le cadre d'une réorganisation des structures de l'administration publique ou du transfert d'attribution administrative entre des administrations publiques et si, à la suite du transfert à une personne morale de droit public chargée de la gestion d'un service public administratif, l'entité économique transférée perd son identité.

SECTION II
LES CONSÉQUENCES DU MAINTIEN DES CONTRATS DE TRAVAIL

Le maintien des contrats de travail a des conséquences sur les relations individuelles de travail (I), mais également sur les relations collectives de travail (II).

I. Les relations individuelles

Lorsque l'article L. 1224-1 du Code du travail s'applique, le contrat de travail doit être exécuté avec le nouvel employeur (1). Les possibilités de licencier le salarié sont alors strictement encadrées (2).

1. L'exécution du contrat de travail

Le transfert d'une entité économique autonome entraîne de plein droit le maintien avec le nouvel employeur des contrats de travail qui y sont attachés. Le cédant et le

1. CJCE, 26 septembre 2000, *RJS,* 1/01, n° 138.

cessionnaire ne peuvent pas s'opposer à ce maintien même d'un commun accord[1]. Le maintien du contrat de travail s'impose à l'employeur comme au salarié[2]. La jurisprudence ne reconnaît pas un droit au salarié de s'opposer à la poursuite du contrat de travail avec le nouvel employeur. Le salarié qui refuse l'exécution du contrat de travail doit démissionner. Toutefois, le cessionnaire et le salarié peuvent s'entendre pour que ce dernier continue à travailler avec le cédant. Le cédant peut également s'engager à reprendre dans son entreprise les salariés qui ne souhaitent pas travailler pour le cessionnaire.

Le contrat de travail des salariés dans l'entreprise transférée se poursuit avec le nouvel employeur dans les mêmes conditions et dans tous ses éléments. L'ancienneté du salarié doit prendre en compte la totalité du service entre l'ancien et le nouvel employeur[3]. Le nouvel employeur ne peut modifier le contrat de travail qu'avec l'accord des salariés en cause à condition que la modification en cause ne soit pas un moyen d'éluder les dispositions de l'article L. 1224-1 du Code du travail et qu'elle ne caractérise pas une fraude aux dispositions de ce texte. Il est généralement admis qu'une modification importante du contrat de travail survenant peu après le transfert d'entreprise fait présumer la fraude[4].

Le législateur est intervenu pour déterminer les conditions du transfert d'une personne privée à une personne publique. L'article 20 de la loi du 26 juillet 2005 portant diverses mesures de transposition du droit communautaire à la fonction publique dispose que, « lorsque l'activité d'une entité économique employant des salariés de droit privé est, par transfert de cette entité, reprise par une personne publique dans le cadre d'un service public administratif, il appartient à cette personne publique de proposer à ces salariés un contrat de droit public, à durée déterminée ou indéterminée selon la nature du contrat dont ils sont titulaires. Sauf disposition législative ou réglementaire ou conditions générales de rémunération et d'emploi d'agents non titulaires de la personne publique contraires, le contrat qu'elle propose reprend les clauses substantielles du contrat dont les salariés sont titulaires, en particulier celles qui concernent la rémunération. En cas de refus des salariés d'accepter les modifications

1. Cass. soc., 3 mars 1982, *Bull. civ.*, V, n° 134. Cass. ch. mixte, 7 juillet 2006. La Cour de cassation a affirmé que : « La clause de la convention de cession d'une entité économique autonome, qui ne prévoit que la reprise d'une partie des salariés, contraire aux dispositions d'ordre public de l'article L. 1224-1 du Code du travail, doit être réputée non écrite, sans qu'en soit affectée entre les parties la validité de la convention de cession. » Le cessionnaire, condamné pour n'avoir pas poursuivi les contrats de travail de salariés licenciés ne peut prétendre que la cession serait nulle pour défaut de cause ou cause illicite (art. 1131 du Code civil).

2. Cass. soc., 8 mars 2005, *RJS*, 5/05, n° 484 : cet arrêt se prononce implicitement sur la situation des salariés qui s'opposent au changement d'employeur, lorsque ce changement ne relève pas de l'article L. 1224-1 du Code du travail mais est prévu par une convention ou un accord collectif organisant le maintien des contrats de travail en cas de changement de prestataire de services. La Cour de cassation a affirmé que dès lors qu'un transfert d'entité n'était pas retenu, les salariés concernés sont en droit de refuser de changer l'employeur en l'absence d'obligation légale contraire. Une convention collective ne saurait contraindre des salariés à changer d'employeur, c'est-à-dire à accepter une novation de leur contrat de travail. Seule la loi peut leur imposer une telle modification du contrat de travail contre leur volonté.

3. Cass. soc. 9 avril 1987, *Bull. civ.*, V, 199 ; Cass. soc., 19 novembre 1986, *Bull. civ.*, V, 529 ; Cass. soc., 10 juillet 1991, *Droit social*, 1991, 732 ; Cass. soc., 6 octobre 1991, *Bull. civ.*, V, n° 408.

4. Cass. soc., 14 janvier 2004, *RJS*, 3/04, n° 288.

de leur contrat, la personne publique procède à leur licenciement, dans les conditions prévues par le droit du travail et par leur contrat ». Cette loi assure ainsi une protection efficace au bénéfice des salariés.

Le nouvel employeur doit exécuter toutes les obligations qui incombaient à l'ancien employeur à la date de la modification[1]. Le nouvel employeur est tenu de régler tous les salaires et primes dus au salarié non versés. L'ancien employeur doit rembourser les sommes versées par le nouvel employeur pour son compte, sauf si la convention de transfert intervenue entre eux tient compte de cette charge. Mais l'article L. 1224-2 du Code du travail prévoit deux exceptions au principe de la solidarité entre les employeurs successifs : lorsque la modification intervient dans le cadre d'une procédure collective de règlement judiciaire ou de liquidation de biens et lorsque la substitution d'employeurs a lieu sans convention entre eux (changement de prestataires de services pour la restauration, nettoyage, gardiennage...).

2. Le licenciement

L'employeur ne peut licencier le salarié lors d'un transfert pour contourner l'application de l'article L. 1224-1 du Code du travail. Un tel licenciement est privé d'effet avec la conséquence que le salarié peut alors exiger du cessionnaire la poursuite du contrat ou à défaut lui imputer la rupture du contrat de travail pour obtenir de lui une indemnisation. Cette indemnisation sera à la charge de l'employeur qui a licencié le salarié ou à la charge du cessionnaire qui a refusé de le reprendre[2]. La Cour de cassation a également jugé que le salarié licencié en méconnaissance des dispositions de l'article L. 1224-1 du Code du travail qui entend obtenir son maintien dans l'entreprise au service d'un cessionnaire qui s'y refuse est en droit de demander cette réintégration forcée, au besoin en référé et sous astreinte, et de prétendre, tant qu'elle ne sera pas effective, au paiement des salaires qui lui sont dus, depuis qu'il s'est vainement tenu à la disposition du nouvel employeur[3].

1. Cass. soc., 7 novembre 2006, *RJS*, 1/07, n° 17. La question s'est posée de savoir à qui incombait la charge des indemnités pour licenciement sans cause réelle et sérieuse et de l'indemnité de requalification en contrat en durée indéterminée allouées par les juges à un salarié dont le contrat de travail à durée déterminée conclu par l'employeur initial avait été transféré au nouvel employeur qui en avait poursuivi l'exécution jusqu'à la date d'échéance prévu par le contrat, date à laquelle il avait considéré que le contrat avait pris fin. La Cour de cassation a jugé : « Si les indemnités liées à la rupture du contrat de travail naissent à la date de cette rupture et incombent à l'employeur qui l'a prononcée, l'indemnité de requalification d'un contrat de travail à durée déterminée naît dès la conclusion de ce contrat en méconnaissance des exigences légales et pèse ainsi qu l'employeur l'ayant conclu. » La solution n'était pas évidente car il était possible de soutenir également que le versement de l'indemnité de requalification nécessitant l'intervention du juge, celle-ci ne naît qu'au jour du jugement. Cette solution aurait présenté l'inconvénient de faire supporter au nouvel employeur les conséquences de la faute commise par son prédécesseur.

2. Cass. soc., 12 avril 2005, *RJS*, 6/05, n° 603 : Une condamnation *in solidum* du cédant et du cessionnaire est également envisageable, si le salarié le demande et en dehors de toute fraude avérée, dès lors que le cédant, en prenant l'initiative de la rupture, et le cessionnaire, en s'opposant à la poursuite du contrat ainsi rompu, participent par leur action commune au préjudice subi par le salarié.

3. Cass. soc., 15 février 2006, *RJS*, 5/06, n° 533.

Toutefois, le licenciement du salarié lors d'un transfert d'entreprise est possible dans certaines conditions. L'ancien employeur peut fonder le licenciement des salariés en invoquant la réorganisation décidée par le futur employeur. Les licenciements présentent alors un caractère économique et sont soumis aux procédures légales et conventionnelles. Le nouvel employeur responsable de l'organisation et de la gestion de l'entreprise peut licencier les salariés s'il existe une cause réelle et sérieuse de licenciement en l'absence de fraude. Il peut alors invoquer des faits survenus alors que le salarié se trouvait placé sous l'autorité de l'employeur précédent.

II. Les relations collectives

Jusqu'à l'entrée en vigueur d'une convention collective remplaçant l'ancienne ou à défaut pendant un an, le nouvel employeur a l'obligation d'appliquer toutes les dispositions de la convention collective préexistante. Passé ce délai, seuls sont applicables les avantages individuels acquis, ceux dont le salarié a effectivement bénéficié (rémunération, congés supplémentaires, primes diverses), et non ceux qui ont une nature collective ou virtuelle (durée du travail, prime de départ en retraite, indemnité de licenciement).

Le cessionnaire est également tenu d'appliquer au personnel repris les avantages que les salariés tiennent d'engagements unilatéraux[1] pris par le précédent employeur, tout comme il est tenu de maintenir les avantages qui résultent d'usages[2]. Cette obligation n'existe qu'à l'égard des salariés dont le contrat de travail était en cours au jour du transfert[3]. Il ne peut se soustraire à cette obligation qu'à condition de dénoncer les engagements à durée indéterminée, dans les conditions requises pour une telle dénonciation – à savoir, en prévenant individuellement chaque salarié, ainsi que les institutions représentatives du personnel, et en observant un délai de prévenance suffisant pour que d'éventuelles négociations soient possibles à moins qu'un accord collectif ayant le même objet ne vienne se substituer à l'engagement.

1. Cass. soc., 16 décembre 1992, *Droit social,* 1993, 156, note J. Savatier.
2. Cass. soc., 23 septembre 1992, *Droit social,* 1992, 926.
3. Cass. soc., 7 décembre 2005, *RJS,* 2/06, n° 172 : les effets de l'engagement unilatéral pris avant un transfert ne profitent pas aux salariés qui entrent dans l'entreprise après le transfert.

TITRE III

Les conditions de travail

Les conditions de travail dont l'employeur est le garant concernent la durée du travail (chap. 1), la rémunération (chap. 2) et l'hygiène et la sécurité dans l'entreprise (chap. 3).

1

La durée du travail

L'histoire du droit du travail est marquée par le combat des salariés et des syndicats pour obtenir une limitation de la durée du travail. Les premières lois en la matière avaient pour objectif de réduire la durée du travail. La loi de 1841 a limité à 12 heures par jour le travail des enfants de 12 à 16 ans, la loi de 1892 a limité à 11 heures par jour le travail des femmes et des enfants de 16 à 18 ans, la loi de 1906 a institué le repos hebdomadaire, la loi de 1919 la journée de 8 heures, la loi du 20 et 21 juin 1936 les congés payés et la durée légale hebdomadaire du travail à 40 heures. Une ordonnance du 16 janvier 1982 a modifié la législation sur la semaine de 40 heures, et le principe jusqu'au 1er janvier 2000 était que la durée légale du travail était fixée à 39 heures par semaine.

La première loi Aubry du 13 juin 1998 (« loi d'orientation et d'incitation relative à la réduction du temps de travail ») avait fixé comme objectif de réduire la durée légale hebdomadaire du travail à 35 heures au 1er janvier 2000 pour les entreprises de plus de 20 salariés et au 1er janvier 2002 pour les autres. C'était une « loi-cadre » qui annonçait une seconde loi de mise en application des principes généraux énoncés dans la première réglementation, en incitant toutefois les branches et les entreprises à anticiper les échéances légales par la négociation d'accords collectifs, grâce à des aides publiques prenant la forme d'un abattement des cotisations patronales de sécurité sociale. La seconde loi Aubry du 19 janvier 2000 (« relative à la réduction négociée du temps de travail ») aborde effectivement dans les moindres détails les conséquences et les répercussions pratiques du passage programmé à la nouvelle durée légale hebdomadaire de 35 heures. L'objectif premier de la loi est de favoriser la flexibilité, donc la négociation et la conclusion d'accords collectifs[1]. Les lois Aubry ont apporté d'importantes modifications. Plusieurs modifications législatives sont intervenues. Celles-ci tendent à assurer l'émiettement du dispositif issu des lois Aubry.

1. Cet aspect est repris dans une importante circulaire ministérielle de mise en œuvre des 35 heures du 3 mars 2000.

Le Code du travail définit les durées légales de travail (sect. I). Les différentes périodes de travail obéissent chacune à un régime particulier (sect. II). La législation sur le temps de travail s'applique à l'ensemble des salariés mais les cadres bénéficient d'un régime spécifique (sect. III). Les salariés bénéficient également de repos et de congés (sect. IV).

SECTION I
LES DURÉES LÉGALES DE TRAVAIL

Le Code du travail prévoit une durée légale et des durées maximales de travail. Ces dispositions s'appliquent dans tous les établissements industriels et commerciaux, privés ou publics, laïques ou religieux, les sociétés civiles, les associations, les syndicats, les professions libérales, les offices publics et ministériels, les professions agricoles.

L'article L. 3121-10 du Code du travail fixe la durée légale hebdomadaire à 35 heures (au lieu de 39 heures auparavant). La durée maximale quotidienne de travail effectif ne peut dépasser 10 heures (art. L. 3121-34 du Code du travail). Cette durée est limitée à 8 heures pour les apprentis et les jeunes travailleurs de moins de 18 ans. Toutefois, une convention ou un accord collectif peut fixer la durée maximale quotidienne à 12 heures. L'inspecteur du travail peut accorder une dérogation en raison d'un surcroît temporaire d'activité. La durée maximale hebdomadaire est soumise à deux plafonds. La durée de travail hebdomadaire ne peut dépasser 48 heures (art. L. 3121-35 du Code du travail). De plus, la durée hebdomadaire calculée sur une période de 12 semaines ne peut excéder 44 heures (art. L. 2121-36 du Code du travail). Il peut être dérogé à ces maxima mais la durée de travail hebdomadaire ne peut jamais excéder 60 heures, même en cas de circonstances exceptionnelles. Concernant le repos quotidien, la loi Aubry I a prévu à l'article 220-1 du Code du travail que tout salarié a droit à un repos quotidien de 11 heures consécutives qui s'ajoute au repos hebdomadaire de 24 heures consécutives (sauf travaux urgents en raison d'un accident ou d'une menace d'accident, ou en cas de surcroît exceptionnel d'activité). Pour les jeunes de moins de 18 ans, le repos hebdomadaire est porté à deux jours consécutifs. Cependant, la loi du 4 mai 2004 a prévu qu'il est possible de déroger à cette règle par convention ou accord d'entreprise, notamment pour des activités caractérisées par la nécessité d'assurer une continuité du service ou par des périodes d'intervention fractionnées.

SECTION II
LES DIFFÉRENTES PÉRIODES DE TRAVAIL

L'employeur doit rémunérer le temps de travail effectif (I). L'employeur peut au-delà de la durée légale de travail effectuer des astreintes (II) et des heures supplémentaires (III) qui sont rémunérées différemment.

I. La notion de travail effectif

La durée légale et les durées maximales de travail concernent le temps de travail effectif. Celui-ci est défini par l'article L. 3121-1 du Code du travail comme « le temps pendant lequel le salarié est à la disposition de l'employeur et doit se conformer à ses directives sans pouvoir vaquer à des occupations personnelles ». *A priori,* seules les périodes de travail effectif sont rémunérées. Le législateur et la jurisprudence ont déterminé le sort des temps de pause et de restauration, des temps de trajet, des temps de formation et des temps d'habillage et de déshabillage pour éviter les difficultés d'application de la notion de travail effectif.

Les temps nécessaires à la restauration ou consacrés au temps de pause sont considérés comme du travail effectif lorsque le salarié doit rester sous la subordination de son employeur sans pouvoir vaquer à ses occupations personnelles. C'est notamment le cas si le salarié a l'obligation de prendre ses repas sur place et ne dispose d'aucune liberté pendant ce temps[1]. Les temps d'habillage et de déshabillage doivent faire l'objet de contreparties soit sous forme de repos, soit financières lorsque le port d'une tenue de travail doit être imposé par des dispositions législatives ou réglementaires, par des clauses conventionnelles, le règlement intérieur ou le contrat de travail, et lorsque les opérations d'habillage et de déshabillage doivent être réalisées dans l'entreprise ou sur le lieu de travail (art. L. 3121-3 du Code du travail). La Cour de cassation a précisé dans un arrêt du 26 mars 2008 que ces deux conditions sont cumulatives[2]. Le salarié n'a droit à de contreparties que si elles sont toutes deux avérées.

En ce qui concerne les temps de trajet, la question a été de prime abord réglée par la jurisprudence. La Cour de cassation a fait clairement la distinction entre le temps de trajet entre le domicile et le lieu de travail et les autres trajets. Le temps habituel du trajet entre le domicile et le lieu de travail n'est pas en soi du temps de travail effectif. En revanche, les trajets professionnels sont considérés comme du temps de travail effectif. De même, lorsque l'employeur demande à son salarié d'exécuter son travail dans un lieu différent de celui où est situé l'entreprise, le temps de trajet qui dépasse le temps normal du déplacement entre le domicile et le lieu de travail habituel est assimilé à un temps de travail effectif[3].

Ainsi, la question n'était réglée que par la jurisprudence. La loi du 19 janvier 2005 (loi de programmation pour la cohésion sociale) est venue combler ce vide législatif

1. Cass. soc., 10 mars 1998, *Droit social,* 1998, 494, obs. J. Barthélemy ; Cass. soc., 4 janvier 2000, *Droit social,* 2000, 439, obs. J. Barthélemy.

2. Cass. soc., 26 mars 2008, *RJS,* 5/08, n° 550 : « Le bénéfice des contreparties aux temps nécessaires à l'habillage et au déshabillage (...) est subordonné à la réalisation des deux conditions cumulatives (...), à savoir obligation de porter une tenue de travail et réalisation de l'habillage et du déshabillage dans l'entreprise ou sur le lieu de travail. »

3. Cass. soc., 5 mai 2004, *RJS,* 7/04, n° 819 ; Cass. soc., 5 novembre 2003, *RJS,* 1/04, n° 52.

et a précisé les conditions dans lesquelles le temps de déplacement professionnel pour se rendre sur le lieu d'exécution du contrat de travail, qui en principe n'est pas un temps de travail effectif, doit, s'il dépasse le temps normal de trajet entre le domicile et le lieu habituel de travail, faire l'objet d'une contrepartie en repos ou en salaire. L'article L. 3121-4 du Code du travail pose désormais un principe : le temps de déplacement professionnel pour se rendre sur le lieu d'exécution du contrat de travail n'est pas un temps de travail effectif. Une exception est posée : si ce temps dépasse le temps normal de trajet entre le domicile et le lieu habituel de travail, il doit faire l'objet d'une contrepartie soit sous forme de repos, soit financière, déterminée par convention ou accord collectif, ou, à défaut, par décision unilatérale de l'employeur prise après consultation du comité d'entreprise ou des délégués du personnel, s'ils existent. Cette disposition a été conçue pour régler le cas du salarié qui un matin doit se rendre chez un client ou sur un chantier au lieu de se rendre à son lieu de travail habituel.

II. Les astreintes

Les astreintes constituent une pratique longtemps utilisée par les entreprises avant que le législateur ne les réglemente. La loi Aubry II a créé l'article L. 3121-5 du Code du travail suivant lequel l'astreinte est une période pendant laquelle le salarié, sans être à la disposition permanente et immédiate de l'employeur a l'obligation de demeurer à son domicile ou à proximité afin d'être en mesure d'intervenir pour effectuer un travail au service de l'entreprise. Le salarié n'est pas à la disposition immédiate de l'employeur mais il n'est pas vraiment libre vis-à-vis de ce dernier. Il a l'obligation de rester à son domicile pour pouvoir intervenir rapidement si son employeur le sollicite. Seul le temps d'intervention est considéré comme du travail effectif. Le temps de déplacement accompli lors de périodes d'astreinte est également considéré comme du travail effectif[1]. Une compensation à l'astreinte est obligatoire soit sous une forme financière soit sous la forme d'un repos. Le régime est en principe conventionnel ; à défaut, il peut être organisé unilatéralement par le chef d'entreprise après consultation des représentants du personnel et information à l'inspection du travail.

La loi du 17 janvier 2003 relative aux salariés, au temps de travail et au développement de l'emploi a clarifié la situation du salarié qui est d'astreinte mais qui n'a pas été mené à intervenir pendant sa période d'astreinte. L'article L. 3121-6 du Code du travail précise que, « exception faite de la durée d'intervention », la période d'astreinte est décomptée dans la durée minimale de repos quotidien prévue à l'article L. 3131-1

1. Cass. soc., 31 octobre 2007, *RJS*, 1/08, n° 32 : « Le temps de déplacement accompli lors de périodes d'astreinte fait partie intégrante de l'intervention et constitue un temps de travail effectif. »

du Code du travail et de repos hebdomadaire prévue aux articles L. 3132-2 et L. 3164-2. Ainsi, à l'exception des durées d'intervention, la période d'astreinte est prise en compte pour le calcul des périodes minimales de repos quotidien et de repos hebdomadaire.

III. Les heures supplémentaires

Le législateur a défini la notion d'heure supplémentaire (1), limité les possibilités de recourir à celles-ci (2) et prévu des contreparties (3).

1. La définition des heures supplémentaires

Une heure supplémentaire est une heure de travail effectuée au-delà de la durée légale. Les heures supplémentaires se calculent sur la semaine civile, c'est-à-dire du lundi à 0 heure au dimanche à 24 heures. Cependant, toutes les heures effectuées au-delà de 35 heures ne constituent pas des heures supplémentaires.

D'abord, les heures d'équivalence ne constituent pas des heures supplémentaires. Il existe, dans certaines professions ou certains emplois dont l'exercice connaît en général des heures creuses pendant lesquelles le salarié est inoccupé, un régime d'équivalence (gardiennage, surveillance, hôtellerie...). Les heures d'équivalence sont des périodes de décomptes spécifiques des périodes de travail effectif qui peuvent comprendre des périodes d'inaction (par exemple, dans la restauration). Ces heures sont comptabilisées en travail effectif mais dans le cadre du régime des équivalences : par exemple, alors que dans le commerce de détail de poissons une durée hebdomadaire de travail est de 42,50 heures pour le personnel affecté à la vente, cette dernière est équivalente aux anciennes 39 heures. Les heures d'équivalence ne peuvent être adoptées que par décrets (pris après conclusion d'une convention collective ou adoptés en Conseil d'État) afin d'éviter toute distorsion de concurrence entre les différents secteurs de l'industrie. La jurisprudence a limité l'application du régime d'heures d'équivalence aux salariés employés à temps plein. Elle refuse l'application de ce régime aux salariés à temps partiel en l'absence de disposition légale spécifique[1]. Cette durée équivalente à la durée légale a le même effet que la durée légale. Ainsi, seules les heures effectuées au-delà de cette durée équivalente constituent des heures supplémentaires.

Les heures récupérées ne constituent également pas des heures supplémentaires. Lorsque la durée normale d'une semaine de travail doit être ou a été réduite en raison d'une interruption collective du travail, l'employeur peut organiser, dans les

1. Cass. soc., 27 septembre 2006, *RJS*, 2006, n° 1332.

douze mois précédant ou suivant cette réduction d'horaire, la récupération des heures perdues en dessous de 35 heures. L'article L. 3122-27 du Code du travail prévoit que seules peuvent être récupérées « les heures perdues par suite d'interruption collective du travail résultant de causes accidentelles, d'intempéries ou de cas de force majeure ; pour cause d'inventaire ; à l'occasion du chômage d'un jour ou de deux jours ouvrables compris entre un jour férié et un jour de repos hebdomadaire ou un jour précédant les congés annuels ». En revanche, les heures perdues en raison de chômage des jours fériés[1] ou de grève ou de *lock-out* ne peuvent pas être récupérées. Les heures récupérées ne sont pas des heures supplémentaires, même si elles obligent le salarié à travailler au-delà de la durée légale pendant une ou plusieurs semaines.

En outre, les heures effectuées au-delà de la durée légale en application d'un accord de modulation ne sont pas des heures supplémentaires. La modulation permet de faire varier la durée hebdomadaire du travail sur tout ou partie de l'année à condition que sur un an cette durée n'excède pas 1 607 heures[2]. La modulation doit être mise en place par un accord collectif. Ce peut être une convention ou un accord collectif de branche étendu, une convention ou un accord d'entreprise ou d'établissement. L'accord de modulation ne peut prévoir un dépassement des durées maximales hebdomadaires (48 et 44 heures) et de la durée maximale quotidienne (10 heures). L'accord doit fixer le programme indicatif de la répartition du temps de travail et les règles selon lesquelles il est établi pour chacun des services ou ateliers. Il est également possible de prévoir des calendriers individualisés. Les salariés doivent être prévenus de tout changement de leurs horaires de travail au moins sept jours ouvrés avant la date à laquelle il doit intervenir. L'accord de modulation peut prévoir un délai moins important. Les heures effectuées au-delà de la durée légale mais dans les limites prévues par l'accord de modulation ne constituent pas des heures supplémentaires. En revanche, les heures effectuées au-delà de la durée maximale hebdomadaire fixée par l'accord de modulation et les heures travaillées au-delà de la limite légale de 1 607 heures par an[3] constituent des heures supplémentaires.

2. La possibilité de recourir à des heures supplémentaires

Le recours aux heures supplémentaires relève du pouvoir de direction de l'employeur. L'employeur peut donc imposer au salarié d'effectuer des heures supplémentaires. Le salarié qui refuse d'exécuter ces heures supplémentaires commet une faute qui peut faire l'objet d'une sanction pouvant aller jusqu'au licenciement. L'employeur dispose d'un contingent annuel d'heures supplémentaires par salarié.

1. Article L. 3133-2 du Code du travail.
2. Ce plafond résulte de la loi du 30 juin 2004. La loi Aubry prévoyait une limite constituée d'une part par le plafond hebdomadaire d'une durée moyenne de 35 heures par semaine travaillée et d'autre part par le plafond de 1 600 heures annuelles. La loi de 2004 autorise ainsi une plus grande flexibilité en cas d'annualisation.
3. L'accord de modulation peut prévoir un plafond inférieur.

Deux types de contingent coexistent : le contingent dit légal ou réglementaire qui correspond à un nombre d'heures effectuées au-delà de la durée légale du travail qui est déterminé par décret, et le contingent « conventionnel » déterminé par les partenaires sociaux par une convention ou un accord collectif de branche étendu qui peut être inférieur ou supérieur au contingent réglementaire (art. L. 3121-12 du Code du travail). Le contingent réglementaire ne s'applique qu'à défaut de contingent conventionnel. Le décret du 21 décembre 2004 a porté le contingent d'heures supplémentaire à 220 heures par an et par salarié. Ce contingent est réduit à 130 heures par an et par salarié lorsque la durée hebdomadaire de travail varie dans le cadre d'une convention ou d'un accord collectif de modulation. Les heures supplémentaires effectuées au-delà du contingent conventionnel ou à défaut réglementaire doivent être autorisées par l'inspecteur du travail.

Les règles relatives à la charge de la preuve des heures supplémentaires sont assouplies. L'article L. 3171-4 du Code du travail prévoit que, en cas de litige relatif à l'existence ou au nombre d'heures effectuées, l'employeur doit fournir au juge les éléments de nature à justifier les horaires effectivement réalisés par le salarié. Le juge forme alors sa conviction au vu de ces éléments et de ceux fournis par le salarié.

3. Les contreparties des heures supplémentaires

Depuis la loi du 17 janvier 2003[1], toutes les heures supplémentaires donnent lieu de droit à une majoration de salaire. La fixation du taux de majoration est renvoyée à un accord de branche étendu, alors qu'elle était jusqu'à présent fixée par la loi. Cette faculté est doublement encadrée : il existe un plancher à cette majoration qui ne peut être inférieur à 10 % et en l'absence d'accord ce sont les taux légaux actuels qui continuent de s'appliquer : 25 % pour les 8 premières heures supplémentaires (de la 36ᵉ à la 43ᵉ heure incluse) dans les entreprises employant plus de 20 salariés[2] et 50 % à partir de la 44ᵉ heure (art. L. 3121-22 du Code du travail).

Le paiement des heures supplémentaires peut être remplacé partiellement ou totalement par un repos compensateur dit de remplacement (art. L. 3121-24 du Code du travail). Ce remplacement doit être prévu par un accord collectif qui peut être une convention ou un accord collectif étendu, ou une convention ou un accord d'entreprise ou d'établissement. Toutefois, dans les entreprises où il n'existe pas de représentation syndicale, le chef d'entreprise peut unilatéralement, en l'absence d'accord

1. La loi du 17 janvier 2003 a modifié le régime définitif des heures supplémentaires tel qu'il avait été fixé par la loi Aubry II. Le régime antérieur des heures supplémentaires différait selon qu'il s'agissait des quatre premières heures supplémentaires (bonification de 25 % sous forme de repos sauf si un accord collectif prévoyait d'autres modes de bonification (tels que lamajoration salariale) ou des heures suivantes (majoration salariale, sauf si un accord collectif prévoyait un repos compensateur de 25 % jusqu'à la huitième heure supplémentaire et de 50 % au-delà).

2. Dans les entreprises employant 20 salariés ou moins, la majoration était de 10 % pour les quatre premières heures supplémentaires (de la 36ᵉ à la 39ᵉ incluse) et de 25 % de la 40ᵉ à la 43ᵉ incluse. Ces dispositions ne s'appliquent plus depuis le 1ᵉʳ octobre 2007.

collectif étendu, décider du remplacement de la rémunération des heures supplémentaires par un repos compensateur à condition que le comité d'entreprise ou les délégués du personnel (lorsqu'ils existent) ne s'y oppose(nt) pas. Lorsque les heures supplémentaires donnent lieu à un repos compensateur de remplacement, elles ne s'imputent pas sur le contingent annuel d'heures supplémentaires.

Par ailleurs, les heures supplémentaires peuvent donner lieu à un repos compensateur obligatoire imposé par la loi. Ce repos ne remplace pas la rémunération des heures supplémentaires mais vient s'ajouter à celle-ci. Il est dû dans certains cas particulier. Un repos compensatoire obligatoire est dû pour toutes les heures supplémentaires effectuées au-delà du contingent conventionnel ou réglementaire. La durée du repos compensateur diffère selon l'effectif de l'entreprise. Il est égal à 50 % du temps de travail effectué au-delà de la 35e heure de travail dans les entreprises employant 20 salariés ou moins[1] et à 100 % du temps de travail effectué au-delà de la 35e heure de travail dans les entreprises employant plus de 20 salariés[2]. De plus, dans les entreprises qui emploient plus de 20 salariés, toutes les heures supplémentaires effectuées au-delà de la 41e heure par semaine ouvrent droit à un repos compensateur obligatoire, même si ces heures sont effectuées dans le cadre du contingent annuel[3]. Le repos compensateur obligatoire ne doit entraîner aucune diminution de la rémunération du salarié. Il doit être effectivement pris par le salarié et il ne peut être remplacé par une indemnité. Enfin, il est assimilé à une période de travail effectif.

La loi du 31 mars 2005 portant réforme de l'organisation du temps de travail dans l'entreprise a aménagé le régime applicable aux heures accomplies au-delà du contingent conventionnel en créant le régime des « heures choisies » qui permet aux salariés qui le souhaitent d'effectuer des heures supplémentaires choisies au-delà du contingent d'heures supplémentaires applicables dans l'entreprise sans qu'il soit nécessaire pour l'employeur d'obtenir une autorisation de l'inspection du travail (art. L. 3121-17 du Code du travail). Les heures choisies restent qualifiées d'heures supplémentaires mais sont soumises à un régime dérogatoire. Ce régime est accessible aux seuls salariés volontaires en accord avec l'employeur. Il ne peut être imposé ni par l'employeur ni par le salarié. L'application de ce nouveau dispositif nécessite la conclusion d'une convention ou d'un accord collectif qui doit préciser les conditions dans lesquelles ces heures choisies sont effectuées et fixer la majoration de salaire à laquelle elle donne lieu et, le cas échéant, les contreparties sous forme de repos.

Les heures choisies entraînent une majoration de rémunération dont le taux ne peut être inférieur au taux fixé pour les heures supplémentaires (si la majoration est fixée par accord collectif, au moins 10 % de la rémunération habituelle ou, en l'absence d'accord collectif de travail, majoration de 25 % pour les 8 premières heures et 50 % au-delà). Dans le cas où un accord collectif a fixé un taux spécifique pour le paiement des heures supplémentaires, un nouvel accord relatif aux heures choisies peut fixer un taux égal ou supérieur à ce premier taux. Le nombre d'heures supplé-

1. Article L. 3221-27 du Code du travail.
2. Article L. 3121-26 du Code du travail.
3. *Ibid.*

mentaires exécuté dans ce cadre n'est pas limité et ne donne pas lieu au repos compensateur obligatoire. En revanche, les durées maximales hebdomadaires légales fixées à 44 heures pour toute période de 12 semaines consécutives et 48 heures par semaine devront être respectées.

SECTION III
LES RÈGLES SPÉCIFIQUES AUX CADRES

La loi Aubry II a apporté une innovation importante en définissant des catégories de cadres pour lesquels les modalités de réduction du temps de travail sont précisées en fonction de leurs responsabilités au sein de l'entreprise. Il existe trois catégories de cadres : les cadres dirigeants, les cadres occupés selon un horaire collectif et les autres.

Les cadres dirigeants sont définis selon trois critères cumulatifs par l'article L. 3111-2 du Code du travail : l'exercice de responsabilités dont l'importance implique une grande indépendance dans l'organisation de son emploi du temps ; l'existence d'une habilitation à prendre des décisions de façon largement autonome ; le versement d'une rémunération se situant dans les niveaux les plus élevés des systèmes de rémunération pratiqués dans l'entreprise. Les conventions collectives peuvent également apporter des éléments de qualification. Pour ces cadres, les dispositions sur la durée du travail de manière générale ne leur sont pas applicables, à l'exception des congés annuels.

Les cadres occupés selon un horaire collectif sont les cadres dits « intégrés » (art. L. 3121-39 du Code du travail). Ce sont des salariés qui ont la qualité de cadre en vertu de la convention collective de branche applicable ou au sens de l'article 4 de la convention collective de retraite et de prévoyance des cadres de 1947. Ce sont notamment les responsables d'agence, les chefs de chantier, les chefs de service. Les dispositions relatives à la durée du travail leur sont applicables. Ils suivent un horaire collectif tout en pouvant fréquemment effectuer des heures supplémentaires en nombre limité. Il est pour cela possible de mettre en place un forfait hebdomadaire incluant les majorations pour heures supplémentaires.

Les autres cadres ont également cette qualité en vertu de la convention collective qui leur est applicable ou également de l'article 4 de la convention collective de retraite et de prévoyance des cadres de 1947. Mais ils ne sont pas intégrés à une unité de travail dont ils suivraient l'horaire collectif comme les précédents. Il s'agit de cadres qui, sans exercer des fonctions directoriales (comme la première catégorie) et dont la durée de travail ne peut être prédéterminée, doivent quand même bénéficier de la réduction du temps de travail. Ce sont notamment les ingénieurs, les chercheurs, les cadres commerciaux, les consultants... Ils doivent bénéficier d'une réduction effective de leur durée de travail qui peut être fixée par des conventions individuelles de forfait.

Les conventions peuvent établir un forfait horaire sur une base hebdomadaire, mensuelle ou annuelle (un certain nombre d'heures par semaine, par mois, par an) ou un forfait en jours par an. La conclusion de ces conventions doit être prévue et réglementée par une convention ou un accord collectif de branche étendu ou par une convention ou un accord d'entreprise ou d'établissement. Cet accord doit préciser les catégories de cadres susceptibles de souscrire valablement une convention de forfait, les modalités et les caractéristiques de la convention individuelle de forfait. En l'absence d'accord collectif, seules peuvent être conclues des conventions de forfait en heures sur une base hebdomadaire ou mensuelle. Les conventions annuelles de forfait en heures ou en jours ne sont possibles que s'il existe un accord collectif qui les envisage.

Les conventions de forfait annualisé en heures rémunèrent une durée annuelle de travail intégrant, le cas échéant, un nombre prédéterminé d'heures supplémentaires sur l'année. La convention ou l'accord qui prévoit la possibilité de conclure une convention de forfait annuel en heures doit préciser le nombre d'heures. Ce nombre ne peut dépasser la somme des heures normales et des heures supplémentaires. L'accord collectif peut fixer d'autres limites à la durée maximale quotidienne (10 heures) et à la durée maximale hebdomadaire (48 heures et 44 heures) à condition de respecter le repos quotidien minimal et le repos hebdomadaire. L'accord collectif doit également prévoir les modalités de contrôle du respect de ces maxima conventionnels et les conditions de suivi de l'organisation du travail et de la charge du travail des salariés intéressés. La rémunération prévue doit intégrer les majorations pour les heures supplémentaires accomplies durant l'année au-delà de 1 607 heures.

La loi du 31 mars 2005 adapte à ce type de salariés un régime de temps choisi similaire au régime des heures choisies et leur permet également, avec l'accord de leur employeur, d'effectuer des heures au-delà de la durée annuelle de travail prévue par la convention de forfait. Les conditions d'exercice de ces heures, la majoration de salaire à laquelle elles donnent lieu, ainsi que les conditions dans lesquelles le salarié fait connaître son choix doivent être fixées par convention ou accord collectif.

La convention de forfait en jours sur une base annuelle permet la rémunération du cadre sur la base d'un nombre de jours travaillés annuellement. La durée de travail prévue est comptabilisée en jours et non plus en heures. La convention ou l'accord collectif qui prévoit la conclusion de conventions de forfait en jours doit fixer le nombre de jours travaillés à inscrire dans la convention (celui-ci ne peut dépasser 218 jours par an), définir les catégories de cadres concernées, préciser les modalités de décompte des journées et demi-journées travaillées, et de prise des journées et demi journées de repos, et déterminer les conditions de contrôle de l'application du forfait. L'accord doit également prévoir les modalités de suivi de l'organisation du travail des salariés, de l'amplitude de leurs journées d'activité et la charge de travail qui en résulte. En outre, l'accord peut prévoir l'affectation de jours de repos sur un compte épargne temps.

Le salarié qui a accepté une convention de forfait en jours ne bénéficie que des dispositions relatives au repos quotidien et hebdomadaire. Il ne peut revendiquer l'application des dispositions concernant la durée légale, la durée maximale quotidienne et hebdomadaire. Cependant, lorsque le nombre de jours travaillés dépasse en fin d'année le plafond fixé dans la convention, le salarié doit bénéficier, au cours des trois premiers mois de l'année suivante, d'un nombre de jours de repos égal à ce dépassement, et ce nombre réduit le plafond pour l'année en cours. Si le salarié ne bénéficie pas d'une réduction effective de sa durée du travail ou s'il perçoit une rémunération « manifestement sans rapport avec les sujétions qui lui sont imposées », il peut demander une indemnité pour réparation du préjudice subi (art. L. 3121-50 du Code du travail).

La loi du 31 mars 2005 ouvre une nouvelle possibilité de dépassement du plafond de 218 jours en autorisant les salariés qui le désirent de renoncer, avec l'accord de l'employeur, à une partie de leurs jours de repos en contrepartie d'une majoration de salaire. La mise en œuvre de ce droit est subordonnée à la conclusion d'une convention ou d'un accord collectif qui précisera le montant de la majoration due au salarié et les conditions dans lesquelles il fera connaître son choix.

SECTION IV
LES REPOS ET CONGÉS

Le salarié a droit à des jours de repos (I) et à des congés (II) afin de récupérer sa force de travail.

I. Le repos dominical et les jours fériés

Le dimanche (1) et les jours fériés (2) ont été attribués au salarié pour qu'il puisse se reposer.

1. Le repos dominical

C'est une loi du 13 juillet 1906 qui a consacré le repos dominical et hebdomadaire pour les employés et les ouvriers. Il est également prévu par l'article 5 de la directive du 23 novembre 1993. Les bénéficiaires de ce repos sont toutes les personnes travaillant pour les établissements industriels et commerciaux, de quelque nature qu'ils soient, laïques ou religieux, les offices publics et ministériels, les professions libérales, les sociétés civiles, les syndicats professionnels et les associations. Des dispositions spécifiques ont octroyé ce repos aux journalistes, aux travailleurs à domicile, aux concierges d'immeubles d'habitation.

Selon l'article L. 3132-1 du Code du travail, « il est interdit d'occuper plus de six jours par semaine un même salarié ». Ce repos doit durer 24 heures consécutives auxquelles s'ajoutent les 11 heures de repos quotidien. Les jeunes travailleurs de moins de 18 ans ont droit à un repos de deux jours consécutifs. Il est possible de déroger à ces dispositions en raison des circonstances ou de la nature particulière de l'entreprise (art. L. 3132-4 et suivants du Code du travail). Le salarié bénéficiera alors d'un repos compensateur dans les usines à feu continu, les industries saisonnières, ou s'il appartient au personnel employé à l'entretien. Aucun repos compensateur n'est prévu pour les travaux urgents, pour prévenir ou réparer un accident[1], ou dans les industries traitant des matières périssables[2] ou dans les établissements travaillant pour le compte de l'État et dans l'intérêt de la défense nationale[3].

L'article L. 3132-3 du Code du travail impose à l'employeur de donner le dimanche comme jour de repos hebdomadaire. En conséquence, l'interdiction de faire travailler le dimanche concerne tout le personnel et le consentement des salariés à travailler ce jour ne supprime pas l'infraction[4]. Le juge des référés peut ordonner la fermeture de l'établissement le dimanche en raison de la violation de l'article L. 3132-3 du Code du travail[5]. L'inspecteur du travail peut d'ailleurs saisir le juge des référés pour obtenir toutes mesures propres à faire cesser dans les établissements de vente au détail et de prestations de services au consommateur l'emploi illicite de salariés en infraction aux dispositions sur le repos dominical. Les salariés mais également les syndicats ont qualité pour agir en justice au nom de l'intérêt collectif de la profession contre le commerçant qui violerait l'article L. 3132-3 du Code du travail[6].

Il existe diverses dérogations à la règle du repos dominical. D'abord, le repos hebdomadaire peut être attribué par roulement dans certaines entreprises de services sans autorisation préalable : les hôtels et restaurants, débits de tabac, entreprises de spectacles, musées, établissements et services de soins, les espaces de présentation et d'exposition permanente dont l'activité est exclusive de toute vente au public réservés au producteurs, revendeurs ou prestataires de services. De même, certaines entreprises industrielles peuvent pratiquer le repos hebdomadaire par roulement. Ce sont les industries où sont mises en œuvre les matières susceptibles d'altération très rapide, les industries dans lesquelles toute interruption de travail entraînerait la perte ou la dépréciation du produit en cours de fabrication, les industries ou les entreprises industrielles dans lesquelles une convention ou un accord collectif étendu ou une convention ou un accord d'entreprise prévoit la possibilité d'organiser le travail de façon continue pour des raisons économiques.

De plus, le préfet peut accorder une dérogation pour une durée limité après avis du conseil municipal, de la chambre de commerce et de l'industrie, et des syndicats d'employeurs et de salariés intéressés de la commune à condition qu'il soit établi que « le repos simultané, le dimanche, de tout le personnel d'un établissement serait préjudiciable au public ou compromettrait le fonctionnement normal de cet établis-

1. Article L. 3132-4 du Code du travail.
2. Article L. 3132-5 du Code du travail.
3. Article L. 3132-9 du Code du travail.
4. Cass. crim., 5 décembre 1989, *RJS,* 1/90, n° 30.
5. Cass. soc., 14 juin 1989, *D.,* 1989, 589.
6. Cass. ass. plén., 7 mai 1993, *D.,* 1993, 437, concl. M. Jéol ; Cass. soc., 25 octobre 1994, *Droit social,* 1995, 54 ; Cass. crim., 29 octobre 1996, *RJS,* 2/97, n° 150.

sement »[1]. Le préfet peut également accorder une autorisation sans qu'une telle preuve soit établie lorsqu'il s'agit d'établissements situés dans les communes touristiques ou thermales, les zones touristiques d'affluence exceptionnelle ou d'animation culturelle permanente[2].

Enfin, à titre exceptionnel, un arrêté municipal peut autoriser des dérogations occasionnelles au profit des établissements de commerce de détail dans la limite de cinq dimanches par an. Les salariés ont alors droit à un repos compensateur et une majoration de salaire[3].

2. Les jours fériés

Les jours fériés sont énoncés à l'article L. 3133-1 du Code du travail : 1er Janvier, lundi de Pâques, 1er Mai, 8 Mai, Ascension, lundi de Pentecôte, 14 Juillet, 15 Août, Toussaint, 11 novembre, Noël. L'employeur doit décider si ces jours fériés sont chômés ou non[4]. Toutefois, les apprentis et les jeunes travailleurs âgés de moins de 18 ans ne peuvent être occupés les jours fériés dans les établissements industriels, les professions libérales, les syndicats, associations, sociétés civiles. De plus, le 1er Mai est obligatoirement chômé et un usage général prévoit que les jours fériés sont chômés dans la plupart des entreprises.

Les salariés ne doivent subir aucune perte de leur rémunération lorsque le jour férié est effectivement chômé dans l'entreprise. L'accord national interprofessionnel du 14 décembre 1977 sur la mensualisation annexé à la loi du 19 janvier 1978 prévoit que les ouvriers ayant au moins trois mois d'ancienneté et ayant accompli au moins 200 heures de travail au cours des deux mois précédents ne pourront pas subir de réduction de salaire sous réserve de présence au travail le dernier jour précédent et le premier jour suivant le jour férié. Lorsque les salariés travaillent un jour férié, ils n'ont pas droit en principe à une majoration de salaire[5]. Cependant, lorsqu'il s'agit du 1er Mai[6], les salariés ont droit en plus de leur salaire à une indemnité égale au montant de celui-ci (art. L. 3133-5 du Code du travail).

II. Les congés

Tous les salariés ont droit à des congés annuels (1). De plus, dans certaines circonstances, ils peuvent bénéficier de congés spéciaux (2).

1. Article L. 3132-20 du Code du travail.
2. Article L. 3132-25 du Code du travail.
3. Article L. 3132-26 du Code du travail.
4. Cass. soc., 28 juin 1957, *Bull. civ.*, V, n° 547.
5. Cass. soc., 4 décembre 1996, *Bull. civ.*, V, n° 421.
6. C'est le cas des établissements et des services qui ne peuvent interrompre le travail en raison de leur activité.

1. Les congés annuels

Avant 1936, seuls les fonctionnaires, les cheminots et les journalistes bénéficiaient de congés payés. La généralisation des congés payés a été effectuée par une loi du 20 juin 1936, notamment grâce à l'avènement du gouvernement du Front populaire. Un accord Renault de décembre 1962 puis une multitude d'accords collectifs ont offert à un grand nombre de salariés une quatrième semaine de congés payés. Cette quatrième semaine a été généralisée par une loi du 16 mai 1969. Puis une ordonnance du 16 janvier 1982 a fixé à cinq semaines la durée des congés annuels.

Sont concernés tous les salariés, y compris les cadres dirigeants définis par l'article L. 3111-2 du Code du travail, appartenant à un établissement industriel, commercial, artisanal, agricole et tout salarié des professions libérales, des offices ministériels, des syndicats professionnels, des sociétés civiles, des associations et groupements de quelque nature que ce soit[1]. Le salarié a droit à des congés payés à condition de comptabiliser dans la même entreprise au cours des douze mois constituant l'année de référence au moins un mois de travail effectif (art. L. 3141-3 du Code du travail). La période de référence débute le 1er juin de l'année précédente et prend fin le 31 mai de l'année en cours. Cependant, un accord collectif prévoyant la modulation ou la réduction de la durée du travail peut choisir d'autres dates[2].

Le salarié acquiert 2 jours et demi ouvrables par mois de travail effectif sans que la durée totale ne puisse dépasser 30 jours ouvrables[3]. Le contrat de travail, un usage, une convention ou un accord collectif peut prévoir une durée de congés plus importante. L'article L. 3141-5 du Code du travail assimile à des périodes de travail effectif les périodes de congés payés de l'année antérieure, de repos des femmes en couche, de suspension en raison d'un accident du travail ou d'une maladie professionnelle (dans la limite d'un an), et les jours de repos acquis en raison de la réduction du temps de travail. Lorsque l'employeur dispense le salarié d'exécuter son préavis, la durée du délai-congé est assimilée à un temps de travail effectif pour le calcul de la durée des congés.

L'employeur peut fixer librement la date précise des congés de chaque salarié après consultation des délégués du personnel à condition qu'une partie de ces congés soit comprise entre le 1er mai et le 31 octobre. Les congés peuvent être donnés par roulement, ce qui permet d'assurer la continuité du fonctionnement de l'entreprise. L'ordre des départs est alors déterminé par l'employeur après consultation des délégués du personnel en tenant compte de la situation de famille du salarié, de son ancienneté et éventuellement de son activité chez un autre employeur (dans l'hypothèse d'un contrat de travail à temps partiel). Les conjoints qui travaillent pour le même employeur ont droit à des congés au même moment. L'employeur ne peut pas modifier l'ordre et

1. Il existe des régimes spéciaux de congés payés, notamment pour le bâtiment et les travaux publics, pour les artistes du spectacle...
2. Article L. 3141-11 du Code du travail.
3. Les jours ouvrables sont les jours autres que les dimanches et jours fériés chômés.

la date des départs moins d'un mois avant la date prévue du départ sauf circonstances exceptionnelles (art. L. 3141-13 du Code du travail). Il arrive également que l'employeur choisisse la fermeture totale de l'entreprise pendant quelques semaines d'été. Tous les salariés prennent alors leurs congés pendant cette fermeture. Si la fermeture se prolonge au-delà des congés, les salariés ont droit à une indemnité d'un montant égal à l'indemnité de congés payés. Si la durée de la fermeture est inférieure à la durée des congés acquis[1], les salariés sont indemnisés au titre du chômage partiel.

Les congés doivent être pris chaque année. Le salarié qui a continué à travailler au lieu de bénéficier de ses congés ne peut demander en plus de son salaire une indemnité de congés payés[2] sauf s'il établit qu'il a été privé de ses congés par la faute de l'employeur[3]. Il est de jurisprudence constante que le salarié qui tombe malade pendant ces congés n'a pas droit à des jours de congés supplémentaires[4] sauf disposition favorable contraire de la convention collective. Mais le salarié dont le contrat de travail est suspendu par un arrêt de travail pour maladie lors de la date de départ en congé fixée préalablement par l'employeur peut demander à bénéficier ultérieurement de ses congés.

Lorsque le contrat de travail est résilié au cours de l'année de référence, c'est-à-dire avant que le salarié n'ait pu bénéficier des congés acquis en raison du temps travaillé pendant cette période, le salarié a droit à une indemnité compensatrice de congés payés. Le salarié doit bénéficier de cette indemnité quel que soit le mode de rupture (licenciement, démission, résiliation conventionnelle...), sauf si la rupture a été motivée par une faute lourde[5].

Cette indemnité est égale au plus élevé des deux montants suivants définis à l'article L. 3141-22 du Code du travail. Selon le premier mode de calcul, l'indemnité de congés payés est égale au dixième de la rémunération totale perçue par le salarié au cours de la période de référence. La rémunération qui sert de base au calcul comprend le salaire de base ainsi que tous les accessoires du salaire (primes diverses[6], indemnités autres que les remboursements de frais, indemnité de congés payés de l'année précédente, indemnité de repos compensateur, pourboires, avantages en nature...). Mais sont exclus de l'assiette de calcul : les primes et gratifications bénévoles, précaires et révocables ne constituant pas un élément de la rémunération, les primes annuelles (prime de fin d'année, de rendement, de vacances...)[7], les indemni-

1. C'est notamment le cas des salariés qui ont été embauchés récemment.
2. Cass. soc., 8 novembre 1977, *Bull. civ.,* V, n° 474 ; Cass. soc., 21 mai 1980, *Bull. civ.,* V, n° 347 ; Cass. soc., 26 novembre 1981, *JCP,* 1982, IV, 60.
3. Cass. soc., 25 février 1988, *Bull. civ.,* V, n° 146 ; Cass. soc., 3 novembre 1994, *RJS,* 12/94, n° 1389.
4. Voir notamment Cass. soc., 18 mars 1975, *JCP,* 1975, II, 18093 ; Cass. soc., 4 décembre 1986, *Bull. civ.,* V, n° 499.
5. La faute lourde commise pendant l'exécution du préavis ne prive pas le salarié de l'indemnité compensatrice de congés payés car le droit à cette indemnité est acquis le jour où l'employeur a décidé de rompre le contrat de travail.
6. Comme, par exemple, la prime d'assiduité (Cass. soc., 2 mai 1973, *Bull. civ.,* V, n° 245).
7. Cass. soc., 10 juillet 1961, *Droit social,* 1962, 101, note J. Savatier. Voir notamment pour la prime annuelle d'intéressement (Cass. soc., 15 juin 1978, *Bull. civ.,* V, n° 369), la prime de vacances et de fin d'année (Cass. soc., 24 octobre 1978, *Bull. civ.,* V, n° 523), la prime annuelle (Cass. soc., 19 décembre 1979, *Bull. civ.,* V, n° 748).

tés journalières de maladie. Selon le second mode de calcul, l'indemnité de congés payés ne doit pas être inférieure au montant de la rémunération que le salarié aurait perçue s'il avait travaillé pendant la période de congé. Cette formule permet de prendre en compte les hausses éventuelles de salaire ou sa promotion professionnelle. Le salarié doit bénéficier du mode de calcul qui lui est le plus favorable.

2. Les congés spéciaux

Les congés dits spéciaux doivent être demandés par le salarié contrairement aux congés annuels. Le financement peut être assuré par l'employeur, par la Sécurité sociale ou un organisme paritaire, voir, par le salarié lui-même. Pour cela, la loi du 25 juillet 1994 a permis de créer un compte épargne temps au profit des salariés par une convention ou un accord collectif d'entreprise ou d'établissement. Ce système permet au salarié de cumuler des droits à congé rémunéré ou de se constituer une épargne en argent. Le compte épargne temps se constitue par le report de congés annuels dans la limite de 10 jours par an, la conversion en jours de congé d'une partie d'augmentation de salaires, de primes conventionnelles ou d'intéressement, d'heures de repos compensateur des heures supplémentaires et d'une partie de jours de repos liés à la réduction du temps de travail. Le salarié doit prendre ce congé épargné dans les cinq ans à compter de la date à laquelle le salarié a acquis un droit à deux mois de congé au moins.

Il existe plusieurs congés spéciaux. Chacun de ces congés a un objectif différent. Le congé parental institué par une loi du 12 juillet 1977 permet à tout salarié justifiant d'au moins un an d'ancienneté à la date de la naissance de l'enfant ou à l'arrivée de l'enfant adopté au foyer de bénéficier d'une suspension de son contrat de travail ou d'une réduction de la durée de son travail pendant la période suivant l'expiration du congé de maternité ou d'adoption. Le congé parental a une durée initiale d'un an. Il peut être prolongé à deux reprises et ainsi se terminer au plus tard au troisième anniversaire de l'enfant ou à l'expiration d'un délai de trois ans à compter de l'arrivée de l'enfant adopté au foyer. La perte de la rémunération pendant le congé parental peut être en partie compensée par une allocation versée par l'employeur en application d'un accord collectif ou par l'utilisation d'un compte épargne temps. Après ce congé, le salarié doit retrouver « son précédent emploi ou un emploi similaire avec une rémunération au moins équivalente » (art. L. 1225-55 du Code du travail).

De plus, tout salarié a droit à une autorisation exceptionnelle d'absence à l'occasion de certains événements familiaux : quatre jours pour son mariage, trois jours pour chaque naissance (ou arrivée au foyer d'un enfant en vue d'une adoption), deux jours pour le décès du conjoint ou du partenaire d'un PACS ou d'un enfant, un jour pour le mariage d'un enfant, un jour pour le décès du père, de la mère, du beau-père, de la belle-mère, d'un frère ou d'une sœur (art. L. 3142-1 du Code du travail). Ces jours d'absence ne doivent occasionner aucune perte de rémunération. Ils sont assimilés à des jours de travail effectif pour le calcul de la durée des congés payés (art. L. 3142-2 du Code du travail).

La loi du 3 janvier 1984 a prévu les congés pour la création d'entreprise et le congé sabbatique. Ce sont des congés non rémunérés mais ils peuvent donner lieu à l'utilisation du compte épargne temps. À la fin de son congé, le salarié doit retrouver son emploi ou un emploi similaire avec une rémunération au moins équivalente. Les salariés doivent comptabiliser 6 années d'activités professionnelles et au moins 36 mois d'ancienneté dans l'entreprise pour bénéficier d'un congé sabbatique. Ce congé est d'au moins 6 mois jusqu'à 11 mois. Il n'a pas à être motivé. Le salarié peut durant le congé exercer une activité rémunérée mais il doit respecter une obligation de non-concurrence et de loyauté à l'égard de son employeur[1]. Le congé pour création d'entreprise peut être pris par tout salarié qui justifie d'une ancienneté de 36 mois dans l'entreprise et qui veut créer ou reprendre une entreprise. Le congé est d'une durée d'un an renouvelable une fois.

Enfin, il existe les congés non rémunérés (art. L. 3142-16 et suivants du Code du travail). Ce sont les congés de formation de cadres et d'animateurs pour la jeunesse, le congé mutualiste[2], le congé de représentation[3], le congé de solidarité internationale[4], le congé d'accompagnement d'une personne en fin de vie[5] et le congé de formation économique, sociale et syndicale. S'agissant de ce dernier congé, la loi fixe le nombre maximum de jours de congé au cours de l'année civile pour l'ensemble du personnel de l'entreprise. Ce droit a ainsi une dimension collective. Dans le cadre du crédit collectif, tout salarié peut demander à bénéficier d'un ou plusieurs congés. La durée de chaque congé est de 2 à 12 jours par an. Le salarié ne peut y prétendre que si le contingent collectif de jours de congé n'est pas atteint et s'il n'a pas encore utilisé toutes les absences auxquelles il a droit pour congé de formation. L'employeur peut s'opposer à un congé si, après avis conforme du comité d'entreprise ou des délégués du personnel, il estime que son absence pourrait avoir des conséquences néfastes à la production et à la bonne marche de l'entreprise. Ce congé est rémunéré par l'employeur dans les entreprises occupant au moins di10 salariés[6]. Les frais liés à ces stages et les pertes éventuelles de salaires sont normalement pris en charge par les institutions subventionnées par le ministère.

1. Cass. soc., 27 novembre 1991, *RJS*, 1/92, n° 43 ; Cass. soc., 5 juin 1996, *Bull. civ.*, V, n° 231 ; Cass. soc., 1er avril 2003, *RJS*, 6/03, n° 770.
2. Loi du 25 juillet 1985 portant réforme du Code de la mutualité.
3. Loi du 7 août 1991 en faveur des associations et des mutuelles.
4. Loi du 4 février 1995.
5. Loi du 9 juin 1999 visant à garantir le droit à l'accès aux soins palliatifs.
6. Dans la limite d'une dépense globale égale à 0,08 ‰ du montant des salaires payés pendant l'année en cours.

2

La rémunération du salarié

Selon l'article L. 3221-3 du Code du travail, par « rémunération », il faut entendre « le salaire ou traitement ordinaire de base ou minimum et tous les autres avantages et accessoires payés, directement ou indirectement, en espèce ou en nature, par l'employeur au travailleur en raison de l'emploi de ce dernier ». Cet article paraît distinguer la notion de rémunération et de salaire. Le salaire ne serait qu'une composante de la rémunération. En réalité, les termes de « rémunération » et de « salaire » sont utilisés par le législateur comme des synonymes. Le terme de « salaire » peut être employé pour désigner le salaire de base mais également dans un sens plus large le salaire de base accompagné des compléments du salaire. Il existe des règles légales et jurisprudentielles concernant la détermination du salaire (sect. I), son paiement (sect. II) et la participation et l'intéressement des salariés (sect. III)

SECTION I
LA DÉTERMINATION DU SALAIRE

La notion de salaire peut parfois être complexe dans la mesure où il se compose de divers éléments (I). La fixation de son montant obéit à de nombreuses règles (II).

I. Les éléments du salaire

Le salaire est constitué par le salaire « de base » et différents compléments (1). Certains éléments sont totalement exclus de la notion de salaire (2).

1. Les compléments du salaire

Il est impératif de déterminer si une somme fait partie du salaire pour plusieurs raisons. D'abord, le salaire fait l'objet d'une réglementation spécifique concernant son taux (SMIC) ou son paiement (insaisissabilité partielle, assurance garantie des salaires, prescription spécifique). Ensuite, les cotisations sociales sont calculées à partir du salaire. Le salaire permet de calculer l'indemnité de congés payés, l'indemnité de préavis, les indemnités de licenciement, l'indemnité de maladie... À côté du salaire de base, différents éléments composent le salaire au sens large du terme : les avantages en nature, les gratifications, les primes, les pourboires. Les avantages en nature sont fréquents dans certaines professions (travail agricole et maritime, l'hôtellerie, la restauration). Ils se traduisent par l'attribution d'un logement, de chauffage, de nourriture, d'habillement.... Mais la fourniture de vêtements ou d'outils du travail, le transport du salarié au lieu de travail, l'utilisation d'une voiture de service ne sont pas considérés comme des avantages en nature. Leur évaluation se fait forfaitairement par voie réglementaire ou d'accord collectif. Il n'existe pas de grille unique pour toutes les situations.

Les gratifications sont des sommes d'argent octroyées par l'employeur pour faire part au salarié de sa satisfaction du travail accompli ou à l'occasion d'un événement familial (naissance d'un enfant, mariage...). Elles ont de multiples dénominations : « treizième mois », « prime de bilan », « étrennes », « prime de fin d'année », « prime de vacances ». La Cour de cassation considère que la gratification « de caractère facultatif, bénévole et variable » constitue une libéralité[1]. Le taux et les conditions d'attribution sont à la discrétion de l'employeur[2] et le salarié ne peut demander le renouvellement[3]. L'employeur peut toujours supprimer une telle gratification ou en modifier le taux[4]. Cette gratification ne constitue pas un complément de salaire. En revanche, la gratification est obligatoire dès lors qu'elle est imposée par le contrat de travail[5] ou la convention collective, ou qu'elle résulte d'un engagement unilatéral de l'employeur[6] ou d'un usage[7]. Dans de telles hypothèses, la gratification constitue un complément de salaire. L'usage doit présenter les caractères de généralité, constance et fixité[8]. La généralité de l'usage implique le versement de la gratification à l'ensemble du personnel ou, au moins, à l'ensemble d'une catégorie[9]. Sa constance signifie qu'il

1. Cass. soc., 2 juillet 1981, *Bull. civ.*, V, n° 637 ; Cass. soc., 22 janvier 1981, *D.*, 1981, IR, 434.
2. Cass. soc., 23 octobre 1968, *Bull. civ.*, V, n° 370.
3. Cass. soc., 22 mai 1964, *Bull. civ.*, IV, n° 346 ; Cass. soc., 26 juin 1968, *Bull. civ.*, V, n° 268 ; Cass. soc., 30 novembre 1972, *Bull. civ.*, V, n° 604 ; Cass. soc., 6 décembre 1979, *Bull. civ.*, V, n° 956.
4. Cass. soc., 5 mars 1980, *Bull. civ.*, V, n° 222 ; Cass. soc., 21 février 1980, *Bull. civ.*, V, n° 166.
5. Cass. soc., 17 juillet 1996, *Bull. civ.*, V, n° 286.
6. Cass. soc., 5 juin 1996, *Droit social*, 1996, 973, obs. G. Couturier ; Cass. soc., 28 octobre 1977, *Droit social*, 1998, 77, obs. G. Couturier.
7. Cass. soc., 8 octobre 1996, *RJS*, 11/96, n° 1149.
8. Cass. soc., 28 février 1996, *Bull. civ.*, V, n° 74.
9. Cass. soc., 4 janvier 1978, *Bull. civ.*, V, n° 5 ; Cass. soc., 20 juillet 1978, *Bull. civ.* V, n° 456 ; Cass. soc., 22 mars 1979, *Bull. civ.*, V, n° 189 ; Cass. soc., 1er avril 1981, *Bull. civ.*, V, n° 221 ; Cass. soc., 2 juillet 1987, *Bull. civ.*, V, n° 442.

ne doit pas être occasionnel[1]. L'exigence de fixité privait de caractère obligatoire les versements variables dans leur montant[2]. La jurisprudence considère désormais qu'il s'agit également d'un usage lorsque le mode de calcul est fixe, même si le montant varie[3].

Les primes sont des sommes d'argent versées par l'employeur pour obtenir un résultat, une production plus intéressante. C'est notamment le cas de la prime de rendement qui correspond à un supplément proportionnel à l'élévation de la production, la prime d'objectif qui récompense la réalisation des objectifs posés, le boni de chantier dans les entreprises BTP, les primes à la régularité pour les entreprises de transport. Ce sont également des sommes d'argent pour remercier le salarié de sa fidélité à l'entreprise : prime d'ancienneté, prime d'assiduité. Certaines primes peuvent compenser des conditions de travail difficiles : prime de pénibilité ou d'insalubrité ou d'éloignement. Elles sont soumises au même régime juridique que les gratifications.

Le pourboire constitue également un complément de salaire. Il ne doit pas être confondu avec le salaire de base[4]. Si le salarié n'est rémunéré que par le pourboire, l'employeur doit lui garantir un salaire minimum[5]. Dans les établissements commerciaux où il existe la pratique du pourboire, toutes les perceptions effectuées « pour le service » par l'employeur sous forme d'un pourcentage ou autrement ainsi que toutes les sommes remises volontairement par les clients pour le service entre les mains de l'employeur doivent être « intégralement reversées au personnel en contact avec la clientèle et à qui celle-ci avait coutume de les remettre directement ». L'employeur est tenu de justifier de l'encaissement et de la remise à son personnel des sommes ainsi perçues. Il n'est pas possible de déroger à ces règles, même par contrat de travail ou par accord collectif[6].

2. Les éléments exclus du salaire

Certains éléments sont exclus de la notion de salaire. C'est le cas des frais professionnels, c'est-à-dire des sommes d'argent versées au salarié en remboursement de dépenses professionnelles. Les sommes versées au titre de la participation ne font également pas partie du salaire. Le salarié peut être associé soit aux résultats de la production collective, soit à l'échelon de l'entreprise (association ou intéressement des travailleurs, participation à l'accroissement prévisible de la productivité sous forme d'un pourcentage de majorations périodiques garanti par accord collectif). Enfin, les indemnités ne constituent pas un élément de salaire lorsqu'elles viennent réparer un préjudice (indemnité de licenciement pour licenciement sans cause réelle

1. Cass. soc., 3 novembre 1976, *D.*, 1976, IR, 335 ; Cass. soc., 8 décembre 1976, *D.*, 1977, IR, 18.
2. Cass. soc., 26 février 1976, *D.*, 1976, IR, 111 ; Cass. soc., 7 juin 1979, *Bull. civ.*, V, n° 361.
3. Cass. soc., 9 décembre 1979, *Bull. civ.*, V, n° 748 ; Cass. soc., 28 février 1996, *RJS*, 4/96, n° 408.
4. Cass. soc., 28 juin 1978, *Bull. civ.*, V, n° 390.
5. Cass. soc., 17 janvier 1962, *JCP*, 1962, II, 12922.
6. Cass. soc., 5 novembre 1970, *Bull. civ.*, V, n° 485 ; Cass. soc., 29 janvier 1972, *Bull. civ.*, V, n° 57 ; Cass. soc., 9 mars 1994, *RJS*, 4/94, n° 409 ; Cass. soc., 6 mai 1998, *RJS*, 6/98, n° 737.

et sérieuse ou irrégulier, indemnité de licenciement ou de départ à la retraite, indemnité réparatrice de l'inexécution du contrat de travail par l'employeur[1]). Mais les indemnités de congés payés, l'indemnité de préavis ou l'indemnité complémentaire de maladie, indemnité compensatrice de non-concurrence constituent des éléments du salaire ou des substituts de celui-ci.

II. La fixation du salaire

L'employeur n'est pas libre dans la fixation du salaire. Il doit respecter les normes collectives et individuelles de travail (1) ainsi que le principe d'égalité des rémunérations (2).

1. Le rôle des normes collectives et individuelles

Le législateur renvoie pour la fixation des salaires à la liberté contractuelle et également à la négociation collective qu'elle tente d'encourager. Toutefois, le salaire minimum de croissance doit être respecté. Le SMIC est un salaire abstrait minimum, national, interprofessionnel fixé par les pouvoirs publics correspondant à une heure de travail. L'article L. 3231-2 du Code du travail affirme que « le salaire minimum de croissance assure aux salariés dont les rémunérations sont les plus faibles la garantie de leur pouvoir d'achat et une participation au développement économique de la nation ». Le SMIC évolue en fonction d'un système d'indexation et de prise en compte de la croissance. Le SMIC connaît d'abord un relèvement automatique en fonction de l'indice des prix à la consommation. Lorsque cet indice augmente d'au moins 2 %, le SMIC est relevé dans la même proportion à compter du premier jour du mois qui suit la publication de l'indice entraînant le relèvement (art. 3231-5 du Code du travail). Ce dernier est effectué par arrêté conjoint des ministres chargés du Travail, de l'Agriculture, de l'Économie et des Finances. De plus, chaque année, le gouvernement, après consultation et avis motivé de la Commission nationale des négociations collectives, fixe par décret en Conseil des ministres le nouveau taux du SMIC au 1er juillet. Ce relèvement est facultatif, mais « en aucun cas l'accroissement annuel du pouvoir d'achat du SMIC ne peut être inférieur à la moitié de l'augmentation du pouvoir d'achat des salaires horaires moyens enregistrés par l'enquête trimestrielle du ministère du Travail » (art. L. 3231-8 du Code du travail).

Le SMIC présente un caractère de généralité quant à son champ d'application territorial, aux professions, aux bénéficiaires et au mode de rémunération. Le SMIC a le même taux sur tout le territoire métropolitain. Il s'applique à toutes les professions

1. Cass. soc., 11 décembre 1991, *Droit social*, 1992, 191.

visées par l'article L. 2221-1 du Code du travail (cet article détermine le champ d'application du régime des conventions collectives). Tous les salariés quel que soit leur sexe en bénéficient dès lors qu'ils sont âgés d'au moins 18 ans[1] et qu'ils jouissent d'une aptitude physique normale. Toutefois, les salariés liés par un contrat d'apprentissage ou de professionnalisation ne peuvent prétendre au SMIC. Il importe peu que le salarié soit rémunéré au temps (à l'heure, à la semaine ou au mois) ou au rendement. Mais, dans cette dernière hypothèse, le salarié peut demander le paiement de la différence entre le salaire perçu et le SMIC pour chaque heure de travail effectif si son faible rendement n'est pas lié à une inaptitude physique[2].

Le fait de verser au salarié une rémunération inférieure au SMIC constitue une contravention de cinquième classe[3]. Le salarié qui n'a pas perçu le SMIC peut demander un rappel de salaire. La question se pose alors de savoir quels sont les éléments du salaire qui doivent être pris en compte pour déterminer si le salarié a perçu le SMIC. Le salaire à comparer au SMIC est celui qui correspond à une heure de travail effectif compte tenu des avantages en nature et des majorations diverses ayant le caractère de fait d'un complément de salaire à l'exclusion des remboursements de frais[4] et, pour la région parisienne, de la prime de transport. Les éléments à nature salariale sont évalués dans le cadre professionnel de la convention collective. Les compléments du salaire ont fait l'objet de discussions. La jurisprudence considère que les compléments du salaire qui sont liés au travail (primes de rendement[5], primes annuelles...) doivent être pris en compte pour déterminer si le salarié a perçu le SMIC[6]. Par contre, doivent être exclus du calcul les primes d'assiduité, de résultat[7], d'ancienneté[8], car elles sont versées en fonction d'autres paramètres que la seule prestation de travail. De même, la prime de treizième mois, les majorations pour heures supplémentaires et les remboursements de frais sont exclus de la masse de calcul.

Depuis une loi du 11 février 1950, les salaires sont essentiellement déterminés par la négociation collective. Les conventions collectives extensibles doivent obligatoirement fixer le salaire minimum professionnel du travailleur sans qualification et les coefficients hiérarchiques afférents aux diverses qualifications professionnelles. Les augmentations périodiques de ces salaires catégoriels minima se font par la majoration du « point ». La lecture du barème doit permettre de déterminer le salaire minimum conventionnel pour chaque emploi. L'ensemble de la rémunération avec tous ses éléments doit être au moins égal au minimum conventionnel prévu pour l'emploi. Les conventions collectives extensibles doivent obligatoirement prévoir des procé-

1. Pour les salariés âgés de moins de 18 ans, il existe un abattement qui est supprimé après six mois de pratique professionnelle.
2. Cass. soc., 16 décembre 1981, *D.,* 1982, IR, p. 132.
3. L'amende est multipliée par le nombre de salariés concernés.
4. Cass. soc., 9 janvier 2001, *RJS,* 5/01, n° 604 ; Cass. soc., 24 octobre 2001, *RJS,* 1/02, n° 3.
5. Cass. soc., 30 mars 1994, *RJS,* 5/94, n° 553.
6. Cass. soc., 2 mars 1994, *Droit social,* 1994, 372.
7. Cass. soc., 2 avril 2003, *RJS,* 6/03, n° 742.
8. Cass. crim., 10 mai 1983, *Droit ouvrier,* 1983, 471 ; Cass. soc., 7 janvier, 6 février, 4 juillet 1985, *Droit social,* 1985, 811 ; Cass. crim., 27 mai 1997, *Droit social,* 1997, 733, obs. J. Savatier.

dures et la périodicité de la révision des salaires catégoriels minima (art. L. 2261-22 du Code du travail). La loi du 13 novembre 1982 impose de négocier chaque année sur la question des minima de salaires dans chaque branche. De plus, une négociation annuelle des salaires effectifs doit être ouverte au niveau de l'entreprise.

Le contrat de travail peut toujours déroger aux normes conventionnelles dès lors que c'est en faveur du salarié (art. L. 2233-3 du Code du travail). La jurisprudence a affirmé : « La rémunération, contrepartie du travail du salarié, résulte en principe du contrat de travail, sous réserve, d'une part, du SMIC, et, d'autre part, des avantages résultant des accords collectifs, des usages de l'entreprise ou des engagements unilatéraux de l'employeur. »[1]

Selon une ordonnance du 30 décembre 1958, il n'est pas possible d'indexer les salaires sur le SMIC, le niveau général des prix ou des salaires ou sur le prix des biens, produits ou services n'ayant pas de relation directe avec l'objet de la convention ou avec l'activité de l'une des parties. L'interdiction d'indexer les salaires sur le SMIC concerne également les accords collectifs (art. L. 3231-3 du Code du travail). Par contre, il est possible d'indexer les salaires sur le chiffre d'affaires d'une entreprise ou ses bénéfices, ou sur le prix de vente des produits fabriqués.

2. La reconnaissance du principe d'égalité des rémunérations

À partir des articles L. 2261-22 du Code du travail (qui fixe le contenu des conventions collectives susceptibles d'extension) et L. 2271-1 du Code du travail (relatif aux missions de la Commission nationale de la négociation collective), la Cour de cassation a posé dans un arrêt Ponsolle du 23 octobre 1996 la règle suivante : l'employeur est tenu d'assurer l'égalité de rémunération entre tous les salariés, de l'un ou l'autre sexe, pour autant que les salariés en cause sont placés dans une situation identique.

Le principe général « à travail égal, salaire égal »[2] a acquis une place autonome au milieu d'une kyrielle de règles particulières d'égalité de rémunération applicables dans diverses situations, et la notion d'égalité a vu son application s'étendre à tous les salariés placés dans une situation identique, alors qu'auparavant elle se limitait aux seuls cas particuliers prévus par le droit du travail. En effet, l'égalité de traitement dans la rémunération est théoriquement de règle s'agissant de travailleurs atypiques, précaires ou à temps partiel[3]. Les travailleurs sous contrat à durée déterminée bénéficient d'une règle d'égalité de rémunération avec les salariés sous contrat à durée indéterminée. De même, les travailleurs à temps partiel doivent percevoir une rémunération proportionnelle à celle du salarié qui, à qualification égale, occupe à temps

1. Cass. soc., 20 octobre 1998, *Droit social,* 1999, 125, note Ph. Langlois.

2. T. Aubert-Monpeyssen, « Principe "à travail égal, salaire égal" et politiques de gestion des rémunérations », *Droit social,* 2005, p. 18.

3. P.-Y. Verkindt, « L'application du principe d'égalité de traitement aux travailleurs précaires », *Droit social,* 1995, p. 870.

complet un emploi équivalent dans l'entreprise. Par ailleurs, les travailleurs intérimaires ne peuvent percevoir une rémunération inférieure à celle que percevait un salarié de l'entreprise utilisatrice de qualification équivalente, occupant après période d'essai le même poste de travail.

Le législateur a également consacré l'égalité de rémunération entre les hommes et les femmes. En vertu de l'article L. 3221-2 du Code du travail, « tout employeur est tenu d'assurer, pour un même travail ou pour travail de valeur égale, l'égalité de rémunération entre les hommes et les femmes ». La jurisprudence a donné à cette règle une portée générale en déclarant dans l'arrêt Ponsolle que « l'employeur est tenu d'assurer l'égalité de rémunération entre tous les salariés (...) pour autant que [ceux-ci] sont placés dans une situation identique »[1], alors qu'auparavant elle affirmait que « l'employeur est libre de déterminer des rémunérations différentes (...) pour chacun de ses salariés »[2]. Désormais, le respect de l'égalité prévaut sur la liberté de l'employeur d'individualiser les salaires en la confinant dans les seules hypothèses de différence de traitement objectivement justifiables de ce dernier.

Avec l'apparition de cette règle générale, l'égalité de rémunération a conquis un nouvel espace. Ses applications, autrefois exclusivement orientées vers des catégories particulières de salariés et donc vers des critères subjectifs, sont actuellement tournées aussi vers des critères plus objectifs – en l'occurrence, l'« identité de situation » entre les salariés concernés. Notre droit positif se trouve ainsi enrichi d'une règle générale d'égalité de salaire autonome, et donc les règles spéciales évoquées n'en sont que des exemples d'application.

En situant la règle spéciale de l'égalité entre les hommes et les femmes par rapport à la règle générale, la jurisprudence a mis en évidence l'obligation de l'employeur d'assurer l'égalité de rémunération entre les salariés de l'un ou l'autre sexe. Il en résulte qu'une des principales innovations de l'arrêt Ponsolle par rapport à la jurisprudence antérieure est de dévoiler la règle générale de l'égalité de rémunération restée enfouie depuis toujours dans les articles L. 2261-22 et L. 2271-1 du Code du travail.

Ainsi, la règle d'égalité des rémunérations a vocation à s'appliquer à tous les travailleurs effectuant un même travail. Mais cette règle pose quelques difficultés d'application. En effet, il convient d'une part de connaître les critères permettant de comparer la situation respective de deux salariés et d'autre part de savoir si la règle ne trouve à s'appliquer que pour des travaux égaux ou si elle s'applique aussi à des emplois différents, mais de valeur égale. La première difficulté est de déterminer quand deux salariés sont placés dans une situation identique. Dans l'arrêt Chater du 15 décembre 1998[3], la Cour de cassation prend en compte d'identité de coefficient,

1. Cass. soc., 29 octobre 1996, *Bull. civ.*, V, n° 359, *D.*, 1997, chron. 45, note Langlois ; *Droit social*, 1996, p. 1013, note Lyon-Caen ; *Les Petites Affiches*, 22 novembre 1996, n° 141, p. 19, note Picca.

2. Cass. soc., 22 juin 1983, *Jurisprudence sociale Lamy*, 1985, p. 131.

3. Cass. soc., 15 décembre 1998, *RJS*, 1999, n° 513 ; *Droit social*, 1999, p. 187, obs. Bonnechère.

4. Voir aussi : CA Dijon, 23 mars 1999, Autheserre c/ Canet, CERIT, *RJS*, 1999, n° 1423 ; CA Paris, 26 octobre 2000, Couturier c/ SA Divigel Nestlé, CERIT.

de qualification et d'ancienneté[4]. Les juges du fond indiquent d'autres critères : les connaissances professionnelles consacrées par un diplôme, l'expérience, les responsabilités, les qualités et aptitudes des salariés, le niveau de classification[1]. Au-delà, il serait sans doute possible d'ajouter la formation professionnelle, l'assiduité, le rendement, la qualité du travail effectué, mais à condition que ces derniers critères soient mesurés de façon objective pour éviter tout risque d'arbitraire. Et c'est là qu'est toute la difficulté car l'évaluation de la qualité du travail comporte inéluctablement une part de subjectivité.

La négociation collective d'établissement peut également être la cause d'une différence de situation entre des salariés d'une même entreprise, mais travaillant dans des établissements distincts. L'article L. 2232-16 du Code du travail autorise les partenaires sociaux à conclure un accord au niveau d'un établissement. Il admet donc, par voie de conséquence, que les salariés d'une entreprise ne bénéficient pas tous du même statut collectif. Pour justifier cette différence de traitement entre salariés d'une même entreprise, il convient de considérer que les travailleurs d'un établissement ne sont pas dans une situation identique à ceux d'un autre établissement. En effet, ils n'entrent pas dans le champ d'application de l'accord d'établissement[2]. Les salariés d'un établissement ne pourront pas revendiquer l'attribution d'un avantage prévu par un accord collectif signé au sein d'un autre établissement de la même entreprise en se fondant sur la règle « à travail égal, salaire égal », puisqu'ils ne se trouvent pas dans une situation identique[3].

Parallèlement au développement de la règle « à travail égal, salaire égal », les pratiques d'individualisation des salaires n'ont pas cessé de progresser en France depuis le milieu des années 1980[4]. Comme l'a affirmé Mme le Pr Thérèse Aubert-Monpeyssen[5], « contrairement à une idée reçue, l'arrêt Ponsolle n'a pas sonné le glas de l'individualisation des rémunérations par la voie du contrat ». À partir du moment où les critères permettant de distinguer la situation de tel travailleur par rapport à tel autre sont clairement identifiés et où leur évaluation est suffisamment objective, la

1. CA Toulouse, 9 novembre 2000, Dejour et Union mines métallurgie Midi-Pyrénées c/ Groupement pour le développement de la télédétection aérospatiale, CERIT ; CA Nancy, 26 juin 2000, SARL Lorraine découpe acier c/ Gérardin, CERIT ; CA Pau, 7 juin 1999, SARL Fotolandes Foto'vit Labo photo c/ Doussang, CERIT ; CA Paris, 7 novembre 1996, Chollet c/ Société Asto, CERIT. Selon la CA de Dijon, la règle « à travail égal, salaire égal » n'est applicable qu'au sein de la même catégorie professionnelle, peu important que les salariés effectuent les mêmes tâches : CA Dijon, 14 mars 2000, Delaitre c/ SA Sté des autoroutes Paris-Rhin-Rhône, CERIT ; CA Bourges, 30 avril 1999, N'Salambi Sozinho c/ SA Ronis, *RJS,* 1999, n° 1336.

2. Cass. soc., 27 octobre 1999, n° 3915, *RJS,* 1999, n° 14, *Droit social,* 2000, p. 185, note Couturier.

3. Il en va de même lorsque, au sein d'une entreprise, certains salariés passés à 35 heures bénéficient d'une indemnité différentielle (destinée à compenser le préjudice occasionné par la réduction du temps de travail) et que d'autres, effectuant le même travail, sont restés à 39 heures et ne bénéficient donc pas de ladite indemnité. Ces deux groupes de salariés n'étant pas dans une situation identique, les travailleurs restés à 39 heures ne peuvent pas invoquer la règle « à travail égal, salaire égal ». Voir le doute d'un commentateur sur ce sujet : *Semaine sociale Lamy,* 17 juin 2002, p. 11.

4. Voir F. Favennec-Héry, « Épargne salariale, principes de transparence et de non-discrimination », *RJS,* 2002, p. 2.

5. T. Aubert-Monpeyssen, « Principe "à travail égal, salaire égal" et politique de gestion des rémunérations », *Droit social,* 2005, p. 18.

règle d'égalité, des rémunérations n'est pas violée par des pratiques d'individualisation des salaires puisque les salariés ne se trouvent pas dans une situation totalement identique[1]. Des arrêts de juges du fond rappellent qu'« aucune disposition du Code du travail n'interdit à un employeur d'individualiser les rémunérations de ses salariés en fonction de critères objectifs précis »[2] ou « en se fondant sur des éléments objectifs démontrables »[3]. Il y a désormais en matière d'augmentations individuelles de salaire une forte exigence de justification des choix de l'employeur par des critères objectifs et proportionnés.

L'arrêt Ponsolle utilise l'expression « situation identique », ce qui laisse supposer que seuls les travaux présentant exactement les mêmes caractéristiques sont concernés par la règle « à travail égal, salaire égal ». *A contrario,* des emplois similaires, mais non identiques, seraient exclus de cette règle. La notion de « travail de valeur égal » apparaît à l'article L. 3221-2 du Code du travail, dans un chapitre relatif à l'égalité de rémunération entre les hommes et les femmes : « Sont considérés comme ayant une valeur égale les travaux qui exigent des salariés un ensemble comparable de connaissances professionnelles consacrées par un titre, un diplôme ou une pratique professionnelle, de capacités découlant de l'expérience acquise, de responsabilités et de charge physique ou nerveuse. » En matière d'égalité entre homme et femme, la jurisprudence a d'abord exigé que l'employeur rémunère de la même façon des emplois identiques, puis des emplois de valeur égale[4]. Dans un arrêt du 12 février 1997[5], la Cour de cassation a admis que des emplois différents mais imbriqués puissent avoir une valeur égale. Dans cette affaire, les hommes chargeaient et déchargeaient les camions alors que les femmes triaient les champignons. Leur travail n'était certes pas identique, mais de valeur égale. D'autres exemples permettent de cerner cette notion. L'hypothèse la plus simple est celle du couple de gardiens recrutés ensemble sans qu'il ait été décidé une répartition des tâches entre les époux. L'épouse doit évidemment percevoir la même rémunération que son mari[6]. Les juges considèrent à l'inverse que la différence de salaire entre hommes et femmes ne constitue pas une discrimination prohibée lorsqu'il résulte des éléments de fait que les uns effectuent des tâches supplémentaires à celles effectuées par les autres[7]. Les conditions de travail sont un élément important[8].

1. En ce sens : A. Lyon-Caen, « De l'égalité de traitement en matière salariale (à propos de l'arrêt Ponsolle) », *Droit social,* 1996, p. 1013 ; F. Lepany, « À travail égal, salaire égal », précité ; F. Diesse, « De l'évolution de la règle de l'égalité des rémunérations (II), précité ; D. Corrignan-Carsin, note sous Cass. soc., 28 novembre 2000, *JCP,* éd. G, 2001, II, 10541.
2. CA Nancy, 31 mai 2000, Frisoni c/ AFPA, CERIT.
3. CA Bourges, 30 avril 1999, N'Salambi Sozinho c/ SA Ronis, *RJS,* 1999, n° 1336.
4. En ce sens : F. Lepany, « À travail égal, salaire égal », *Droit ouvrier,* 2001, p. 201.
5. Cass. soc., 12 février 1997, n° 695 P, *RJS,* 1997, n° 265, *Bull. civ.,* V, n° 58 ; *Droit social,* 1997, p. 526, note Lanquetin ; *CSB,* 1997, n° 90, A.25 ; *Droit ouvrier,* 1998, p. 10.
6. Cass. soc., 19 février 1992, n° 88-45.217, *Bull. civ.,* V, n° 98 ; dans le même sens, CA Douai, 30 janvier 1998, *RJS,* 1998, n° 680.
7. Cass. soc., 16 mars 1989, n° 86-45.428, *CSBP,* n° 9A.26 ; de même, Cass. soc., 21 juillet 1976, *Bull. civ.,* V, n° 458 : les juges écartent la méconnaissance des dispositions de l'article L. 140-2 du Code du travail en relevant que les prestations de travail n'étaient pas identiques et que le temps de présence requis est plus étendu pour les travailleurs hommes.
8. Cass. soc., 18 mars 1981, *Bull. civ.,* V, n° 229.

SECTION II
LE PAIEMENT DU SALAIRE

L'employeur doit respecter un certain nombre d'obligations relatives au paiement du salaire (I). Afin de garantir l'effectivité du paiement du salaire, notre droit a élaboré une protection efficace du salaire (II).

I. Les différentes obligations de l'employeur

Le salarié doit être payé à des intervalles assez rapprochés compte tenu du caractère alimentaire de la rémunération. Le retard dans le paiement du salaire constitue un manquement de l'employeur à une obligation essentielle du contrat[1]. La périodicité du versement est mensuelle pour les salariés mensualisés[2]. Les articles L. 3242-1 du Code du travail et suivants ont fixé les règles suivantes. Les employés et les ouvriers bénéficiaires d'une convention ou d'un accord sur la mensualisation[3] doivent être payés au moins une fois par mois. En l'absence de convention ou d'accord sur la mensualisation, les ouvriers doivent être payés au moins deux fois par mois, à seize jours au plus d'intervalle. Ces dernières dispositions ont une portée très limitée car la loi du 19 janvier 1978 a étendu à la plupart des salariés le bénéfice de l'accord national interprofessionnel du 10 décembre 1977 sur la mensualisation.

La paie doit s'effectuer sur les lieux et pendant les heures de travail. Les paiements par chèque ou par virement postal ou bancaire sont autorisés. Celui-ci est même obligatoire au-delà de 1 500 €. À chaque versement de la rémunération, le salarié doit recevoir un bulletin de paie qui doit contenir une série de mentions : nom et adresse de l'employeur, référence de l'organisme de sécurité sociale et numéro d'immatriculation, numéro de la nomenclature des activités économiques, convention collective applicable, nom et emploi du salarié, position dans la classification conventionnelle, période et nombre d'heures de travail avec une distinction entre les heures payées au taux normal et les heures supplémentaires majorées, nature et volume de l'éventuel forfait, nature et montant des diverses primes et accessoires, nature et montant des déductions (retenue pour avance...), montant de la contribution sociale généralisée, montant de la rémunération nette et date du paiement, date du congé... En revanche, l'employeur ne doit pas indiquer dans le bulletin de paie les retenues opérées en rai-

1. Cass. soc. 24 octobre 2001, *RJS,* 1/02, n° 3. La rupture provoquée par le non-paiement du salaire s'analyse en un licenciement sans cause réelle et sérieuse.

2. Pour les VRP, la rémunération peut être trimestrielle.

3. Une convention ou un accord de mensualisation est une convention ou un accord qui prévoit le paiement mensuel des salaires et qui étend aux ouvriers tout ou partie des avantages apportés auparavant aux salariés payés mensuellement.

son de l'exercice du droit de grève et les heures payées consacrées aux fonctions de représentation[1].

Aux termes de l'article L. 3243-3 du Code du travail, l'acceptation sans protestation ni réserve de son bulletin de paie par le salarié ne peut valoir de sa part renonciation au paiement de tout ou partie du salaire et de ses accessoires. En cas de litige, c'est à l'employeur de prouver le paiement car la délivrance du bulletin de paie et son acceptation par le salarié ne créent pas une présomption suffisant à établir le paiement des sommes qui y sont mentionnées[2]. En réalité, la jurisprudence a reconnu au bulletin de paie une force probante au profit du salarié. En effet, elle le considère comme un commencement de preuve par écrit émanant de l'employeur ou comme faisant naître une présomption simple du fait que le salarié a travaillé avec une certaine qualification à une période précise[3].

Le salarié qui n'est pas payé dispose d'une action en paiement pendant cinq ans. Cette prescription s'applique à toutes les actions en rappel de salaire. Elle concerne l'indemnité compensatrice de préavis[4] qui constitue un substitut de salaire. Mais les dommages et intérêts pour rupture abusive, l'indemnité de licenciement, les indemnités de frais professionnels ne sont pas soumis à la prescription quinquennale[5]. La prescription est interrompue en cas de citation en justice par le salarié[6] ou en cas de reconnaissance de dette par l'employeur[7].

II. La protection du salaire

Les créances salariales bénéficient d'une protection. Les salariés sont protégés contre les créanciers de leur employeur : ils bénéficient d'un privilège général sur les biens (meubles ou immeubles) de l'employeur (art. L. 3253-1 du Code du travail). Les créances garanties sont tout salaire quels que soient sa forme, son mode de calcul ou sa périodicité et tous ses accessoires (primes, gratification, indemnité de congés payés, etc.), mais également l'indemnité de préavis, l'indemnité pour rupture injustifiée, l'indemnité de licenciement, les indemnités afférentes au contrat à durée déterminée et de précarité de l'emploi.

Les salariés bénéficient également d'un superprivilège qui leur garantit sous certaines conditions le paiement de leur salaire en cas d'ouverture d'une procédure de

1. Ces indications peuvent figurer sur un document annexe.
2. Cass. soc., 2 février 1999, *Droit social,* 1999, 255, concl. P. Lyon-Caen ; Cass. soc., 16 février 1999, *Droit social,* 1999, 411, obs. C. Rade ; Cass. soc., 25 avril 2001, *Droit social,* 2001, 765, obs. C. Rade.
3. Cass. soc., 24 janvier 2001, *RJS,* 4/01, n° 401 ; Cass. soc., 19 mars 2003, *Droit social,* 2003, 662, obs. C. Rade.
4. Cass. soc., 7 mars 1990, *Bull. civ.,* V, n° 98.
5. Cass. soc., 20 octobre 1988, *Droit social,* 1989, 132 ; Cass. soc., 29 mai 1991, *Bull. civ.,* V, n° 274.
6. C'est-à-dire d'une demande de convocation de l'employeur devant le bureau de conciliation.
7. Article 2248 du Code civil.

redressement judiciaire ou de liquidation à l'encontre de leur employeur (art. L. 3253-2 du Code du travail). Sont ainsi garantis les salaires et accessoires de salaires, les indemnités de congés payés et de préavis, l'indemnité de précarité d'emploi et la contribution de l'employeur à l'allocation de conversion.

Par ailleurs, une loi du 27 décembre 1973 a institué un mécanisme d'assurance contre le risque de non-paiement du salaire comprenant également le non-paiement de diverses indemnités (l'article L. 3253-6 du Code du travail). Tout employeur ayant la qualité de commerçant, d'artisan, d'agriculteur ou de personne morale de droit privé est assujetti à cette obligation d'assurance. Les bénéficiaires de cette assurance sont tous les salariés titulaires d'un contrat de travail (y compris les étrangers même en situation irrégulière et les salariés détachés à l'étranger ou expatriés). L'organisme chargé de gérer ce système d'assurance est une association patronale : l'Association pour la gestion des créances d'origine salariale (AGS)[1].

Aux termes de l'article L. 3253-8 du Code du travail, les créances garanties par l'AGS sont les salaires échus à la date du jugement d'ouverture de la procédure collective, qu'ils soient privilégiés ou non, ainsi que leurs accessoires[2], la contrepartie pécuniaire de la clause de non-concurrence et toutes les indemnités relatives à la rupture du contrat de travail, c'est-à-dire l'indemnité de préavis, de licenciement[3], de congés payés[4], de licenciement sans cause réelle et sérieuse[5], transactionnelles[6], de départ à la retraite, de rupture anticipée du contrat à durée déterminée, de précarité d'emploi d'un intérimaire, de clientèle, l'indemnité compensatrice de la perte de salaires résultant de l'annulation du licenciement d'un salarié protégé[7]... La jurisprudence est extensive et considère que la garantie doit couvrir toutes les sommes dues en réparation de l'inexécution ou du retard dans l'exécution de l'employeur.

SECTION III
LA PARTICIPATION ET L'INTÉRESSEMENT DES SALARIÉS

La participation et l'intéressement des salariés aux résultats de l'entreprise émanent de la doctrine sociale du gaullisme. L'ordonnance du 21 octobre 1986, modifiée par la loi du 7 novembre 1990, puis par la loi du 25 juillet 1994, envisage un droit de la participation, de l'intéressement et des plans d'épargne entreprise relativement performante. Les salariés sont associés aux résultats de l'entreprise qui leur demande d'épargner à plus ou moins long terme une partie de leur rémunération que l'entreprise fait fructifier.

1. L'AGS a signé une convention avec l'UNEDIC. Les ASSEDIC encaissent les cotisations à la charge des employeurs.
2. Cass. soc., 28 octobre 1997, *RJS,* 12/97, n° 1447.
3. Cass. soc., 12 juin 2001, *RJS,* 8-9/01, n° 1024.
4. Cass. soc., 2 juin 1992, *Bull. civ.,* V, n° 358.
5. Cass. soc., 20 mai 1992, *RJS,* 2/93, n° 155.
6. Cass. soc., 24 septembre 2002, *RJS,* 12/02, n° 1399.
7. Cass. soc., 16 novembre 1999, *D.,* 1999, IR, 281.

La participation est obligatoire dans les entreprises d'au moins 50 salariés. Les salariés se partagent dans la limite d'un plafond et au prorata de leurs salaires une fraction des bénéfices de l'entreprise appelée « réserve spéciale de participation ». Cette réserve est le résultat d'un calcul complexe dont la base est le bénéfice fiscal. La répartition de la réserve spéciale bénéficie à tous les salariés. Il est possible d'exiger une certaine ancienneté mais celle-ci ne peut être supérieure à six mois. En contrepartie de cet avantage collectif, les salariés et employeurs sont dispensés de prélèvements sociaux et fiscaux sur les sommes affectées à la réserve. Les droits sont indisponibles pendant cinq ans. Cette période peut être ramenée à trois ans par un accord. Cependant, il existe des exceptions à cette indisponibilité : mariage, licenciement, mise à la retraite, invalidité, décès, achat de logement, préretraite, tous les cas de rupture du contrat de travail. Dans toutes ces hypothèses, les droits du salarié sont débloqués de manière anticipée. Les droits du salarié peuvent être employés à l'intérieur de l'entreprise. Le salarié se voit attribuer des actions de la société à la suite d'une augmentation de capital par incorporation de réserve ou à la suite d'un rachat des actions en Bourse, ou une créance contre l'entreprise par ouverture d'un compte courant. Les droits du salarié peuvent être utilisés d'une autre manière : l'employeur peut verser les sommes attribuées aux salariés à des organismes financiers (sociétés d'investissement, SICAV, assurance vie...) ou constituer un plan d'épargne entreprise. Un accord de participation peut être conclu pour déterminer la nature et les modalités du régime de participation. Cet accord peut résulter d'une convention collective, d'un accord d'entreprise conclu avec les syndicats représentatifs dans l'entreprise, d'un accord conclu au sein du comité d'entreprise, ou encore d'une offre soumise à la ratification directe des salariés à la majorité des deux tiers.

L'intéressement est facultatif mais toutes les entreprises quelle que soit leur taille[1] qui satisfont aux obligations relatives aux institutions du personnel peuvent mettre en place un accord d'intéressement. L'accord d'intéressement peut provenir d'une convention collective de branche ou d'un accord d'entreprise conclu avec les syndicats représentatifs mais également au sein du comité d'entreprise. L'accord peut également être un contrat ratifié par un vote du personnel à la majorité des deux tiers. Les formules d'intéressement sont librement choisies : participation collective aux résultats, à l'accroissement de la productivité, ou tout autre mécanisme de rémunération collective associant le personnel aux résultats ou aux performances de l'entreprise (art. L. 2131-2 du Code du travail). L'accord d'intéressement doit concerner tous les salariés. Les primes d'intéressement peuvent alimenter un compte épargne temps[2]. L'intéressement se traduit par le versement d'un revenu disponible pour n'importe quelle dépense.

L'épargne salariale est un système d'épargne collective qui permet au salarié d'une entreprise de participer, avec l'aide de celle-ci, à la constitution d'un portefeuille de valeurs mobilières (art. L. 3332-1 du Code du travail). Elle constitue également un

1. Sauf les entreprises publiques à statut mixte.
2. Loi du 25 juillet 1994.

système de gestion de l'épargne salariale par l'entreprise elle-même. Le plan d'épargne d'entreprise recueille les sommes dues au salarié au titre de la participation ou en application d'un accord d'intéressement, les sommes provenant de l'épargne volontaire individuelle du salarié et une éventuelle contribution de l'entreprise (appelée abonnement) exemptée de charges fiscales et de cotisations de sécurité sociale. Ce plan fait l'objet d'un placement par l'entreprise ou un établissement spécialisé en parts de SICAV, en parts d'un fonds commun de placement diversifié ou en actions de l'entreprise. Les revenus de ce portefeuille collectif de valeurs mobilières sont exonérés d'impôt sur le revenu s'ils sont réinvestis. Le capital acquis pour le compte des salariés est indisponible pendant cinq ans, qu'il s'agisse d'actions ou de parts.

3

L'hygiène et la sécurité dans l'entreprise

Le droit du travail, longtemps préoccupé en matière d'hygiène et de sécurité par la prévention des accidents du travail et des maladies professionnelles, tend à devenir un droit de la santé en milieu de travail[1]. Le législateur et la jurisprudence ont dégagé des principes et des obligations clairs de prévention des risques liés à l'environnement global du travail, dans le cadre de la gestion générale de l'entreprise. L'ensemble des acteurs de l'entreprise participe à la mise en œuvre d'une politique de prévention de la santé du salarié. Si l'employeur a un rôle essentiel à jouer en matière de prévention (sect. I), le CHSCT (sect. II) et les acteurs indépendants (le médecin du travail et l'inspecteur du travail) (sect. III) participent non moins à la mise en place d'une véritable politique de santé dans l'entreprise.

SECTION I
LE RÔLE DE L'EMPLOYEUR EN MATIÈRE DE PRÉVENTION

L'employeur est le premier acteur de la prévention dans l'entreprise. En effet, il est responsable de l'organisation de l'entreprise, des conditions de travail et des risques qu'il peut créer. Sous l'influence du droit communautaire, notre droit a imposé à l'employeur une obligation de prévention (I) qui s'est par la suite considérablement étendue (II). L'employeur engage sa responsabilité s'il manque à cette obligation (III).

1. P.-Y. Verkindt, « Travail et santé mentale », *Semaine sociale Lamy,* 3 mars 2003, p. 6 ; M.-A. Moreau, « Pour une politique de santé dans l'entreprise », *Droit social,* 2002, p. 817 ; N. Maggi-Germain, « Travail et santé, le point de vue d'une juriste », *Droit social,* 2002, p. 485.

I. La consécration de l'obligation de prévention

L'obligation de prévention a été consacrée dans notre droit interne (2) sous l'influence du droit communautaire (1).

1. L'influence du droit communautaire

Le droit européen a joué un rôle essentiel dans la reconnaissance d'une obligation de prévention de l'employeur. Pendant longtemps, la notion de prévention était presque totalement absente de notre droit. Les textes habituellement présentés comme l'embryon d'un droit du travail naissant ont en commun de concerner la protection de l'intégrité physique des travailleurs[1] ou, plus exactement, de certaines catégories d'entre eux (les enfants, les femmes...). Non sans arrière, pensées d'ailleurs puisqu'ils sont avant tout destinés à assurer la préservation et la reproduction de la force de travail. Ils constituent néanmoins le noyau à partir duquel s'élabore une législation de l'hygiène et de la sécurité dont la finalité est essentiellement sinon exclusivement d'éviter l'accident.

Cependant, la prévention n'était jamais envisagée en tant que telle, et si elle n'était pas totalement absente de la volonté du législateur elle n'était jamais nommée. La Sécurité sociale et le droit de la Sécurité sociale ont joué un rôle important. Non seulement en raison de la loi de 1898 puis du rattachement du risque professionnel à l'« organisation générale de la Sécurité sociale » par la loi du 30 octobre 1946, mais aussi et surtout en raison du mode de financement de la branche « Accidents du travail » qui reste « marquée par la technique de l'assurance »[2]. Les règles de la tarification permettent de faire varier les taux de cotisation en fonction du coût du risque créé[3]. Dès lors, tout effort fait dans le sens d'une diminution du nombre et de la gravité des accidents aura un impact sur le coût du travail pour l'entreprise ; à l'inverse, toute désinvolture dans la politique de santé de l'entreprise engendrera des surcoûts non négligeables, puisque la cotisation « accidents du travail et maladies professionnelles » est payée par l'entreprise et par elle seule. De ce point de vue, la détermination du taux de cotisation constitue un levier puissant dans le cadre d'une politique de prévention, et ce d'autant que les caisses régionales peuvent imposer des cotisations supplémentaires pour tenir compte des risques exceptionnels révélés soit par une infraction, soit par l'inobservation des mesures qu'elles ont prescrites[4]. À l'inverse, les caisses régionales peuvent sous certaines conditions accorder des ristournes aux entreprises ayant accompli des efforts particuliers en matière de pré-

1. J. Le Goff, *Du silence à la parole,* Paris, Calligrammes, 2e éd., 1989, p. 49.
2. J.-J. Dupeyroux, M. Borgetto, R. Lafore, R. Ruellan, *Droit de la Sécurité sociale,* Paris, Dalloz, 15e éd., 2005, n° 1155.
3. Au moins pour les entreprises dont l'effectif est compris entre 10 et 1 999 salariés soumises au taux mixte.
4. Article L. 242-7 du Code de la Sécurité sociale.

vention[1]. En droit du travail interne, la loi du 6 décembre 1976 relative au développement de la prévention des accidents du travail[2] constitue également une étape.

Le développement de cette réglementation et son affinement ont permis à l'idée de prévention de prendre corps progressivement avec le secours déterminant du droit européen. Ce sont les textes européens qui vont quelques années plus tard faire de l'obligation de prévention le « noyau dur » de l'obligation de sécurité. La Charte européenne des droits fondamentaux du citoyen, proclamée à Nice (et avant, pour les droits des travailleurs, en 1989) et la Charte européenne de 1961 énoncent le droit pour le travailleur au respect de sa santé, de sa sécurité et de sa dignité[3]. L'adoption de la directive cadre n° 89/391 du 12 juin 1989[4] relative à la mise en œuvre de mesures visant à promouvoir l'amélioration de la sécurité et de la santé des travailleurs constitue une étape décisive en matière de prévention. Selon Mme le Pr Marie-Ange Moreau[5], cette directive-cadre est à l'origine de la construction la plus importante de l'« Europe sociale », puisqu'elle a permis l'adoption de quelque 35 directives spéciales « santé-sécurité », afin de constituer un socle commun de protection dans tous les pays de l'Union européenne. La directive n° 89/391/CEE du 12 juin 1989 et les directives « particulières » prises sur ce fondement[6] fournissent l'architecture juridique d'un modèle européen de prévention définie comme l'ensemble des dispositions prises ou prévues à tous les stades de l'activité dans l'entreprise en vue d'éviter ou de diminuer les risques professionnels. Il ne s'agit plus seulement d'éviter l'accident mais d'agir sur le risque lui-même dont l'accident n'est que l'expression. Elle consiste d'abord à réduire ou éliminer les risques à la source.

L'obligation générale de prévention que fait peser sur le chef d'entreprise la directive du 12 juin 1989 implique l'adoption d'un programme d'action encadré par des principes généraux[7]. Elle demande d'« adapter le travail à l'homme... »[8] et d'établir un

1. Cependant l'impact est nettement plus faible sur les entreprises de petite taille (moins de 10 salariés) soumises au taux collectif qui peuvent néanmoins bénéficier des ristournes.

2. La loi du 6 décembre 1976 a été adoptée après que plusieurs affaires d'accident du travail ont largement été médiatisées, *Droit social,* mars 1977 ; H. Seillan, *L'obligation de sécurité du chef d'entreprise,* Paris, Dalloz, 1981.

3. Charte de 1989, point 19 : protection de la santé et de la sécurité dans le milieu de travail, Charte des droits fondamentaux de l'Union européenne, Nice, 18 décembre 2000, art. 31 : « (...) les conditions de travail justes et équitables respectant la santé, la sécurité et la dignité du travailleur » ; P. Rodière, *Droit social de l'Union européenne,* Paris, LGDJ, coll. « Manuel », 2e éd., 2002, n° 148 ; sur ces questions, M. Bonnechère, « La reconnaissance des droits fondamentaux comme conditions de progrès social », *Droit ouvrier,* 1998, p. 249 ; S. Robin-Olivier, « La référence aux droits fondamentaux dans le traité d'Amsterdam », *Droit social,* 1999, p. 609.

4. Directive n° 89/391/CEE du 12 juin 1989, *JOCE,* L. 183 du 29 juin 1989.

5. M.-A. Moreau, « Pour une politique de santé dans l'entreprise », *Droit social,* 2002, p. 817.

6. Sur ces directives et le modèle européen de prévention, T. Aubert-Monpeyssen, P.-Y. Verkindt, « La protection de la santé du travailleur : approche juridique de la notion de prévention », in *La santé du salarié,* Paris, Dalloz, « Thèmes et commentaires », 1999, p. 29.

7. Directive n° 89/391, article 6 (obligations générales des employeurs), § 2. Sur le modèle européen de prévention, T. Aubert-Monpeyssen, P.-Y. Verkindt, « La protection de la santé du travailleur : approche juridique de la notion de prévention », in *La santé du salarié,* Paris, Dalloz, 1999, p. 29.

8. Article 6 de la directive : « Adapter le travail à l'homme, en particulier en ce qui concerne la conception des postes de travail ainsi que des choix des équipements de travail et des méthodes de travail et de production, en vue notamment d'atténuer le travail monotone et le travail cadencé, et de réduire les effets de ceux-ci sur la santé. » Texte repris à l'article L. 4121-2 du Code du travail.

ordre de priorité, une hiérarchie entre les mesures à prendre. Éviter les risques est le premier objectif, il s'agit ensuite d'évaluer et de combattre à la source ceux qui ne peuvent être évités[1]. Le droit communautaire a donc joué un rôle considérable pour la reconnaissance d'une obligation de prévention de l'employeur.

2. L'intégration de l'obligation de prévention dans notre droit interne

Les dispositions de ces directives européennes ont été transposées par touches successives jusqu'à l'ordonnance n° 2001-175[2], la loi n° 91-1414 du 31 décembre 1991 restant en ce domaine le texte fondamental[3]. L'article L. 4121-1 du Code du travail ne fait que transposer en droit français le droit de « tout travailleur à bénéficier dans son milieu de travail de conditions satisfaisantes de protection de sa santé et de sa sécurité »[4]. Selon les termes de l'article L. 4121-1 du Code du travail, l'employeur doit, d'une part, organiser la prévention afin de réduire les risques liés au travail et, d'autre part, organiser les conditions de travail de manière à ce qu'elles favorisent la bonne santé des travailleurs, dans l'exercice de leur travail, mais, plus globalement dans le temps passé dans l'entreprise, de sorte qu'elles ne deviennent pas pathogènes. Cet article pose ainsi en des termes particulièrement nets, que l'emploi de l'indicatif renforce, le principe de l'obligation de sécurité pesant sur le chef d'entreprise. Il n'est plus question d'éviter simplement l'accident, mais bien d'assurer la préservation de la santé du travail dans toutes ses composantes.

Par ailleurs, cette obligation de sécurité est complétée par l'obligation de faire évoluer les moyens en fonction des situations rencontrées par l'entreprise (nouveaux procédés, nouveaux équipements et produits, nouvelle formes d'organisation du travail, transformations de la pyramide des âges de l'entreprise, transformations de la structure des emplois, etc.). Le catalogue des mesures à prendre est très large, puisqu'il s'agit de mesures de prévention, d'information et de formation mais aussi du choix d'une organisation et de moyens adaptés. L'employeur doit veiller à l'adaptation de ces mesures pour tenir compte du changement des circonstances et tendre à l'amélioration des situations existantes.

Pour parvenir au résultat attendu, l'article L. 4121-1 du Code du travail propose une véritable pédagogie de la prévention[5] consistant à éviter le risque et à limiter celui qui ne peut être évité, à privilégier les modes de protection collectifs sur les équipe-

1. Directive précitée, art. 6, § 2, *a, b, c.*
2. *JORF* du 24 février 2001.
3. F. Kessler, F. Meyer, « Les mesures d'hygiène et de sécurité à l'épreuve du droit communautaire, à propos de la transcription de la directive 89-391 », *Droit ouvrier,* 1992, p. 161 ; M. Bonnechère, « Le corps laborieux : réflexion sur la place du corps humain dans le contrat de travail », *Droit ouvrier,* 1994, p. 173.
4. Chartes des droits sociaux fondamentaux des travailleurs des 8 et 9 décembre 1989. La Charte européenne des droits fondamentaux signée à Nice le 8 décembre 2000 qui pose en principe que « tout travailleur a droit à des conditions de travail qui respectent sa santé, sa sécurité et sa dignité » (art. 31, § 1).
5. Que les textes réglementaires déclinent d'ailleurs ensuite en fonction des risques, ou des personnes concernées, ou encore des méthodes de prévention.

ments individuels de protection, etc.[1]. L'article L. 4121-2 du Code du travail a une conception élargie de la prévention en y intégrant « (...) la technique, l'organisation du travail, les conditions de travail, les relations sociales et l'influence des facteurs ambiants »[2]. Il résulte du devoir de prévention un certain nombre d'obligations positives mises à la charge de l'employeur : connaissance du risque et nécessité d'une analyse préalable[3], limitation des risques[4], obligation d'information des institutions représentatives du personnel[5] et/ou des salariés[6] et, le cas échéant, des travailleurs temporaires appelés à intervenir dans l'urgence, obligation de formation des salariés[7]. Non seulement l'employeur ne devrait pas, sur le plan juridique, être fondé à mettre en place une organisation du travail qui dégrade la santé, mais il est, de plus, tenu d' « (...) adapter le travail à l'homme, en particulier en ce qui concerne la conception des postes de travail ainsi que le choix des équipements de travail et des méthodes de travail et de production, en vue notamment de limiter le travail monotone et le travail cadencé et de réduire les effets de ceux-ci sur la santé »[8].

La loi du 17 janvier 2002[9] est venue préciser que l'obligation de prévention du chef d'entreprise s'appliquait à la santé mentale comme à la santé physique du travailleur. Inscrit désormais dans les textes, le concept de santé physique et mentale du travailleur oblige logiquement l'entreprise à une politique de prévention beaucoup plus élaborée et complète. La loi de modernisation sociale a également prévu des dispositions spécifiques pour assurer la prévention du harcèlement moral et sexuel. En application des articles L. 1153-5 et L. 1152-4 du Code du travail, il appartient au chef d'entreprise de prendre toutes les dispositions nécessaires en vue de prévenir les actes de harcèlement sexuel et moral. Le règlement intérieur doit reproduire le contenu des articles L. 1152-1 et L. 1153-1 du Code du travail et les dispositions rela-

1. Voir la liste et la progression dans la description des mesures figurant à l'article L. 230-2-II du Code du travail.

2. § II, point *g* de l'énumération.

3. Article L. 4121-2 2e al. du Code du travail. Cet article pose le principe de l'évaluation des risques qui ne peuvent être évités. Le chef d'établissement est tenu de présenter au moins une fois par an au CHSCT un programme de prévention des risques professionnels et d'amélioration des conditions de travail. En cas de modification des conditions habituelles de circulation ou d'exploitation, l'employeur doit procéder à l'analyse de nouvelles conditions afin de procéder, le cas échéant, à une formation à la sécurité.

4. Article L. 4121-2 6e al. : le chef d'établissement est tenu de « remplacer ce qui est dangereux par ce qui n'est pas dangereux ou par ce qui est moins dangereux », et article L. 233-5 : nécessaire conformité des équipements de travail à des normes techniques.

5. Article L. 4612-8 et s. s'agissant du CHSCT.

6. L'article L. 4141-3 du Code du travail pose le principe de l'obligation d'information des salariés sur les risques pour la santé et la sécurité ainsi que les mesures prises pour y remédier. L'article L. 4612-3 du Code du travail prévoit que, dans les entreprises dépourvues de CHSCT et de délégués du personnel, les salariés sont obligatoirement consultés par l'employeur sur les projets d'introduction de nouvelles technologies ayant des incidences possibles sur la sécurité et la santé des travailleurs.

7. L'employeur est tenu d'une obligation générale de formation à la sécurité, article L. 4121-1 du Code du travail ; article L. 4141-2 du Code du travail : au bénéfice des travailleurs qu'il embauche, de ceux qui changent de poste de travail ou de technique, des travailleurs temporaires, cette formation doit être répétée périodiquement dans des conditions fixées par voie réglementaire ou par convention ou accord collectif.

8. Article L. 4121-2, 4e al. du Code du travail.

9. Loi du n° 2002-73 de modernisation sociale, *JORF* du 18 juin 2002, p. 1008.

tives à l'interdiction de toute pratique de harcèlement moral[1]. Le législateur encourage l'employeur à sanctionner l'auteur des agissements de harcèlement moral et sexuel. Pour cela, il affirme dans les articles L. 1152-5 et L. 1153-6 du Code du travail que tout salarié ayant procédé à de tels agissements s'expose à une sanction disciplinaire : « Est passible d'une sanction disciplinaire tout salarié ayant procédé aux agissements » de harcèlement sexuel et moral.

II. L'instauration d'une obligation d'évaluation des risques

Aux termes de l'article L. 4121-2 du Code du travail, la mise en œuvre de l'obligation de prévention passe notamment par l'évaluation des risques qui ne peuvent être évités. Introduite dans le Code du travail par la loi du 31 décembre 1991[2], l'obligation d'évaluer les risques professionnels a sans doute constitué la principale innovation de la directive du 12 juin 1989[3]. Cependant, cette obligation n'a été précisée que dix ans plus tard par la création du décret n° 2001-1016 du 5 novembre 2001[4] portant création d'un document relatif à l'évaluation des risques pour la santé et la sécurité des travailleurs. L'employeur est tenu de transcrire et de mettre à jour dans un document unique les résultats de l'évaluation des risques pour la sécurité et la santé des travailleurs. Le document unique a un rôle déterminant, « puisqu'il va être le support matériel et juridique de la politique de prévention dans l'entreprise »[5]. Une circulaire DRT du 18 avril 2002 a précisé que « l'évaluation *a priori* des risques constitue un des principaux leviers de progrès de la démarche de prévention des risques professionnels au sein de l'entreprise. Elle constitue un moyen essentiel de préserver la santé et la sécurité des travailleurs, sous la forme d'un diagnostic en amont, systématique et exhaustif, des facteurs de risque auxquels ils peuvent être exposés »[6].

Ainsi, l'évaluation des risques est au centre du dispositif de prévention. Elle trouve sa raison d'être dans les actions de prévention qu'elle va susciter : sa finalité n'est en effet pas de justifier l'existence d'un risque mais au contraire de mettre en œuvre des mesures effectives visant à l'éliminer, conformément aux principes généraux de prévention. Elle doit mener à l'élaboration d'un programme annuel de pré-

1. Cette mesure répond au souhait de la recommandation communautaire (*JOCE,* n° C.27, 4 février 1992) de communiquer une « déclaration de principe à l'ensemble des salariés ». Avant la loi, certaines entreprises avaient déjà intégré le harcèlement sexuel dans le contenu de leur règlement intérieur ou par notes de service (par exemple, l'entreprise Rockwell ; voir F. Rey, « Harcèlement sexuel : les entreprises dans l'expectative ; Enquêtes », *Liaisons sociales,* mars 1992, n° 67).

2. Loi n° 91-1414 du 31 décembre 1991, *JORF* des 6 et 7 janvier 1992, p. 319. P. Chaumette, « Commentaire de la loi du 31 décembre 1991 relative aux obligations de l'employeur et du salarié en matière de sécurité au travail », *Droit social,* 1992, p. 337.

3. Directive n° 89/391/CEE du 12 juin 1989, *JOCE,* L. 183 du 29 juin 1989.

4. Décret n° 2001-1016, *JO* du 7/2001, p. 17523.

5. M.-A. Moreau, « Pour une politique de santé dans l'entreprise », *Droit social,* 2002, p. 819.

6. Circ. DRT n° 2002-06, 18 avril 2002, *BOMT,* n° 2002/10, 5 juin 2002, *Droit ouvrier,* 2003, p. 10.

vention des risques professionnels et d'amélioration des conditions de travail qui a pour objectif de combattre les risques à la source. Aussi, l'employeur doit faire un « inventaire des risques, en identifiant les dangers, mais aussi en analysant les différents facteurs qui, en se combinant, peuvent créer un risque pour la santé des travailleurs. La circulaire d'application donne pour exemple, l'association du rythme et de la durée du travail qui peut constituer, au même titre que le stress, un risque psychosocial. Il ne faut pas que l'employeur néglige l'organisation des relations sociales dans l'unité de travail et les rapports hiérarchiques.

Trois modalités d'actualisation sont prévues : le document doit faire l'objet d'une mise à jour au moins annuelle ; il doit être actualisé lors de toute décision d'aménagement important modifiant les conditions d'hygiène et de sécurité ou des conditions de travail ; enfin, le décret prévoit la mise à jour du document lorsqu'une information supplémentaire concernant l'évaluation d'un risque dans une unité de travail est recueillie.

III. La responsabilité de l'employeur

L'employeur qui méconnaît ses obligations relatives à l'hygiène et à la sécurité dans l'entreprise engage sa responsabilité civile (1) et pénale (2).

1. La responsabilité civile

Lorsque le non-respect des règles de sécurité a causé au salarié un préjudice sans provoquer un accident du travail, la responsabilité civile de l'employeur peut être engagée. Les règles de la responsabilité civile s'appliquent alors. Mais, si les manquements de l'employeur ont provoqué un accident du travail ou une maladie professionnelle, les règles de droit commun laissent place à la législation spéciale sur les accidents du travail et les maladies professionnelles. Le salarié a alors droit à une réparation forfaitaire assurée par la Sécurité sociale. La responsabilité de l'employeur ne peut être engagée s'il a commis une faute inexcusable. Ce n'est qu'en cas de faute inexcusable que le salarié peut agir contre l'employeur pour obtenir la réparation intégrale de son préjudice[1].

La jurisprudence a donné une définition de la faute inexcusable dans les arrêts rendues le 28 février 2002[2] en matière de maladies professionnelles résultant de

1. Cette réparation sera versée par la Sécurité sociale qui récupèrera les sommes avancées auprès de l'employeur.

2. Cass. soc., 28 février 2002, concl. Benmakhlouf, *Gaz. Pal.,* 3-5 mai 2002, p. 3 ; F. Meyer, *Droit ouvrier,* 2002, p. 166 ; L. Millet, « La nouvelle faute inexcusable de l'employeur en cas d'accident du travail ou de maladie professionnelle », *RPDS,* 2002, p. 91 ; A. Lyon-Caen, « Une révolution dans le droit des accidents du

l'inhalation de fibres d'amiante dont la solution a été confirmée depuis en matière d'accidents du travail[1]. La Cour de cassation reconnaît l'existence dans le contrat de travail d'une obligation contractuelle de sécurité de résultat et admet que le manquement à cette obligation constitue une faute inexcusable lorsque l'employeur avait ou aurait dû avoir conscience du danger qu'il faisait courir à ses salariés et n'a pas pris l'initiative pour protéger leur santé. Cette définition de la faute inexcusable de l'employeur met à la charge de l'employeur une obligation contractuelle de sécurité de résultat avec les conséquences suivantes : tout manquement à cette obligation aura le caractère de faute inexcusable, lorsque l'employeur avait ou aurait dû avoir conscience du danger et qu'il n'a pas pris les mesures nécessaires pour en préserver le salarié.

La Cour de cassation a ainsi assoupli la définition de la faute inexcusable en réduisant les critères au nombre de deux[2]. Le premier critère de qualification de la faute inexcusable – qui figurait expressément dans la précédente définition – est le critère positif de la « conscience du danger ». Cette notion a déjà été précisée par les juges du fond sous le contrôle de la Cour de cassation[3]. Elle est appréciée *in abstracto* et peut reposer sur différents éléments : l'évidence du danger, l'impossibilité de l'ignorer ou l'obligation morale ou légale de le connaître[4]. Or l'employeur a une obligation d'évaluer les risques particulièrement étendue. Cette obligation s'est affirmée de manière concrète avec la création du document unique. L'employeur peut alors difficilement affirmer qu'il n'avait pas conscience du danger.

Le deuxième critère désormais nécessaire pour caractériser la faute inexcusable est un critère négatif : le salarié doit prouver que l'employeur « n'a pas pris les mesures nécessaires pour le préserver » contre le danger, c'est-à-dire que, malgré la conscience qu'il avait ou qu'il aurait dû avoir du risque qu'il faisait courir à son salarié, il n'a pas été suffisamment diligent dans l'adoption de mesures préventives. Ce deuxième critère contient implicitement le critère ancien de l'acte ou de l'omission volontaire. Il s'agit, pour retenir la faute inexcusable, d'étudier le comportement de l'employeur face au danger et non les conséquences de son acte.

travail », *Droit social,* 2002, p. 445 ; O. Garand, Ph. Rozec, « La faute inexcusable au cœur de la réforme de la législation sur la réparation des accidents du travail et des maladies professionnelles », *Semaine sociale Lamy,* 27 mai 2002, p. 6 ; G. Vachet, « Une nouvelle définition de la faute inexcusable », *TPS,* 2002, chron. 8 ; M. Babin et N. Pichon, « Obligation de sécurité et faute inexcusable de l'employeur », *Droit social,* 2002, p. 828 ; I. Monteillet, « Les arrêts amiante de la Cour de cassation du 28 février 2002, un pas décisif vers l'indemnisation intégrale » ; P. Morvan, « Le déflocage de la faute inexcusable », *RJS,* 2002, p. 495.

1. Cass. soc., 11 avril 2002, *RPDS,* 2002, p. 373, *RJS,* 2002, n° 727 ; Cass. soc., 23 mai 2002, *Droit ouvrier,* 2003, p. 15, *RJS,* 2002, n° 1028 ; Cass. soc., 11 juillet 2002, *RJS,* 2002, n° 1177.

2. Les nouveaux critères de la faute inexcusable ne semblent différer de ceux énoncés en 1941 que concernant l'exigence d'une faute d'une exceptionnelle gravité, ce critère n'étant plus retenu par la Cour de cassation. En revanche, les autres éléments de la définition de 1941 apparaissent toujours, expressément ou implicitement, dans la définition.

3. Cass. req., 22 février 1932, *DP,* 1932, 1, 25, note Rouast.

4. Y. Saint-Jours, *La faute dans le droit général de la Sécurité sociale,* Paris, LGDJ, 1972, p. 169.

2. La responsabilité pénale

L'employeur qui viole les règles d'hygiène et de sécurité est en principe pénalement responsable. L'article L. 4741-1du Code du travail exige que l'employeur ait commis une faute personnelle. La jurisprudence considère que le chef d'entreprise commet une telle faute en ne veillant pas lui-même à la stricte et constante exécution des dispositions visant à assurer la sécurité des travailleurs[1]. Le chef d'entreprise est personnellement responsable, même lorsqu'il n'est pas présent sur les lieux de l'infraction[2], même lorsque l'un de ses préposés a commis une négligence ou a violé une consigne de sécurité[3].

La loi du 10 juillet 2000 « tendant à préciser la définition des délits non intentionnels » limite la responsabilité pénale des personnes physiques à deux hypothèses : la violation manifestement délibérée d'une obligation particulière de prudence ou de sécurité prévue par la loi ou le règlement ou une faute caractérisée exposant autrui à un risque d'une particulière gravité qu'elles ne pouvaient ignorer (art. 121-3 alinéa 4 du Code pénal). Cette faute peut résulter du seul fait de ne pas avoir veillé personnellement à la stricte et constante application de la réglementation relative à l'hygiène et à la sécurité[4]. Mais, si le chef d'entreprise a pris toutes les mesures nécessaires pour assurer la sécurité, sa responsabilité pénale ne peut être engagée[5].

Le chef d'entreprise peut échapper à sa responsabilité pénale en déléguant ses pouvoirs à un salarié. La délégation doit remplir certaines conditions. Elle doit être expresse[6] et ne peut résulter de la nature même des travaux[7]. Elle doit également être précise. Les instructions données au salarié concernant la surveillance et l'organisation des mesures de sécurité doivent être précises et détaillées[8]. La délégation doit être effective. Le délégataire doit être en mesure d'exercer réellement les pouvoirs qui lui ont été conférés. Il doit notamment avoir la capacité et la formation pour mettre en œuvre les règles de sécurité et disposer des pouvoirs de commandement et sanction pour donner les instructions nécessaires et les faire respecter[9]. Enfin, le délégataire doit avoir accepté la mission que lui a confiée l'employeur[10]. La délégation a pour effet de transférer la responsabilité pénale du chef d'entreprise sur le délégataire. Celui-ci peut être condamné pénalement en cas de manquement aux règles de sécurité.

1. Cass. crim., 4 octobre 1978, *Bull. crim.*, n° 257 ; Cass. crim., 16 janvier 1979, *D.*, 1979, IR, 260 ; Cass. crim., 17 octobre 1979, *D.*, 1980, IR, 295, Cass. crim., 15 mars 1994, *Bull. crim.*, n° 97.
2. Cass. crim., 2 octobre 1979, *Bull. crim.*, n° 267 ; Cass. crim., 22 mai 1973, *Bull. crim.*, n° 230.
3. Cass. crim., 20 novembre 1974, *Bull. crim.*, n° 344 ; Cass. crim., 18 octobre 1977, *Bull. crim.*, n° 305 ; Cass. crim., 15 février 1994, *Bull. crim.*, n° 69.
4. Cass. crim., 12 septembre 2000, *Droit social*, 2000, 1075, obs. Morvan ; Cass. crim., 16 janvier 2001, 30 janvier 2001 et 13 février 2001, *Droit social*, 2001, 654 ; Cass. crim., 24 octobre 2000 et 10 octobre 2000, *RJS*, 4/01, n° 464 ; Cass. crim., 19 décembre 2000, *RJS*, 4/01, n° 463 ; Cass. crim., 24 septembre 2002, *Droit ouvrier*, 2003, 306 ; Cass. crim., 11 février 2003, *Droit ouvrier*, 2003, 307.
5. Cass. crim., 20 septembre 1980, *Droit social*, 1981, 723, note M. Roger.
6. La délégation expresse n'est pas obligatoirement écrite (Cass. crim., 27 octobre 1976, *Bull. crim.*, 776).
7. Cass. crim., 2 octobre 1979, *Bull. crim.*, n° 267.
8. Cass. crim., 28 janvier 1975, *Bull. crim.*, n° 32 ; Cass. crim., 13 février 2001, *Droit social*, 2001, 664.
9. Cass. crim., 23 mai 1973, *Bull. crim.*, n° 230.
10. Cass. crim., 2 mars 1977, *Bull. crim.*, n° 202.

Un chef d'entreprise qui méconnaît son obligation légale de sécurité peut tomber sous le coup des textes relatifs au délit d'homicide involontaire (art. 221-6 et 221-7 du Code pénal), et de manquement à une obligation légale de prudence et de sécurité (art. L. 121-3 du Code pénal). Ces textes appréhendent les imprudences, négligences et autres manquements à une obligation de sécurité. Lorsque le manquement est délibéré, les peines sont plus lourdes. L'article 223-1 du Code pénal sanctionne le « fait d'exposer directement autrui à un risque immédiat de mort ou de blessures de nature à entraîner une mutilation ou une infirmité permanente ». Ce délit est constitué en cas de « violation manifestement délibérée d'une obligation de sécurité ou de prudence imposée par la loi ou le règlement »[1]. La délégation de pouvoir n'exonère pas obligatoirement le chef d'entreprise de sa responsabilité pénale pour infraction d'homicide ou de blessures involontaires. Il est possible, dans une telle hypothèse, de retenir la responsabilité du chef d'entreprise et du préposé délégué[2].

Par ailleurs, il est possible d'engager la responsabilité pénale de l'employeur, personne morale (art. 121-2 du Code pénal). C'est le cas lorsque l'employeur est lui-même une société, une association, une collectivité territoriale... La personne morale peut être déclarée pénalement responsable des infractions commises, pour son compte, par ses organes ou représentants[3]. Cette responsabilité est encourue pour les atteintes involontaires à la vie ou à l'intégrité des personnes et pour le délit de risques causés à autrui. La responsabilité des personnes pénales n'exclut pas celle des personnes physiques auteurs ou complices des mêmes faits (art. 121-2 alinéa 3 du Code pénal).

SECTION II
LE RÔLE DU CHSCT

Le comité d'hygiène, de sécurité et des conditions de travail (CHSCT) est l'institution représentative chargée de veiller à la santé des salariés. Son action permet d'abord d'assurer l'analyse (I) et la visibilité des risques (II). Il peut ensuite participer à l'élaboration et à la mise en œuvre d'une politique de prévention (III).

I. L'analyse des risques

Le CHSCT a pour mission principale de contribuer à la protection de la santé physique et mentale et la sécurité des salariés, ainsi qu'à l'amélioration des conditions de travail. Il a également pour mission de veiller à l'observation des prescriptions législatives et réglementaires prises en ces matières. Cette mission se traduit notamment par l'analyse des risques professionnels auxquels peuvent être exposés les salariés ainsi

1. Cass. crim., 8 octobre 2002, *Bull. crim.*, n° 181.
2. Cass. crim., 18 octobre 1977, *D.*, 1978, 472, note A. Benoit.
3. Cass. crim., 24 octobre 2000, *RJS*, 3/01, n° 391.

que par l'analyse des conditions de travail[1]. Le comité effectue son travail d'analyse des risques grâce à différents outils provenant des autres acteurs de l'entreprise. Le CHSCT prend d'abord connaissance des risques au moyen de la fiche d'entreprise établie par le médecin du travail dans les entreprises de plus de 10 salariés dans laquelle sont consignés notamment les risques professionnels et le nombre de salariés exposés à ces risques. L'employeur doit également mettre à leur disposition au moins une fois par an un rapport écrit faisant le bilan de la situation générale de l'hygiène, de la sécurité et des conditions de travail dans son établissement et concernant les actions qui ont été menées dans son établissement au cours de l'année écoulée. Le CHSCT dispose du document unique d'évaluation des risques professionnels sur lequel l'employeur transcrit et met à jour des résultats de l'évaluation des risques pour la sécurité et la santé des travailleurs[2]. Cette évaluation comporte un inventaire des risques identifiés dans chaque unité de travail de l'entreprise ou de l'établissement. Le comité peut alors, grâce à ces différents documents, avoir connaissance des difficultés existant dans l'entreprise et déterminer les conséquences de ces situations sur l'environnement de travail des salariés.

Le comité peut également proposer une analyse personnelle et pertinente des risques en faisant appel à un expert. Le CHSCT peut recourir à un expert agréé rémunéré par l'entreprise en présence d'un risque grave révélé ou non par un accident du travail ou une maladie professionnelle, en cas de projet important modifiant les conditions d'hygiène et de sécurité ou les conditions de travail, ou préalablement à l'introduction de nouvelles technologies. Le recours à l'expert est un droit pour le CHSCT si le juge constate que les conditions du projet important (ou du risque grave) sont réunies[3]. L'employeur peut contester la nécessité de l'expertise, la désignation de l'expert, le coût, l'étendue ou le délai de l'expertise[4]. Toutefois, la Cour de cassation exclut tout contrôle du juge sur le choix de l'expert, en l'absence de fraude ou d'abus manifeste[5]. Dans tous les cas, les frais d'expertise et ceux de procédure (même si l'employeur triomphe dans sa contestation) sont à la charge de l'employeur.

II. La révélation des risques

Le CHSCT a les moyens de révéler certains risques existant dans l'entreprise. Lorsqu'un représentant du personnel au CHSCT constate, soit directement, soit par l'intermédiaire d'un autre salarié, peut-être à la suite d'un abandon de poste, qu'il existe une

1. Article L. 4523-2 du Code du travail.
2. Circulaire DRT du 18 avril 2002, *Droit ouvrier,* 2003, p. 10 et 57.
3. Cass. soc., 14 février 2001, *RJS,* 2001, n° 754, *Bull. civ.,* V, n° 54. Il appartient donc aux juges du fond de rechercher si les conditions d'application de l'article L. 236-9 du Code du travail sont réunies. Ce n'est que s'il constate que ce n'est pas le cas qu'il rejettera la demande.
4. Les juges du fond apprécient souverainement la nécessité de l'expertise, la chambre sociale ne jugeant pas utile d'encadrer leur appréciation (Cass. soc., 25 juin 2003, *RJS,* 2003, n° 1177).
5. Cass. soc., 26 juin 2001, précité.

cause de danger grave et imminent, il doit en informer immédiatement l'employeur ou son représentant[1].

Selon la circulaire du 25 mars 1993[2], un danger grave est « un danger susceptible de produire un accident ou une maladie entraînant la mort ou paraissant devoir entraîner une incapacité permanente ou temporaire prolongée ». La situation de travail doit présenter un réel danger pour la vie ou la santé, et non de simples désagréments dus à l'inconfort de certaines conditions de travail[3]. Le danger ne doit pas nécessairement provenir de circonstances exceptionnelles ou même d'une aggravation des conditions ordinaires de travail. Il peut résulter d'une situation durable non combattue ou inefficacement combattue[4]. Mais le danger ne doit pas être confondu avec le risque : toute situation de travail exposant à des risques importants ne présente pas un danger grave et imminent si le risque est ordinairement maîtrisé[5]. Dans sa circulaire du 25 mars 1993, le ministre du Travail a qualifié d'imminent « tout danger susceptible de se réaliser brutalement dans un délai rapproché »[6]. Le danger ne doit pas être déjà passé mais peut être présent ou futur. L'imminence du danger suppose que l'événement ne soit en principe pas trop éloigné dans le temps[7]. La loi vise en effet des situations où le risque est réalisable brusquement, dans un délai rapproché[8].

Le représentant des salariés au CHSCT qui informe l'employeur ou son représentant de l'existence d'un danger doit établir un document[9]. L'information donnée a pour première conséquence de contraindre l'employeur ou son représentant à procéder sans délai à une enquête en compagnie de celui qui vient de lui signaler le danger[10]. Une fiche de renseignements doit être établie et transmise à l'inspecteur du travail[11]. Les dispositions nécessaires pour porter remède au danger relevé doivent être prises. Dès lors qu'une divergence apparaît entre le chef d'entreprise et l'auteur de l'avis sur la réalité du risque ou la façon d'y mettre un terme, le CHSCT doit être réuni d'urgence, au plus tard dans les vingt-quatre heures suivant la communication de l'avis de danger. L'employeur est tenu d'en informer immédiatement l'inspecteur du travail et l'agent du service de prévention de la caisse régionale d'assurance maladie, afin qu'ils puissent, s'ils le souhaitent, assister à la réunion « programmée ». Si l'employeur et la majorité du CHSCT sont en désaccord sur les décisions à prendre et leurs

1. Article L. 4131-2 du Code du travail.
2. Circulaire DRT n° 93/15, 25 mars 1993, *BOMT,* n° 10, 5 juin 1993.
3. Cass. soc., 20 janvier 1993, *Bull. civ.*, V, n° 22 ; *JCP*, éd. E, 1993, II, 494, note Lachaise.
4. Cass. soc., 1er mars 1995, *Juris-Data,* n° 1995-000909.
5. Sur la distinction, voir M. Bonnechère, « Le corps laborieux : réflexion sur la place du corps humain dans le contrat de travail », *Droit ouvrier,* 1994, p. 180.
6. Circulaire n° 93-15, 25 mars 1993, *BOMT,* n° 10, 5 juin 1993.
7. Si elle est facilement concevable pour un risque d'accident, la condition de l'imminence du danger n'est pas adaptée à la maladie professionnelle qui peut se déclarer à plus long terme. Dans cette dernière hypothèse, la Cour de cassation admet que la menace ne se concrétise pas dans un bref délai (Cass. soc., 11 décembre 1986, *Bull. civ.,* 1986, V, n° 597 ; *JCP,* éd. E, 1987, II, 20807, obs. Godard).
8. Rép. min. n° 37923, *JOAN,* 26 décembre 1983, p. 5497.
9. Article L. 4131-2 du Code du travail.
10. *Ibid.*
11. A. 8 août 1986, *JO,* 8 novembre 1986.

conditions d'exécution, l'inspecteur du travail est tout de suite saisi de cette difficulté par le premier, le droit ayant été refusé à la majorité du comité d'imposer elle-même certaines mesures[1]. Le directeur départemental du travail peut alors, sur le rapport de l'inspecteur, mettre en demeure le chef d'établissement de prendre toutes mesures utiles en vue de porter remède à une situation dangereuse ou imposer au responsable de l'unité concernée de prendre toutes mesures utiles. L'inspecteur du travail peut également saisir le juge des référés pour que soient ordonnées les mesures propres à faire cesser le risque[2].

À côté des représentants du personnel, le salarié peut aussi jouer un rôle dans la révélation des risques. L'article L. 4131-1 du Code du travail prévoit que « le salarié signale immédiatement à l'employeur ou à son représentant toute situation de travail dont il a un motif raisonnable de penser qu'elle présente un danger grave et imminent pour sa vie ou sa santé. Une telle action de la part du salarié pour dénoncer des risques de violence morale concomitamment à celle d'un représentant du personnel permettrait de donner une dimension plus forte au droit d'alerte. Il en est de même pour le droit de retrait du salarié envisagé pour la protection de sa vie et de sa santé mais également celles des salariés menacés par une situation de travail dangereuse.

III. La participation du CHSCT *à l'élaboration d'une politique de prévention*

Le CHSCT peut participer à l'élaboration d'une politique de prévention. Il peut proposer des mesures préventives et donc influencer la politique de prévention .Aux termes de l'article L. 4612-1 du Code du travail, le CHSCT « a pour mission de contribuer à la protection de la santé physique et mentale et de la sécurité des salariés ». Ainsi, le CHSCT peut proposer des actions de prévention dans le cadre de sa mission de promotion de la prévention des risques professionnels. Cette attribution du CHSCT se situe parfaitement dans la logique des actions préventives en matière d'hygiène et de sécurité, et surtout de conditions de travail. Les actions du CHSCT sont désormais étendues à la santé mentale au travail. La loi reconnaît également un pouvoir d'initiative au CHSCT en matière de prévention de harcèlement[3].

Le CHSCT joue également un rôle dans l'élaboration de mesures préventives grâce à ses prérogatives consultatives. Le CHSCT est consulté avant toute décision d'aménagement important modifiant les conditions d'hygiène et de sécurité ou les conditions de travail, et notamment avant toute transformation importante des postes de travail découlant de la modification de l'outillage, d'un changement de produit ou de l'orga-

1. J. Auroux, *JOAN,* CR, 23 septembre 1982, p. 5089.
2. Article L. 4132-4 du Code du travail.
3. Le comité peut proposer des actions de prévention en matière de harcèlement sexuel et de harcèlement moral.

nisation du travail, avant toute modification des cadences et des normes de productivité liées ou non à la rémunération du travail[1]. Il doit également être consulté sur les questions qui relèvent de sa compétence, telles que l'intervention d'une entreprise extérieure.

L'ordonnance n° 2001-175 du 22 février 2001 assurant la transposition de la directive n° 89/391 du 12 juin 1989 a introduit une obligation générale de consultation des travailleurs ou de leurs représentants sur le projet d'introduction de nouvelles technologies en ce qui concerne leurs conséquences sur la sécurité et la santé des travailleurs. Le CHSCT est également consulté sur le plan d'adaptation prévue que l'employeur doit établir lorsqu'il envisage de mettre en œuvre des mutations technologiques importantes rapides[2].

Par ailleurs, il est prévu qu'au moins une fois par an l'employeur présente au CHSCT un programme annuel de prévention des risques professionnels et d'amélioration des conditions de travail. Ce programme est établi à partir de l'analyse des risques professionnels et des conditions de travail effectuée par le CHSCT[3]. Ce programme fixe la liste détaillée des mesures devant être prises au cours de l'année à venir afin notamment d'assurer la sécurité et de protéger la santé physique et morale des salariés. Ce programme peut donc être déterminant pour la prévention de la violence morale. Il est alors essentiel que le CHSCT y soit associé.

SECTION III
LE RÔLE DES ACTEURS INDÉPENDANTS

Les acteurs qui jouissent d'une indépendance vis-à-vis de l'employeur peuvent jouer un rôle considérable dans la prévention. En effet, ils peuvent penser et agir librement sans avoir à tenir compte des contraintes économiques et financières imposées par l'employeur. C'est le cas du médecin du travail qui bénéficie d'un statut protecteur lui garantissant son indépendance (I) et de l'inspecteur du travail (II).

I. L'action préventive des médecins du travail

Le médecin du travail est le conseiller du chef d'entreprise et du personnel, mais il doit agir dans l'intérêt exclusif de la santé et de la sécurité des travailleurs. Les médecins du travail ont un rôle exclusivement préventif qui consiste à éviter toute altération de la santé des travailleurs du fait de leur travail, notamment en surveillant

1. Article L. 4612-8 du Code du travail.
2. Article L. 4612-10 du Code du travail.
3. Article L. 4612-2 du Code du travail.

les conditions d'hygiène du travail, les risques de contagion et l'état de santé des travailleurs. Le rôle du médecin du travail consiste à aider à construire, en connaissance de cause, le meilleur compromis entre la santé et le travail. La loi de modernisation sociale a renommé les services de médecine du travail en services de santé au travail, ce qui permet d'enrichir l'approche médicale en y intégrant une dimension beaucoup plus large qui comprenne notamment la sécurité et l'organisation du travail.

Le médecin du travail est le conseiller du chef d'entreprise et des représentants du personnel en ce qui concerne notamment l'amélioration des conditions de vie et de travail dans l'entreprise et l'adaptation des postes, des techniques et des rythmes de travail à la physiologie humaine. Le médecin du travail peut notamment intervenir dans l'évaluation des risques. En effet, le médecin du travail établit chaque année, en fonction de l'état et des besoins de santé des salariés, un plan d'activité en milieu de travail qui porte sur les risques, les postes et les conditions de travail. Ce plan d'activité a pour objet de concrétiser et de préciser l'action du médecin du travail sur le milieu de travail[1]. La diversité des situations rencontrées (nature des activités et des risques, structures des entreprises) doit écarter le recours à des « plans types ». Le plan peut alors prendre en compte les besoins en matière de santé mentale des salariés que le médecin du travail a pu évaluer, en fonction par exemple de la prévalence significative de tel ou tel type de pathologie dans une unité de travail. De plus, dans les entreprises de plus de 10 salariés, le médecin du travail établit et met à jour une fiche d'entreprise sur laquelle sont consignés notamment les risques professionnels et le nombre de salariés exposés à ces risques. Cette fiche est transmise à l'employeur et présentée au CHSCT en même temps que le bilan annuel de l'hygiène, de la sécurité et des conditions de travail. En outre, chaque médecin du travail doit établir un rapport annuel d'activité qui est présenté au comité d'entreprise puis transmis à l'inspecteur du travail et aux médecins inspecteurs régionaux du travail. Le médecin du travail participe avec voix consultative aux réunions du CHSCT.

Le médecin du travail doit remplir son rôle de conseiller de l'employeur mais ne doit pas se substituer à l'employeur. En effet, si le médecin du travail établit seul l'évaluation des risques, elle ne répond pas à une démarche collective participative d'évaluation. Il doit aider à l'identification des risques et proposer des mesures en fonction de ses connaissances scientifiques.

La pluridisciplinarité a été instituée afin d'enrichir les compétences des médecins du travail. Le décret n° 2003-546 du 24 juin 2003[2] met en œuvre l'obligation faite par la loi à chaque entreprise de recourir à une structure permanente de prévention, compétente tant pour les questions de santé que pour celles de sécurité au travail. Pour répondre à cette exigence, le décret qualifie d'« intervenants en prévention des risques professionnels » (IPRP) les personnes ou organismes auxquels les services de santé au travail et les entreprises doivent faire appel.

1. Ce plan prévoit notamment les études à entreprendre ainsi que le nombre et la fréquence minimaux des visites des lieux de travail, dans la ou les entreprises dont le médecin a la charge.
2. Décret n° 2003-546 du 24 juin 2003, *JORF* du 26 juin 2003.

Le recours à l'intervenant est le fait soit du chef d'entreprise lorsqu'il dispose d'un service de santé autonome, soit du président du service de santé interentreprises. Les entreprises et les services de santé ont toute liberté pour faire appel à l'intervenant de leur choix compte tenu de leurs besoins et de leurs attentes. Au même titre que le médecin du travail, l'intervenant en prévention des risques professionnels participe à la préservation de la santé et de la sécurité des salariés, et à l'amélioration des conditions de travail dans un objectif exclusif de prévention. Les intervenants en prévention des risques professionnels ont accès aux informations relatives aux risques pour la santé et la sécurité des salariés, ainsi qu'aux mesures et aux activités de prévention nécessaires à l'accomplissement de leur mission. Dans ce cadre, l'intervenant peut être autorisé à consulter le document unique d'évaluation des risques.

L'intervenant doit seulement avoir pour rôle de renforcer les compétences et la pertinence des interventions des services de santé dans les entreprises. Le médecin du travail reçoit la communication des informations relatives à la santé au travail recueillies par l'intervenant. L'article indique également que « les services de santé au travail définissent les modalités de la collaboration entre l'intervenant en prévention des risques professionnels et le médecin du travail »[1].

II. L'action préventive de l'inspecteur du travail

L'inspection du travail puise dans l'histoire, mais aussi dans les sources internationales, la légitimité de son action en matière de prévention des risques professionnels et d'amélioration des conditions de travail. Ainsi, la convention n° 81 de l'OIT précise dans ses articles 2 et 3 les missions dont sera chargé le système d'inspection : « Assurer l'application des dispositions légales relatives aux conditions de travail et à la protection des travailleurs dans l'exercice de leur profession. »

L'inspecteur du travail détient des pouvoirs dans l'entreprise qui lui permettent de connaître au mieux la situation et les conditions de travail des salariés. En effet, les agents de l'inspection du travail peuvent se faire présenter, au cours de leurs visites, l'ensemble des livres, registres et documents rendus obligatoires par le Code du travail[2]. Cet accès aux documents de l'entreprise peut lui permettre de prendre connaissance des risques professionnels dans l'entreprise : que ce soit le plan d'activité en milieu de travail établi chaque année en fonction de l'état et des besoins de santé des salariés et transmis pour avis au CHSCT ou la fiche d'entreprise ou encore le rapport annuel d'activité. La situation et la politique en matière d'égalité professionnelle doivent faire l'objet, chaque année, d'un rapport écrit établi par l'employeur, d'une consultation et d'un avis du comité d'entreprise[3], ces questions devant également être

1. La convention conclue avec l'intervenant ne peut comporter de clauses l'autorisant à effectuer des actes relevant de la compétence médicale du médecin du travail.

2. Article L. 8113-4 du Code du travail.

3. Article L. 2323-49 du Code du travail.

débattues lors de l'examen du bilan social[1], l'ensemble de ces documents étant transmis à l'inspecteur du travail. L'inspecteur du travail a accès à tous les locaux de l'entreprise dès lors que des salariés sont amenés à y travailler, y circuler ou y séjourner[2]. Il a le droit de pénétrer dans les entreprises sans avertissement préalable. L'efficacité des actions d'inspection du travail est fréquemment conditionnée par leur caractère inopiné.

L'inspecteur du travail, organe de contrôle doté de moyens coercitifs, d'information et de conseil, permet au droit du travail d'exister[3]. Il a notamment pour mission le contrôle de l'application de la législation du travail et des dispositions s'y rapportant[4] et l'élévation globale du niveau de santé sécurité et la protection de l'intégrité physique sur les lieux de travail en contribuant à l'amélioration des conditions de travail et à la prévention des risques professionnels. Investi du pouvoir de constater les manquements à la réglementation du travail, l'inspecteur du travail est fréquemment amené à formuler de simples observations au chef d'entreprise, soit à l'issue d'une visite, soit à l'occasion d'enquêtes ponctuelles, lorsqu'il a constaté la non-application de textes légaux ou conventionnels. Ces observations ne constituent qu'une invitation adressée au chef d'établissement à faire disparaître l'infraction et non une décision administrative faisant grief. Différentes mises en demeure sont susceptibles d'accompagner l'action de contrôle du respect de la réglementation menée par l'administration du travail. L'action de contrôle peut également se conclure par le relevé d'un procès-verbal lorsque l'infraction constatée ne donne pas lieu à mise en demeure préalable ou lorsque le délai de réalisation dont est assortie la mise en demeure est expiré[5]. En cas de risque sérieux d'atteinte à l'intégrité physique d'un salarié, l'inspecteur du travail peut enfin, sans préjudice du relevé simultané d'un procès-verbal ou de la notification d'une mise en demeure, saisir le juge des référés pour voir ordonner toutes mesures propres à faire cesser ce risque, telles que la mise hors service, l'immobilisation, la saisie des matériels, machines, dispositifs, produits ou autres.

L'inspecteur du travail est aidé dans sa mission de contrôle de l'application de la législation du travail par le médecin inspecteur régional du travail. Toutefois, si ce dernier dispose du droit d'entrée dans les entreprises, il n'a pas le pouvoir de dresser procès-verbal ni d'établir des mises en demeure. Ses constatations sur le lieu du travail en matière d'hygiène et de sécurité « revêtent un caractère d'information et de repérage à l'usage du service de l'inspection du travail »[6].

1. Article L. 2323-68 du Code du travail.
2. Cass. crim., 18 avril 1956, *Bull. crim.,* n° 315.
3. A. Hidalgo, « Inspection du travail : crise d'identité et tranches de vie », *Droit social,* 1992, p. 853.
4. Article L. 8112-1 du Code du travail. Les inspecteurs du travail sont secondés par les contrôleurs du travail qui disposent des mêmes pouvoirs d'investigation et de constatation des infractions que les inspecteurs (art. 611-12 du Code du travail). Le ministre du Travail peut par ailleurs charger des médecins ou des ingénieurs de missions spéciales temporaires concernant l'application des dispositions relatives à l'hygiène des travailleurs. Ceux-ci disposent, pour l'exécution de leurs missions, des droits attribués aux inspecteurs du travail (art. 611-7 du Code du travail).
5. Article L. 8113-7 du Code du travail.
6. Circulaire du ministre du Travail, n° 70-55, 12 août 1953.

TITRE IV

Les contrats spéciaux

Le législateur a prévu divers contrats spéciaux qui permettent de prendre en compte les réalités de l'entreprise, la particularité de la situation des salariés, mais également de favoriser l'insertion professionnelle de certaines personnes en difficulté. Dans le vaste ensemble de contrats spéciaux, le contrat à durée déterminée (chap. 1) et le contrat à temps partiel occupent la place principale (chap. 2).

1

Le contrat à durée déterminée

Le premier texte de loi relatif au contrat à durée déterminée date du 3 février 1979. Une ordonnance du 5 février 1982 a institué le principe selon lequel les contrats à durée déterminée étaient des contrats d'exception. L'employeur et le salarié ne peuvent conclure un tel contrat que dans quelques cas particuliers. Ce texte a posé les règles relatives à la rédaction du contrat (sect. I), les droits des salariés pendant l'exécution du contrat et lors de sa fin, et il détermine la qualification à donner lorsqu'un contrat à durée déterminée est renouvelé ou lorsque plusieurs contrats à durée déterminée sont conclus de manière successive (sect. II). La loi de modernisation sociale a ensuite intégré dans notre droit l'accord-cadre européen sur le travail à durée déterminée du 18 mars 1999, mis en œuvre par la directive n° 1999/70/CE du 28 juin 1999.

SECTION I
LA CONCLUSION D'UN CONTRAT À DURÉE DÉTERMINÉE

Le législateur a limité les possibilités de recourir à un contrat à durée déterminée dans la mesure où ce contrat place le salarié dans une situation de précarité (I). Il a également fixé des règles pour la formation d'un tel contrat (II).

I. Les restrictions au recours au contrat à durée déterminée

L'employeur et le salarié ne peuvent conclure un contrat à durée déterminée que dans trois cas limitativement énumérés[1]. D'abord, le recours au contrat à durée déter-

1. Les cas de recours sont prévus aux articles L. 1242-1 et suivants du Code du travail.

minée est possible pour remplacer des salariés absents (congés) ou dont le contrat est suspendu (maladie ou maternité). Il peut aussi permettre le remplacement d'un salarié qui a quitté l'entreprise lorsque le poste laissé vacant doit être prochainement supprimé ou dans l'attente de l'entrée en service effective d'un salarié recruté par contrat à durée indéterminée. Le législateur, à plusieurs reprises, a élargi les possibilités de recours à un contrat à durée déterminée. La loi du 3 janvier 2003 et une ordonnance du 24 juin 2004 ont également permis de conclure un contrat à durée déterminée pour remplacer un chef d'entreprise artisanale, industrielle, commerciale ou agricole, ou une personne exerçant une profession libérale ou le conjoint qui participe effectivement à l'entreprise à titre professionnel et habituel, ou encore un associé non salarié d'une société civile professionnelle, d'une société civile de moyens ou d'une société d'exercice libéral. La loi du 1er août 2003 a aussi prévu le recours à un contrat à durée déterminée pour compléter le travail d'un salarié à temps partiel lorsqu'un salarié à temps plein passe de manière provisoire à temps partiel.

De plus, les contrats à durée déterminée peuvent être conclus lorsque la nature des activités de l'entreprise engendre nécessairement des variations d'activité. Ils permettent de pourvoir des emplois saisonniers. Ils peuvent être utilisés dans certains secteurs d'activité définis par décret ou par accord collectif étendu pour occuper des emplois pour lesquels il est d'usage constant de ne pas recourir au contrat à durée indéterminée en raison de la nature de l'activité exercée et du caractère par nature temporaire de ces emplois. Le recours au contrat à durée déterminée est également autorisé en cas d'accroissement temporaire de l'activité de l'entreprise.

Enfin, les contrats à durée déterminée sont utilisés comme un moyen de lutter contre le chômage (art. L. 1242-3 du Code du travail). Ils peuvent alors être conclus en application de dispositions législatives et réglementaires spécifiques qui ont pour objet l'insertion professionnelle de personnes sans emploi : le contrat emploi-solidarité, le contrat d'insertion[1], le contrat de professionnalisation[2]. Le recours au contrat à durée déterminée est également possible lorsque l'employeur s'engage à assurer un complément de formation professionnelle à un salarié appartenant à certaines catégories définies par décret : étranger venu en France pour un complément de formation professionnelle, bénéficiaires d'une aide financière individuelle à la formation par la recherche... (art. L. 1242-3 du Code du travail).

Le législateur a également posé certaines interdictions de recours à un contrat à durée déterminée pour éviter le maintien des salariés dans des situations précaires. L'article L. 1242-1 du Code du travail affirme expressément que « le contrat de travail à durée déterminée quel que soit son motif ne peut avoir ni pour objet ni pour effet de pourvoir durablement des emplois liés à l'activité normale et permanente de l'entreprise ». Il existe également des interdictions plus précises. Le contrat de travail à durée déterminée ne peut avoir pour objet le remplacement d'un salarié dont le contrat de travail est suspendu par suite d'un conflit collectif de travail ou être conclu pour des

1. Article L. 5132-2 du Code du travail.
2. Article L. 6325-1 du Code du travail.

travaux particulièrement dangereux énoncés sur une liste établie par arrêté ministériel (art. L. 1242-6 du Code du travail). De plus, à l'expiration d'un contrat à durée déterminée, il ne peut être conclu pour pourvoir le poste du salarié dont le contrat a pris fin, un autre contrat à durée déterminée avant l'expiration d'une période égale au tiers de la durée de ce contrat, si la durée de ce contrat est au moins égale à 14 jours, et avant l'expiration d'une période égale à la moitié de ce contrat, si la durée de ce contrat est inférieure à 14 jours (art. L. 1244-3 du Code du travail). Cette interdiction est levée « lorsque le contrat de travail à durée déterminée est conclu pour assurer le remplacement d'un salarié temporairement absent ou dont le contrat de travail est suspendu, en cas de nouvelle absence du salarié remplacé ». Il en est de même lorsque le contrat de travail à durée déterminée est conclu pour l'exécution de travaux urgents nécessités par de mesures de sécurité, en cas de rupture anticipée par le salarié ou en cas de refus par celui-ci du renouvellement de son contrat (art. L. 1244-4 du Code du travail). Enfin, il est interdit de conclure un contrat à durée déterminée dans les six mois qui suivent un licenciement pour motif économique pour accroissement temporaire d'activité ou pour tâche occasionnelle ne relevant pas de l'activité normale de l'entreprise pour pourvoir un poste concerné par le licenciement (art. L. 1242-5 du Code du travail). Il existe également des tempéraments à cette interdiction. Celle-ci est levée lorsque la durée du contrat n'excède pas trois mois ou lorsque le contrat est lié à la survenance d'une commande exceptionnelle.

Lorsqu'un contrat à durée déterminée a été conclu en violation des règles précédemment énoncées, une procédure accélérée a été mise en place pour que le conseil de prud'hommes statue très rapidement la requalification du contrat de travail. Seul le salarié peut demander cette requalification.

II. La formation du contrat à durée déterminée

Selon l'article L. 1242-12 du Code du travail : « Le contrat de travail à durée déterminée doit être établi par écrit et comporter la définition précise de son motif ; à défaut, il est réputé conclu pour une durée indéterminée (...). » Ce même article prévoit que le contrat à durée déterminée doit mentionner : le nom et la qualification du salarié remplacé, la date d'échéance du terme et, le cas échéant, une clause de renouvellement si le contrat a un terme précis, la durée minimale pour laquelle il est conclu s'il ne comporte pas de terme précis, la désignation du poste de travail ou la nature des activités auxquelles participe l'intéressé s'il s'agit d'un stagiaire, l'intitulé de la convention collective applicable, la durée de la période d'essai éventuellement prévue, le montant de la rémunération et de ses différentes composantes (primes et accessoires de salaire), le nom et l'adresse de la caisse de retraite complémentaire ainsi que, le cas échéant, ceux de l'organisme de prévoyance. La jurisprudence considère que l'absence de l'une de ces mentions entraîne dans certains cas la requalification du contrat à durée déterminée en contrat à durée in déterminée. C'est le cas notamment de l'absence du nom de la personne remplacée[1] ou sa qualification[2]. Mais il en est autrement en cas d'omission de la convention collective applicable[3].

Lorsque le terme est précis, la durée du contrat ne peut être supérieure à 18 mois (art. L. 1242-8 du Code du travail). Cette durée est même réduite à un 9 mois dans le cas d'attente de l'entrée en service effective d'un salarié engagé par contrat à durée indéterminée et de travaux urgents nécessités par des mesures de sécurité. Des dérogations sont toutefois prévues : la durée du contrat peut être de 24 mois lorsque le contrat est exécuté à l'étranger et dans les cas de départ définitif d'un salarié précédant la suppression d'un poste de travail et de survenance dans l'entreprise d'une commande exceptionnelle d'exportation.

Le terme peut être imprécis lorsqu'il s'agit du remplacement d'un salarié absent, de l'embauche provisoire dans l'attente de la prise d'emploi par un salarié recruté pour une durée indéterminée, les emplois saisonniers et les emplois par nature temporaires dans les secteurs d'activité déterminés par décret ou par voie d'accord collectif étendu. Dans ces cas, le contrat peut indiquer seulement l'événement qui mettra fin à la relation de travail. Toutefois, les parties doivent préciser une durée minimale (art. L. 1242-2 du Code du travail). Les salaires correspondant à cette durée minimale seront dus si le terme arrivait à échéance avant l'expiration de la durée minimale.

SECTION II
L'EXÉCUTION DU CONTRAT À DURÉE DÉTERMINÉE

Les salariés liés par un contrat à durée déterminée ont dans l'entreprise les mêmes droits que les salariés embauchés par contrat à durée indéterminée, qu'il s'agisse de droits issus de la loi, de la négociation collective ou d'un usage (art. L. 1242-14 du Code du travail). Il existe cependant quelques spécificités.

La durée de la période d'essai est limitée à un mois si la durée du contrat (ou la durée minimale en cas de terme imprécis) est supérieure à six mois. Dans les autres cas, cette durée ne peut être supérieure à deux semaines (art. L. 1242-10 du Code du travail). Comme dans le cadre d'un contrat à durée indéterminée, les parties peuvent librement rompre le contrat pendant la période d'essai.

Après l'expiration de la période d'essai, l'employeur comme le salarié doivent exécuter le contrat jusqu'à l'échéance prévue. Le contrat ne peut être rompu que par l'accord des parties, en cas de faute grave ou de force majeure (art. L. 1243-1 du Code du travail). L'employeur ne peut mettre fin à un contrat à durée déterminée pour insuffisance professionnelle du salarié[4], maladie[5], inaptitude physique à tenir son emploi...

1. Cass. soc., 6 mai 1997, *Bull. civ.*, V, n° 150.
2. Cass. soc., 26 octobre 1999, *RJS*, 12/99, n° 1444.
3. *Ibid.*
4. Cass. soc., 10 juin 1992, *RJS*, 8-9/92, n° 966.
5. Cass. soc., 15 février 1995, *RJS*, 4/95, n° 357.

Toutefois, si l'inaptitude professionnelle résulte d'un accident du travail ou d'une maladie professionnelle, l'employeur peut, si le reclassement du salarié est impossible, demander la résolution judiciaire du contrat. L'employeur qui entend rompre le contrat pour faute grave doit respecter la procédure disciplinaire. La loi offre au salarié d'autres possibilités de rompre le contrat en plus de la faute grave et de la force majeure. Celui-ci peut mettre fin au contrat avant l'échéance du terme s'il justifie d'une embauche en contrat à durée indéterminée par un autre employeur à condition de respecter un préavis (art. L. 1243-2 du Code du travail). Lorsque l'employeur rompt le contrat de manière anticipée et irrégulière, le salarié a droit à des dommages et intérêts d'un montant au moins égal aux rémunérations que celui-ci aurait perçues jusqu'à la fin du contrat, sans préjudice de l'indemnité de fin de contrat (art. L. 1243-4 du Code du travail). En revanche, lorsque le salarié est à l'origine de la rupture anticipée et irrégulière du contrat, l'employeur n'a droit à des dommages et intérêts déterminés qu'en fonction du préjudice subi.

À l'échéance du terme du contrat, les salariés ont droit à une indemnité de fin de contrat si les relations contractuelles ne se poursuivent pas par un contrat de travail à durée indéterminée (art. L. 1243-8 du Code du travail). L'indemnité de fin de contrat est calculée en fonction de la rémunération du salarié et de la durée du contrat : elle s'élève à 10 % de la rémunération totale brute du salarié. Un accord collectif peut fixer un taux plus élevé, voire moins élevé lorsque le salarié bénéficie d'une formation professionnelle. Cette indemnité n'est pas due lorsque le contrat a été conclu avec un travailleur saisonnier, avec un salarié travaillant dans l'un des secteurs d'activité fixés par décret où il est d'usage de conclure des contrats à durée déterminée, avec des jeunes travailleurs pour une période comprise dans leurs vacances scolaires ou universitaires. En outre, le salarié n'a pas droit à cette indemnité lorsque la rupture anticipée du contrat résulte de l'initiative du salarié, de sa faute grave ou d'un cas de force majeure, ou lorsqu'il refuse, à l'expiration du terme, de conclure un contrat à durée indéterminée pour occuper dans la même entreprise le même poste ou un emploi similaire avec une rémunération au moins équivalente.

Les contrats à durée déterminée peuvent être renouvelés mais plusieurs conditions doivent être respectées (art. L. 1243-13 du Code du travail). Il ne peut être renouvelé qu'une seule fois. Le renouvellement ne doit pas avoir pour conséquence de dépasser la durée maximale autorisée pour le contrat à durée déterminée. Il faut qu'il existe un motif de recours au contrat à durée déterminée au moment du renouvellement. Si l'une de ces conditions n'est pas avérée et que les relations de travail se sont poursuivies, les parties sont considérées comme liées par un contrat à durée indéterminée.

2

Le contrat de travail à temps partiel

Dans un premier temps, plusieurs lois sont intervenues pour faciliter le recours au temps partiel : la loi du 27 décembre 1973, la loi du 28 janvier 1981, l'ordonnance du 26 mars 1982, l'ordonnance du 11 août 1986, la loi du 3 janvier 1991, la loi du 31 décembre 1992 et la loi du 20 décembre 1993. Dans un second temps, le législateur a eu pour objectif de protéger le salarié et limiter les abus du temps partiel à travers les lois du 13 juin 1998 et du 19 janvier 2000. Selon l'article L. 3123-1 du Code du travail, sont considérés comme salariés à temps partiel les salariés dont la durée du travail est inférieure à la durée légale ou lorsque ces durées sont inférieures à la durée légale, à la durée du travail fixée conventionnellement pour la branche ou l'entreprise ou aux durées du travail applicables dans l'établissement. Il existe des règles particulières pour la formation du contrat à temps partiel (sect. I) et son exécution (sect. II).

SECTION I
LA FORMATION DU CONTRAT À TEMPS PARTIEL

L'employeur qui souhaite avoir recours au temps partiel doit préalablement solliciter l'avis du comité d'entreprise ou, à défaut, des délégués du personnel[1]. En principe, il n'est pas nécessaire qu'une convention collective de branche ou d'entreprise prévoie la pratique du temps partiel. Mais l'employeur ne peut mettre en place un travail à temps partiel dont la durée varierait de semaine en semaine ou de mois en mois que si une convention ou un accord collectif étendu ou un accord d'entreprise ou d'établissement autorise cette pratique.

Le contrat de travail à temps partiel doit être établi par écrit (art. L. 3123-14 du Code du travail). L'écrit n'est pas une condition de validité du contrat de travail à

1. En l'absence de représentant du personnel, l'employeur doit informer l'inspecteur du travail avant de pratiquer le temps partiel dans son entreprise.

temps partiel. En l'absence d'écrit, le contrat est présumé conclu pour un horaire à temps plein. Ce n'est qu'une présomption simple : l'employeur peut établir que le contrat était à temps partiel en apportant la preuve de la durée de travail contractuellement convenue mais également de la répartition de cette durée sur la semaine ou le mois[1]. Le contrat doit également préciser la qualification du salarié, les éléments de la rémunération, la durée hebdomadaire ou, le cas échéant, mensuelle du travail, la répartition de la durée du travail entre les jours de la semaine ou, le cas échéant, les semaines du mois[2]. Il doit déterminer les modalités selon lesquelles les horaires de travail pour chaque journée travaillée sont communiqués par écrit au salarié et les conditions dans lesquelles une modification de cette répartition peut intervenir. Il doit en outre fixer les limites dans lesquelles le salarié peut effectuer des heures complémentaires au-delà du temps fixé par le contrat. L'employeur ne peut imposer au salarié une clause d'exclusivité lui interdisant toute autre activité professionnelle[3]. Une telle clause serait nulle. Le salarié pourrait obtenir des dommages et intérêts pour réparer le préjudice subi par cette clause.

SECTION II
L'EXÉCUTION DU CONTRAT À TEMPS PARTIEL

Les salariés à temps partiel doivent avoir les mêmes droits que les salariés à temps plein (art. L. 3123-11 du Code du travail). C'est le cas notamment en matière de rémunération, de durée, de période d'essai, d'avantages liés à l'ancienneté...

Les parties fixent librement la durée du travail. L'horaire de base est un élément invariable. Au-delà de cet horaire, l'employeur peut demander au salarié d'effectuer des heures complémentaires. Le salarié ne peut refuser de travailler pendant ces heures lorsqu'elles sont prévues dans le contrat dans les limites imposées par la loi : le nombre d'heures complémentaires effectuées par le salarié au cours d'une même semaine ou d'un même mois ne peut être supérieur au dixième de la durée hebdomadaire ou mensuelle de travail prévue dans le contrat (art. L. 3123-17 du Code du travail). Un accord collectif de branche étendu ou un accord d'entreprise ou d'établissement peut porter ce nombre jusqu'au tiers de l'horaire de base (art. L. 3123-18 du Code du travail). L'employeur choisit de faire travailler ou non le salarié pendant ces heures complémentaires en fonction des besoins de l'entreprise. Lorsque le salarié effectue des heures complémentaires dans les limites légales ou conventionnelles, il perçoit pour ces heures de travail une rémunération au taux normal (et non majorée comme pour les heures supplémentaires). Lorsque les heures complémentaires ne

1. Cass. soc., 29 janvier 1997, *Droit social,* 1997, 311, note F. Favennec ; Cass. soc., 12 novembre 1997, *RJS,* 12/97, n° 1454 ; Cass. soc., 12 mars 2002, *Bull. civ.,* V, n° 90 ; Cass. soc., 12 novembre 2002, *Bull. civ.,* V, n° 341 ; Cass. soc., 25 février 2004, *RJS,* 5/04, n° 623.

2. Au cours d'une même journée, l'horaire à temps partiel ne peut comporter plus d'une interruption et celle-ci ne peut être supérieure à deux heures sauf si un accord collectif de branche étendu ou un accord d'entreprise ou d'établissement en dispose autrement.

3. Cass. soc., 11 juillet 2000, *Bull. civ.,* V, n° 276 ; Cass. soc., 25 février 2004, *RJS,* 5/04, n° 624.

sont pas travaillées, le salarié a droit à une indemnisation car il est resté à la disposition de son employeur.

Le législateur a encadré l'utilisation des heures complémentaires. Elles ne peuvent avoir pour conséquence de porter la durée de travail effectué au niveau de la durée légale ou conventionnelle de travail (art. L. 3123-17 du Code du travail). Les heures complémentaires sont intégrées à l'horaire de base si, pendant douze semaines consécutives, le salarié a effectué deux heures complémentaires par semaine en moyenne. Lorsque le salarié effectue des heures complémentaires au-delà du dixième de l'horaire de base en application d'une convention ou d'un accord collectif étendu ou d'un accord d'entreprise ou d'établissement, il perçoit pour ces heures une rémunération majorée de 25 %.

TITRE V

Les relations collectives de travail

Les relations collectives de travail sont notamment assurées par les représentants du personnel (chap. 1). Leur présence permet la négociation collective qui occupe une place prépondérante en droit du travail (chap. 2). Malgré cela, les relations collectives de travail peuvent donner lieu à un conflit (chap. 3).

1

Les représentants du personnel

Les représentants du personnel répondent à une exigence formulée dans le Préambule de la Constitution de 1946 : « Tout travailleur participe par l'intermédiaire de ses délégués à la détermination collective des conditions de travail ainsi qu'à la gestion des entreprises. » La loi prévoit trois institutions distinctes pour assurer au sein de l'entreprise la représentation du personnel auprès de l'employeur : les délégués du personnel, le comité d'entreprise et les délégués syndicaux. Le CHSCT représente également les intérêts des salariés mais il a précisément pour but de les associer aux actions de prévention des risques professionnels et d'amélioration des conditions de travail. Les délégués du personnel sont présents dans les entreprises qui comptent au moins 11 salariés, tandis que le comité d'entreprise et les délégués syndicaux sont présents dans les entreprises qui emploient au moins 50 salariés.

Il existe une représentation du personnel dont une partie est désignée (sect. I) et l'autre élue (sect. II). Les délégués du personnel sont élus par les salariés de l'entreprise, alors que les délégués syndicaux sont désignés par leur organisation syndicale représentative. Le comité d'entreprise est composé de représentants du personnel élus mais également de représentants du personnel désignés.

SECTION I
LA REPRÉSENTATION DÉSIGNÉE

Les syndicats permettent de faire progresser les droits et les conditions de travail des salariés (I). Leur présence dans l'entreprise est alors indispensable (II).

I. Présentation des syndicats

Un syndicat est un groupement professionnel de personnes « exerçant la même profession, des métiers similaires ou des métiers connexes concourant à l'établissement de produits déterminés ou la même profession libérale » (art. L. 2131-2 du Code du travail). Les syndicats peuvent se constituer librement. Les syndicats peuvent regrouper des salariés mais également des employeurs, des membres de professions indépendantes. Ils ne peuvent avoir pour objet que « l'étude et la défense des droits ainsi que des intérêts matériels et moraux, tant collectifs qu'individuels, des personnes visées par leur statut » (art. L. 2132-3 du Code du travail). Il existe le principe de la spécificité des syndicats professionnels : leur objet est exclusivement professionnel et les activités religieuses ou commerciales sont interdites. Un syndicat professionnel ne peut être fondé sur une cause ou en vue d'un objet illicite. Il ne peut pas poursuivre des objectifs essentiellement politiques[1].

La liberté syndicale est une liberté publique reconnue par la loi du 21 mars 1884 proclamée par le Préambule de la Constitution de 1946 : « Tout homme peut défendre ses droits et ses intérêts par l'action syndicale et adhérer au syndicat de son choix. » Le Code du travail reprend ces principes : article L. 2131-1 : « Les syndicats peuvent se constituer librement », et article L. 2141-1 : « Tout salarié, quels que soient son sexe, son âge, sa nationalité, peut librement adhérer au syndicat professionnel de son choix. » La liberté syndicale implique trois autres libertés : la liberté de créer un syndicat (art. L. 2131-2 du Code du travail), la liberté d'adhérer ou de ne pas adhérer à un syndicat ou de lui retirer son adhésion (art. L. 2141-1 du Code du travail), et la liberté d'emploi, ce qui signifie que l'appartenance à un syndicat ne doit avoir aucune conséquence sur le travail. La discrimination syndicale est interdite. Un salarié ne peut subir une mesure (refus d'embauche, sanction disciplinaire, licenciement...) parce qu'il adhère à un syndicat.

Les organisations syndicales peuvent comprendre des unions de syndicat à caractère interprofessionnel, par localité ou par région : union locale, départementale ou régionale de syndicat, des fédérations professionnelles qui groupent par branche d'activité tous les salariés travaillant dans une même industrie (bâtiment, édition...) et une confédération ou centrale de syndicats qui rassemblent au niveau national les unions et fédérations : CGT, CFDT, CFTC, CGT-FO, CGC, MEDEF.

Les syndicats jouissent de la personnalité civile, ce qui leur confère des droits, notamment celui d'ester en justice. Les syndicats peuvent agir pour la défense de leurs biens et droits propres ou l'exercice de leur pouvoir disciplinaire. De plus, en application de l'article L. 2132-3 du Code du travail, les syndicats peuvent, devant toutes les juridictions, exercer tous les droits réservés à la partie civile relativement

1. Cass. ch. mixte, 10 avril 1998, *RJS*, 6/98, n° 754.

aux faits portant un préjudice direct ou indirect à l'intérêt collectif de la profession qu'ils représentent. L'action des syndicats est liée à la défense de l'intérêt collectif qu'ils représentent. La difficulté est de saisir la notion d'intérêt collectif qui justifie l'action du syndicat. L'intérêt collectif de la profession transcende l'intérêt individuel de chacun de ses membres. L'intérêt collectif est celui d'un groupe. Il est donc un intérêt privé distinct de l'intérêt général[1]. L'intérêt collectif, s'il est distinct de l'intérêt général, se distingue également de l'intérêt individuel, bien qu'il soit, comme ce dernier, un intérêt privé. Très souvent, le non-respect d'une règle de droit lèse au premier chef les intérêts d'une personne ; ce n'est qu'indirectement, en raison du risque de multiplication de ces infractions, que l'intérêt collectif professionnel émerge. L'intérêt collectif apparaît comme un intérêt intermédiaire entre l'intérêt général et l'intérêt individuel, qui peut se cumuler avec chacun d'eux mais qui en est distinct. Ainsi, une organisation syndicale représentative peut agir en exécution d'un texte légal ou réglementaire ou d'un accord collectif. Le non-respect des dispositions d'une convention collective ou d'un accord collectif est de nature à causer nécessairement un préjudice à l'intérêt collectif de l'ensemble de la profession, de sorte qu'un syndicat, même non signataire de cet accord, est recevable sur le fondement de l'article L. 2132-3 du Code du travail à en demander l'exécution[2]. Ils peuvent agir dès que le litige soulève une question de principe susceptible d'avoir des conséquences pour les adhérents et de nature à porter un préjudice, même indirect fût-il, d'ordre moral à l'intérêt collectif de la profession.

En principe, un syndicat ne peut se substituer à un salarié pour exercer une action en justice « appartenant » à celui-ci. En effet, « nul en France ne plaide par procureur », ce qui signifie que nul ne peut, sans mandat, exercer une action en justice au nom et pour le compte d'une autre personne. Mais ce principe a reçu, au profit des syndicats de salariés essentiellement, des exceptions inspirées par un souci d'assurer l'exercice effectif des droits et actions des travailleurs. Le législateur prend en considération deux éléments : la faiblesse des salariés en question face à un employeur (travailleur à domicile, salarié sous contrat précaire, salarié victime d'une discrimination ou harcèlement...) et la dimension collective des dispositions ou mesures en cause à travers le litige individuel (application d'une convention collective, réalisation d'une opération de licenciement pour motif économique). Un syndicat peut exercer l'action individuelle d'un de ses membres dans les hypothèses suivantes : aux lieu et place d'un de ses membres travailleur à domicile et en exerçant l'action en justice, au profit d'un de ses membres, née d'une convention collective ou d'un accord collectif auquel il est partie. De plus, un syndicat peut exercer l'action individuelle de salariés même non adhérents lorsqu'il s'agit d'un travailleur étranger, d'un salarié intérimaire, d'un salarié d'un groupement d'employeurs, d'un salarié sous contrat à durée déter-

1. L'intérêt général est celui de la société dans son ensemble. La distinction entre intérêt privé et intérêt général est importante, car auprès des juridictions répressives, seul le ministère public peut exercer les poursuites fondées sur l'intérêt général, qui relèvent d'une appréciation d'opportunité.

2. Cass. soc., 12 juin 2001, *D.*, 2002, p. 361, *Droit social,* 2001, p. 1019 ; Cass. soc., 14 février 2001, *Droit social,* 2001, p. 572, *D.,* 2001, som. 2172.

minée, de tout salarié victime d'un prêt de main-d'œuvre illicite ou d'une méconnaissance des règles sur l'égalité de rémunération entre hommes et femmes, de tout salarié s'estimant victime d'une discrimination ou d'un harcèlement sexuel ou moral, touché par un licenciement économique ou ayant adhéré à une convention de conversion. Le syndicat n'a pas à justifier d'un mandat du salarié mais une approbation tacite de l'action par la victime est toujours nécessaire. En effet, l'exercice de l'action de substitution requiert que le titulaire de cette action « ait été averti par écrit et n'ait pas déclaré s'y opposer ». La loi ne donne pas la possibilité au salarié de mettre fin à l'instance engagée par le syndicat. En revanche, celui-ci peut s'y associer.

II. La présence syndicale dans l'entreprise

Les syndicats sont présents dans les entreprises à travers les sections syndicales (1) et les délégués du personnel (2).

1. La section syndicale

La section syndicale a pour rôle de représenter les intérêts matériels et moraux de ses membres conformément à l'objet des syndicats. Aucun seuil d'effectif n'est exigé par la loi pour la constitution d'une section syndicale. Mais seuls les syndicats représentatifs peuvent créer une section syndicale et désigner des délégués syndicaux. Les organisations affiliées aux cinq grandes centrales syndicales qui ont été déclarées représentatives à l'échelle de la nation bénéficient d'une présomption irréfragable de représentativité dans l'entreprise, quel que soit leur nombre d'adhérents dans l'entreprise. Les autres syndicats doivent établir leur représentativité. Il existe plusieurs critères (non cumulatifs) : les effectifs (le nombre d'adhérents au syndicat ramené au taux de syndicalisation dans l'entreprise), l'indépendance vis-à-vis de l'employeur ou autres groupements, le financement au moyen de cotisations, l'expérience et l'ancienneté... Le législateur ne pose pas de règles spécifiques pour la constitution d'une section syndicale, si ce n'est l'information de l'employeur.

La section syndicale assure la présence du syndicat représentatif dans l'entreprise. Elle n'a pas la personnalité juridique. Elle ne peut donc agir en justice ou être déclarée responsable des dommages causés par un de ses membres. Pour exercer son rôle de représentation du syndicat, la section syndicale dispose du droit de collecter des cotisations à l'intérieur de l'entreprise, d'afficher des communications, de distribuer librement des tracts aux heures d'entrée et de sortie du travail (art. L. 2142-2 du Code du travail). L'employeur doit mettre à la disposition de la section syndicale un local commun dans l'entreprise ou l'établissement comptant plus de 200 salariés et propre à chaque section à compter de 1 000 salariés. Le local doit être convenable et doté du matériel nécessaire à son fonctionnement (art. L. 2142-8 du Code du travail). Les adhérents peuvent se réunir au moins une fois par mois dans l'enceinte de l'entreprise en dehors du temps et du lieu de travail (art. L. 2142-10 du Code du travail). Les membres de la section ne sont pas des salariés protégés.

2. Les délégués syndicaux

Les délégués syndicaux sont désignés par un syndicat représentatif. Le nombre de délégués syndicaux par organisation représentative est : un délégué (sans suppléant) de 50 à 999 salariés et cinq délégués à partir de 10 000 salariés. Lorsque l'entreprise est composée d'établissements distincts, la désignation s'effectue au niveau de chaque établissement et le nombre de délégués par établissement est apprécié en fonction de l'effectif de l'établissement : un délégué pour l'établissement compte de 50 à 999 salariés et cinq délégués pour l'établissement dont le nombre de salariés est supérieur à 10 000. Dans cette hypothèse, chaque syndicat désigne en outre un délégué central d'entreprise (art. L. 2143-5 du Code du travail). Ce délégué central est distinct des délégués syndicaux d'établissement si l'effectif de l'entreprise est au moins égal à 2 000 salariés. Les désignations doivent être portées à la connaissance de l'employeur. Celui-ci dispose de quinze jours pour contester une désignation devant le tribunal d'instance qui statue en dernier ressort. L'employeur ne peut, passé ce délai, contester la désignation d'un délégué syndical, notamment à l'occasion d'un licenciement, pour le priver de ses droits et attributions (art. L. 2143-8 du Code du travail). Ce délai de forclusion permet de garantir l'indépendance et l'autonomie des délégués syndicaux à l'égard de l'employeur[1].

Les délégués syndicaux représentent la force concrète du syndicat dans l'entreprise. Il anime la section syndicale qui assure la présence syndicale dans l'entreprise. Il représente son syndicat auprès de l'employeur. Dans les entreprises comptant moins de 300 salariés, il a seul vocation à siéger au comité d'entreprise en tant que représentant syndical. Mais sa principale attribution consiste à négocier et signer les accords d'entreprise. La désignation d'un délégué syndical dans l'entreprise oblige l'entreprise notamment à négocier sur les salaires et le temps de travail. Pour l'exercice de sa mission, le délégué syndical dispose de moyens similaires à ceux des représentants du personnel élus : libre circulation dans l'entreprise...

Les délégués syndicaux peuvent intervenir dans tous les domaines relevant de l'objet des syndicats professionnels, ils peuvent représenter les syndicats en justice s'ils ont reçu à cet effet un pouvoir spécial. Ils peuvent être conseillers du salarié lors de l'entretien disciplinaire ou de l'entretien préalable au licenciement.

1. Cass. soc., 12 décembre 1990, *RJS*, 1/91, n° 54.

SECTION II
LA REPRÉSENTATION ÉLUE

Les délégués du personnel (I) et le comité d'entreprise (II) ont la particularité d'être élus par les salariés de l'entreprise. Leur légitimité ne fait alors aucun doute dans la mesure où ils ont été choisis par le personnel de l'entreprise.

I. Les délégués du personnel

Ils constituent « l'unité de base des institutions représentatives du personnel »[1]. Ils sont les premiers interlocuteurs des salariés. Dès lors que l'employeur a mis en place des délégués du personnel dans l'entreprise (1), ces derniers doit pourvoir exercer leur mission en toute indépendance (2).

1. La mise en place des délégués du personnel

L'employeur doit organiser les élections des représentants du personnel dès lors que l'effectif requis pour leur mise en place est atteint – en l'occurrence, 11 salariés pour les délégués du personnel. La durée du mandat des délégués du personnel est de deux ans. Cette durée est d'ordre public absolu : une convention collective ne peut fixer une durée différente[2]. L'employeur doit ensuite organiser les élections tous les deux ans dès lors que les conditions de seuil sont réunies.

L'effectif requis doit être atteint pendant douze mois consécutifs ou non au cours des trois années précédentes[3]. Tous les salariés titulaires d'un contrat de travail à durée indéterminée à temps plein sont compris dans l'effectif (art. L. 1111-2 1er al. du Code du travail). La jurisprudence a précisé que les salariés dont le contrat de travail est suspendu doivent être pris en compte intégralement, quelles que soient la cause de la suspension (maladie, congé rémunéré ou sans solde) et sa durée[4]. Il en est de même pour les salariés en période d'essai ou en période de préavis exécuté ou non[5]. Les salariés titulaires d'un contrat de travail à durée déterminée, les salariés titulaires d'un contrat de travail intermittent, les salariés mis à disposition de l'entreprise par une entreprise extérieure, y compris les travailleurs temporaires, sont pris en compte

1. Rapport du Conseil économique et social du 11 avril 2001 portant sur le harcèlement moral au travail, Paris, Éd. des JO, p. 71.
2. Cass. soc., 8 novembre 1994, *Droit social,* 1995, obs. M. Cohen.
3. Il est toutefois possible de mettre en place des délégués conventionnels en dessous du seuil.
4. Cass. soc., 8 avril 1992, n° 90-60.531, *Bull. civ.,* V, n° 264.
5. Cass. soc., 13 mars 1985, n° 84-60.782.

au prorata de leur temps de présence au cours des douze mois précédents (art. L. 1111-2 2e al. du Code du travail). Concernant les salariés mis à disposition, la jurisprudence a précisé qu'il importe peu qu'il n'y ait aucun lien de subordination vis-à-vis de l'entreprise utilisatrice[1]. Il suffit qu' « ils participent aux processus de travail de l'entreprise qui les occupe »[2]. Mais les salariés titulaires d'un contrat à durée déterminée, d'un contrat de travail temporaire ou mis à disposition par une entreprise extérieure sont exclus du décompte des effectifs lorsqu'ils remplacent un salarié absent ou dont le contrat de travail est suspendu. Les salariés à temps partiel ne sont pris en compte qu'en fonction de leur temps de travail. Il convient alors de diviser la somme totale des horaires inscrits dans leur contrat de travail par la durée légale ou la durée conventionnelle de travail (art. L. 1111-2 3e al. du Code du travail).

L'employeur doit respecter certaines règles dans l'organisation des élections. Il doit informer les salariés par voie d'affichage de la tenue des élections. Il doit également donner suite à une proposition d'élection émanant d'un salarié ou d'une organisation syndicale. Il doit en outre inviter toutes les organisations syndicales représentatives à négocier un protocole d'accord préélectoral, et à établir leur liste pour le premier tour. Ce protocole doit être approuvé par toutes les organisations syndicales représentatives qui sont parties à la négociation[3].

Le premier tour des élections est réservé aux listes présentées par les organisations syndicales représentatives. Lorsque l'entreprise compte moins de 26 salariés, il n'existe qu'un collège pour élire un titulaire et un suppléant. Au-delà, il est prévu un collège pour les ouvriers et les employés, et un collège pour les cadres et techniciens. Un accord peut fixer un nombre de collèges différent (par exemple, un troisième collège pour les cadres uniquement) et modifier leur composition. Un tel accord doit être approuvé par toutes les organisations syndicales représentatives (art. L. 2314-10 du Code du travail). En l'absence d'accord, il appartient à l'inspecteur du travail de déterminer la répartition du personnel entre les collèges. Le scrutin est de liste, proportionnel et à la plus forte moyenne. Un deuxième tour est prévu si aucune liste syndicale n'est présentée au premier tour ou si le quorum n'est pas atteint, ce qui signifie que le nombre de votants au premier tour est inférieur à la moitié des électeurs inscrits (les bulletins blancs ou nuls sont considérés comme des non-votants). Au deuxième tour, les candidatures sont libres. Celui-ci doit avoir lieu dans un délai de quinze jours maximum.

Pour être électeur, il faut travailler depuis au moins trois mois dans l'entreprise, peu importe que le contrat ait été suspendu. Les salariés en congé de formation, de conversion... peuvent être électeurs. Le salarié en détachement est en principe rattaché à son entreprise d'origine. Mais il peut également être rattaché à l'entreprise d'accueil[4]. En revanche, les conditions d'éligibilité sont plus strictes. Le candidat ne doit pas être proche du chef d'entreprise, avoir 18 ans révolus, et avoir travaillé dans l'en-

1. Cass. soc., 28 mars 2000, n° 98-40.460.
2. Cass. soc., 27 novembre 2001, n° 00-60.252, *Bull. civ.,* V, n° 364.
3. Cass. soc., 7 novembre 1990, *RJS,* 12/90, n° 1001.
4. Cass. soc., 11 juillet 1989, *RJS,* 8-9/89, 426 ; Cass. soc., 28 mars 2000, *RJS,* 5/00, n° 545.

treprise sans interruption depuis au moins un an[1] (art. L. 2314-16 du Code du travail). Si aucun délégué du personnel n'est élu faute de candidat ou de votant, l'employeur doit constater cette carence par un procès-verbal qu'il transmet à l'inspecteur du travail. Le non-respect par l'employeur de ces obligations en matière électorale est sanctionné pénalement par le délit d'entrave.

2. Le rôle des délégués du personnel

Leur mission principale est de présenter à l'employeur les réclamations individuelles et collectives relatives aux salaires et à l'application légale et conventionnelle du droit du travail (art. L. 2313-1 du Code du travail). Cependant, les salariés conservent le droit de s'adresser individuellement et directement à leur employeur. L'employeur est alors libre d'accepter la demande d'entretien ou de la refuser. L'employeur est parfaitement en droit de refuser la présence d'un délégué du personnel dès lors que c'est le salarié qui est à l'origine de la demande d'entretien. Dans ce cas, le délégué du personnel n'est pas dans l'exercice de sa mission de présentation d'une réclamation individuelle, puisque ce n'est pas lui qui a pris l'initiative de saisir l'employeur. Les délégués du personnel peuvent prêter assistance aux salariés en cas de procédure disciplinaire ou de licenciement. Les délégués du personnel peuvent aussi saisir l'inspection du travail des plaintes et observations relatives à l'application des prescriptions législatives et réglementaires dont elle est chargée d'assurer le contrôle. Ils peuvent l'accompagner au cours de ses déplacements dans l'entreprise.

Les missions des délégués du personnel peuvent parfois se confondre avec celles des délégués syndicaux. En effet, les délégués du personnel présentent les réclamations relatives à l'application du statut du personnel (application des taux de salaire dans l'entreprise, application des règles d'hygiène et de sécurité...). Les délégués du personnel forment des revendications visant la modification du statut du personnel (modification du taux horaire des salaires). Tout ce qui relève de la négociation collective leur appartient. En réalité, les délégués du personnel ne font que réclamer l'application de la loi ou de la convention collective, alors que les délégués syndicaux revendiquent l'amélioration des conditions de travail.

Les délégués du personnel ont des liaisons avec les autres institutions représentatives du personnel et notamment le comité d'entreprise et le CHSCT. Les délégués du personnel ont la possibilité de communiquer au comité d'entreprise et au CHSCT les suggestions et les observations des salariés sur les questions entrant dans leur compétence[2]. Ainsi, les problèmes relatifs aux conditions de travail peuvent remonter auprès de ces deux institutions. S'il n'existe pas de comité d'entreprise ou de CHSCT, les délégués du personnel peuvent communiquer à l'employeur des suggestions tendant à améliorer l'organisation générale de l'entreprise et exercer les missions attri-

1. Cass. soc., 8 juillet 1997, *Bull. civ.,* V, n° 253 : l'ancienneté peut être acquise auprès de plusieurs filiales du groupe.
2. Article L. 2313-9 du Code du travail.

buées aux CHSCT[1]. Dans cette hypothèse, ils disposent de moyens identiques et sont soumis aux mêmes obligations[2]. De plus, tout syndicat représentatif peut désigner le délégué du personnel pour exercer la mission de délégué syndical pendant son mandat si l'entreprise compte moins de 50 salariés.

Les délégués du personnel disposent d'un droit d'alerte. En application de l'article L. 2313-2 du Code du travail, « si un délégué du personnel constate, notamment par l'intermédiaire d'un salarié, qu'il existe une atteinte aux droits des personnes, à leur santé physique et mentale ou aux libertés individuelles dans l'entreprise qui ne serait pas justifiée par la nature de la tâche à accomplir ni proportionné au but recherché, il en saisit immédiatement l'employeur ». L'article L. 2313-2 du Code du travail précise également que cette atteinte aux droits des personnes, à leur santé physique et mentale ou aux libertés individuelles peut notamment résulter de toute mesure discriminatoire en matière d'embauche, de rémunération, de formation, de reclassement, d'affectation, de classification, de qualification, de promotion professionnelle, de mutation, de renouvellement de contrat, de sanction ou de licenciement.

Le délégué peut agir en trois étapes. Il doit d'abord faire part à l'employeur de l'atteinte éventuelle. Dès lors que le délégué du personnel a mis en œuvre son droit d'alerte, l'employeur ou son représentant est tenu de procéder sans délai à une enquête avec le délégué et de prendre des dispositions nécessaires pour remédier à cette situation. À défaut, le délégué du personnel, ou le salarié concerné, a le pouvoir de saisir en urgence le conseil de prud'hommes : « En cas de carence de l'employeur ou de divergence sur la réalité de cette atteinte et à défaut de solution trouvée avec l'employeur, le salarié ou le délégué si le salarié, concerné averti par écrit ne s'y oppose pas, saisit le bureau de jugement du conseil de prud'hommes qui statue selon les formes applicables au référé » (art. 2313-2 du Code du travail). En réalité, c'est le salarié qui dispose du pouvoir de saisir la juridiction prud'homale. Toutefois, la loi a prévu un mécanisme de substitution, le délégué du personnel qui a initié la procédure pouvant user des mêmes facultés de saisine, à condition que le salarié, dûment averti par écrit, ne s'y soit pas opposé. À l'image des pouvoirs reconnus au juge des référés, le juge prud'homal « peut ordonner toutes mesures propres à faire cesser cette atteinte et assortir sa décision d'une astreinte qui sera liquidée au profit du Trésor ». Le juge a toute latitude dans le choix des mesures qu'il entend ordonner. Le conseil de prud'hommes peut ordonner la fin de la situation dangereuse pour les libertés individuelles (ex. : exige le retrait d'une caméra de vidéosurveillance).

3. L'exercice de la mission de délégué du personnel

Les délégués du personnel doivent disposer de moyens qui garantissent leur indépendance. L'employeur doit attribuer au délégué du personnel les moyens matériels

1. Article L. 2313-16 du Code du travail.
2. *Ibid.*

pour qu'il puisse communiquer en toute indépendance avec le personnel et l'informer : un local commun, des moyens d'affichage, des moyens de communication. La jurisprudence a précisé que « Pour l'accomplissement de leur mission légale et la préservation de la confidentialité qui s'y attache, les salariés investis d'un mandat électif ou syndical dans l'entreprise doivent pouvoir y disposer d'un matériel ou procédé excluant l'interception de leurs communications téléphoniques et l'identification de leurs correspondants. »[1] Le délégué du personnel doit pouvoir se déplacer librement dans l'entreprise pendant l'exercice de sa mission.

Les délégués du personnel disposent d'un crédit d'heures doit disposer de temps pour l'exercice de ses fonctions appelé heures de délégation ou crédit d'heures. Le crédit de base est de dix heures par moi pour entreprise de moins de 50 salariés ou quinze heures par mois pour les entreprises d'au moins 50 salariés[2]. Le délégué du personnel peut avoir droit à un crédit exceptionnel si le crédit de base a été intégralement utilisé dans le mois et qu'un dépassement apparaît nécessaire en raison de circonstances particulières justifiant la présence des représentants du personnel (par exemple : un mouvement de grève). Les heures de délégation prises en dehors du temps normal de travail en raison des nécessités de la mission doivent être rémunérées comme des heures supplémentaires et faire l'objet éventuellement d'un repos compensateur[3].

Le délégué du personnel doit utiliser ce temps uniquement pour ses missions. Il ne peut notamment pas se servir des heures de délégations à des fins syndicales[4] Une utilisation non conforme à la mission pourrait constituer une faute et être sanctionnée[5]. L'employeur peut contrôler l'utilisation qui est faite de ce temps à condition de ne pas porter atteinte à l'indépendance des fonctions représentatives. Il peut notamment demander au délégué de lui indiquer comment son crédit d'heures a été utilisé. Le délégué bénéficie d'une présomption de bonne utilisation des heures de délégations correspondant au crédit de base. L'employeur doit donc verser au délégué du personnel l'intégralité du salaire et ne peut opérer de retenu. S'il considère que le salarié n'a pas utilisé son crédit de base pour sa mission, il doit saisir le conseil de prud'hommes qui a seul le pouvoir de condamner le salarié à restituer le trop perçu. Il appartient à l'employeur d'apporter la preuve que le délégué n'a pas utilisé son crédit de base dans le cadre de son mandat. En ce qui concerne, le crédit exceptionnel, le régime est différent : l'employeur peut refuser de les rémunérer s'il conteste le bien-fondé du dépassement. Le délégué peut alors saisir le conseil de prud'hommes pour

1. Cass. soc., 6 avril 2004, *RJS*, 2004, n° 713 : cet arrêt est la transposition aux communications téléphonique du principe général de libre exercice des fonctions représentatives. Cette solution vaut pour les délégués du personnels et syndicaux (cas de l'espèce) mais également pour les membres élus et les représentants syndicaux du comité d'entreprise.

2. Ce temps est augmenté si le délégué du personnel exerce des compétences spécifiques en raison de l'absence du comité d'entreprise.

3. Cass. soc., 12 février 1991, *D.*, 92, 283, note A. Bouilloux ; Cass. soc., 13 décembre 1995, *Droit social*, 1996, 433, obs. M. Cohen.

4. Cass. soc., 8 mars 1994, *Bull. civ.*, V, n° 92.

5. CE, 16 avril 1982, *Droit social*, 1982, 230 ; CE, 17 décembre 1993, *RJS*, 3/94, n° 263.

obtenir le paiement de ces heures mais il devra apporter la preuve de la nécessité du dépassement. Il ne bénéficie pas, pour le crédit exceptionnel, d'une présomption d'utilisation conforme à sa mission.

Par ailleurs, l'employeur doit recevoir collectivement les délégués du personnel au moins une fois par mois. En dehors des réunions mensuelles, les délégués du personnel peuvent être reçus par le chef d'entreprise à leur demande dans deux cas : principalement en cas d'urgence, soit individuellement ou encore par catégorie (délégués d'atelier, de service), selon les questions à traiter. L'objet des réunions est de présenter à l'employeur les réclamations individuelles et collectives des salariés de l'établissement (salaires, durée du travail, la sécurité dans l'établissement...).

II. Le comité d'entreprise

Le comité d'entreprise a été créé par une ordonnance du 22 février 1945 et une loi du 16 mai 1946. Il permet la participation des salariés à la gestion de l'entreprise. Comme les délégués du personnel, le comité d'entreprise assure l'expression collective des salariés mais il est organisé en structure (1). Le comité d'entreprise dispose de moyens conséquents (2) pour assurer ses attributions économiques et sociales (3).

1. L'organisation du comité d'entreprise

Le comité d'entreprise est mis en place dans les entreprises qui comptent au moins 50 salariés. Dans les entreprises comportant des établissements distincts, il est créé des comités d'établissement et un comité central d'entreprise. S'il s'agit d'un groupe d'entreprises juridiquement distinct et que l'entreprise dominante est située sur le territoire français, un comité de groupe est créé. Lorsqu'un groupe ou une entreprise a une dimension communautaire, un comité d'entreprise européen est créé.

Selon l'article L. 2325-1 du Code du travail, « le comité est doté de la personnalité civile ». Celle-ci a été étendue par la jurisprudence aux comités d'établissement et aux comités de groupe[1]. La personnalité juridique a plusieurs conséquences. Le comité d'entreprise peut agir en justice pour défendre ses intérêts propres (à condition que l'intérêt soit direct, actuel ou personnel[2]) ou ceux des salariés (par exemple, en cours de procédure de licenciement économique, il peut demander la désignation d'un expert ou la suspension d'une mesure). Le comité d'entreprise a son propre person-

1. Cass. soc., 23 janvier 1990, *RJS,* 2/90, 64.
2. Cass. soc., 18 mars 1997, *Droit social,* 1997, R44, obs. J. Savatier et G. Couturier ; Cass. soc., 5 mai 1998, *Droit social,* 1998, 585.

nel qui s'occupe principalement de la gestion des œuvres sociales. Il peut engager sa responsabilité civile, voire pénale pour les fautes commises par ses préposés ou ses membres. Le comité d'entreprise dispose d'un patrimoine qu'il gère librement (acquisition, location, vente...). En cas de cessation définitive de l'activité de l'entreprise, le comité décide de l'affectation des biens dont il dispose, mais la dévolution du solde des biens doit être effectuée au profit d'un autre comité d'entreprise en tenant compte de l'affectation des salariés ou à des institutions sociales d'intérêt général désignées conformément aux vœux exprimés par le personnel concerné. Les biens ne peuvent pas être répartis entre les salariés ou les membres du comité. Si un comité d'établissement ferme en raison d'une restructuration, les biens doivent être remis aux autres comités d'établissement de l'entreprise où tout ou partie du personnel a été réaffecté[1] dans la mesure où les activités du comité d'établissement « fonctionnent dans le cadre de l'entreprise et pour le bien commun de ses membres »[2].

La composition des comités d'entreprise est tripartite, c'est-à-dire qu'il se compose de l'employeur ou de son représentant, de membres élus par les salariés et de représentants syndicaux. Le chef d'entreprise ou son représentant préside le comité d'entreprise ou le comité central d'entreprise. Il est également membre du comité. Il peut être assisté de deux collaborateurs lors des réunions. La durée du mandat des représentants élus est de deux ans. Les règles relatives à l'élection des représentants du personnel au sein du comité d'entreprise sont identiques à celles des délégués du personnel. Les élections se déroulent à la même date que celle des délégués du personnel. Les suppléants assistent aux séances à côté des titulaires avec une voix consultative. Chaque organisation syndicale représentative peut désigner un représentant, salarié de l'entreprise, qui assiste aux séances du comité avec une voix consultative. Le délégué syndical est de droit le représentant syndical au comité d'entreprise dans les entreprises de moins de 300 salariés. Le comité de groupe est composé du chef de l'entreprise dominante, ou de son représentant assisté de deux personnes de son choix, et de membres élus des comités d'entreprise ou d'établissement désignés en principe par les organisations syndicales représentatives parmi les élus.

Le chef d'entreprise convoque les membres du comité à des réunions qu'il préside. Il est assisté d'un secrétaire élu[3]. L'ordre du jour est établi conjointement. Le secrétaire rédige un procès-verbal après chaque séance qui est affiché et diffusé auprès des salariés. Les réunions du comité d'entreprise sont mensuelles dans les entreprises occupant au moins 150 salariés et bimestrielles dans les autres. Le comité central d'entreprise se réunit une fois par semestre, et le comité de groupe, une fois par an. Les réunions sont à l'initiative de l'employeur. Dans tous les cas, le comité peut décider d'une nouvelle réunion à la majorité de ses membres. Le temps passé par les représentants aux réunions du comité d'entreprise est payé comme temps de travail. Le président du comité ne participe pas au vote lorsqu'il consulte les

1. Cass. soc., 23 janvier 1996, *RJS*, 3/96, n° 294 ; Cass. soc., 10 juin 1998, *RJS*, 7/98, n° 877.
2. CA Paris, 24 janvier 1989, *D.*, 1989, IR, 74.
3. Le chef d'entreprise ne peut pas participer au vote du secrétaire du comité d'entreprise.

membres élus du comité d'entreprise (art. L. 2325-18 du Code du travail). De même, le chef d'entreprise ne peut participer au vote d'une résolution portant sur la gestion des activités sociales et culturelles[1].

2. Les moyens du comité d'entreprise

Des moyens matériels doivent être mis à la disposition du comité par le chef d'entreprise pour qu'il puisse exercer sa mission à l'image des délégués du personnel : un local aménagé avec le matériel nécessaire, des moyens de communication, un droit d'affichage et de diffusion du procès-verbal des séances, un crédit d'heures... Le chef d'entreprise doit également une subvention de fonctionnement pour assurer les moyens de fonctionnement administratif du comité. Le montant de cette subvention est au moins égal à 2 % de la masse salariale brute. Il existe donc deux budgets. Le temps consacré aux réunions et les frais de déplacement aux réunions organisées par l'employeur sont payés par ce dernier et ne peuvent être financés par la subvention de fonctionnement[2]. Le comité peut embaucher son propre personnel pour assurer son fonctionnement administratif et la gestion des œuvres sociales.

En outre, le comité d'entreprise peut faire appel à un expert pour l'exercice de ses attributions économiques. Trois types d'experts peuvent intervenir : l'expert-comptable, l'expert en nouvelles technologies et les experts libres. Les deux premiers est rémunéré par l'employeur quand leur présence est conforme à la loi et le troisième sont payés sur le budget de fonctionnement du comité. Les représentants du personnel se prononcent par voix majoritaire sur l'opportunité de faire appel à un expert-comptable et sur le choix de ce dernier dans les cas prévus par la loi : l'examen des comptes annuels, les plans sociaux, le droit d'alerte, la concentration d'entreprises. L'expert-comptable dispose de pouvoirs d'investigation importants similaires à ceux des commissaires aux comptes. Il peut solliciter la remise d'un document, et le chef d'entreprise qui s'y opposerait devrait saisir le président du tribunal de grande instance en référé. Le comité d'entreprise peut faire appel à un expert en nouvelles technologies dans les entreprises occupant au moins 300 salariés dès lors qu'il est consulté au sujet de l'introduction d'une nouvelle technologie qui peut avoir des conséquences sur l'emploi, les qualifications, la rémunération et les conditions de travail (art. L. 2323-13 du Code du travail).

3. Les attributions du comité d'entreprise

A. Les attributions sociales et culturelles du comité

Selon l'article L. 2323-83 du Code du travail, « le comité d'entreprise assure ou contrôle la gestion de toutes les activités sociales et culturelles établies dans l'entre-

1. Cass. soc., 25 janvier 1995, *Droit social,* 1995, 261, obs. J. Savatier.
2. Cass. soc., 28 mai 1996, *RJS,* 7/96.

prise au bénéfice des salariés ou de leurs familles ou participe à cette gestion, quel qu'en soit le mode de financement, dans les conditions fixées par décret en conseil d'État ». Ce peut être : des institutions sociales de prévoyance et d'entraide, des activités qui tendent à l'amélioration des conditions de bien-être des travailleurs et de leur famille (cantine, crèche...), des services sociaux, médicaux, des activités sociales et culturelles ayant pour objet l'organisation des loisirs et des sports, des institutions d'ordre professionnel ou éducatif (bibliothèque...). La définition jurisprudentielle des œuvres sociales est la suivante : « Doit être considérée comme une œuvre sociale toute activité non obligatoire légalement, quels que soient sa dénomination, la date de sa création et son mode de financement, exercée principalement au bénéfice du personnel de l'entreprise, sans discrimination, en vue d'améliorer les conditions collectives d'emploi, de travail et de vie du personnel au sein de l'entreprise. » Ainsi, l'activité sociale doit être facultative. Il ne peut s'agir d'une obligation à la charge de l'employeur (comme les régimes complémentaires de retraite et de prévoyance qui relèvent de la négociation collective). L'activité doit également avoir pour finalité l'amélioration des conditions de vie et de travail des salariés et des membres de leur famille. Le critère de finalité exclut les activités syndicales et politiques. Enfin, l'activité sociale et culturelle doit bénéficier à tous les salariés concernés sans discrimination. Les salariés sont entendus au sens large, puisqu'il s'agit aussi des membres de leur famille, des anciens salariés (retraités, licenciés pour motif économique), des travailleurs temporaires... Mais le bénéfice d'une activité peut ne concerner qu'une catégorie de salariés et tenir compte de situations particulières comme la situation de famille (par exemple, l'allocation de rentrée scolaire).

Le comité d'entreprise dispose d'un budget spécifique pour ses activités sociales et culturelles. La subvention de fonctionnement ne doit pas être affectée aux activités sociales et culturelles[1]. L'employeur doit verser une contribution patronale pour financer ces activités. Pour déterminer ce budget, il convient de distinguer deux situations. En premier lieu, lorsque les activités sociales étaient gérées directement par le chef d'entreprise avant la création des comités d'entreprise, le budget de l'entreprise affecté à ces œuvres a été transféré au comité. La contribution minimale annuelle ainsi définie en valeur a été ensuite rapportée à la masse salariale (art. L. 2323-86 du Code du travail). Elle ne peut être réduite en pourcentage. En second lieu, pour les autres entreprises qui ne géraient pas d'œuvre sociale ou qui sont nées après la création des comités d'entreprise, le taux minimum de contribution rapporté à la masse salariale résulte d'une convention collective, d'un accord passé avec les représentants du personnel au comité d'entreprise, d'un usage ou d'un engagement unilatéral.

B. Les attributions économiques du comité d'entreprise

Selon l'article L. 2323-1 du Code du travail, « le comité d'entreprise a pour objet d'assurer une expression collective des salariés, permettant la prise en compte perma-

1. Cass. soc., 4 avril 1990, *RJS*, 11/97, n° 1255.

nente de leurs intérêts dans les décisions relatives à la gestion et à l'évolution économique et financière de l'entreprise, à l'organisation du travail, à la formation professionnelle et aux techniques de production». Dans l'ordre de ses attributions économiques, le comité d'entreprise a avant tout un rôle consultatif lorsqu'il est question de l'organisation, de la gestion et de la marche générale de l'entreprise. Il s'agit de consultations relatives à l'organisation interne de l'entreprise (restructuration interne), à des projets de compression des effectifs, en cas de fusion ou de cession, avant toute déclaration de cessation de paiement et lorsque l'entreprise fait l'objet d'une procédure judiciaire, lors de licenciements économiques importants et enfin politique de recherche et de développement technologique.

Le comité d'entreprise a aussi le droit d'être informé sur des dispositions générales ; notamment le chef d'entreprise doit trimestriellement communiquer au comité des informations sur l'évolution générale des commandes et de la situation financière, l'informer sur les mesures envisagées en ce qui concerne l'amélioration, le renouvellement ou la transformation de l'équipement ou des méthodes de production et d'exploitation, et fournir des éléments sur la situation de l'emploi dans l'entreprise. De plus, chaque année, le chef d'entreprise est tenu de communiquer au comité d'entreprise un rapport d'ensemble sur l'activité de l'entreprise, le chiffre d'affaires, les bénéfices, les pertes, les perspectives économiques pour l'année à venir, un rapport sur la situation respective des femmes et des hommes et les mesures prises en matière d'égalité professionnelle, et il doit informer le comité sur l'évolution de l'emploi et les qualifications dans l'entreprise au cours de l'année passée et sur les prévisions notamment en matière de formation et de prévention. Le comité d'entreprise reçoit également des informations comptables (document comptable) et sociales (emploi, rémunération, formation...).

Par ailleurs, le comité d'entreprise dispose du droit d'alerte vis-àvis des difficultés de l'entreprise pour prévenir les associés et actionnaires, les commissaires aux comptes, le président du tribunal de commerce[1]. Le comité peut demander des explications à l'employeur sur un ou des faits préoccupants. Le comité peut user de son droit d'alerte dès lors qu'il estime qu'une situation dont il a connaissance peut influer de façon négative sur la marche générale et la poursuite de l'entreprise. Cette démarche s'inscrit dans une procédure globale qui peut comporter pour le comité plusieurs réunions. Le comité peut se faire assister de l'expert-comptable.

Le comité de groupe et le comité d'entreprise européen ont des compétences spécifiques. Le comité de groupe a une compétence exclusivement économique. Il est informé au cours d'une réunion annuelle sur l'activité et la situation financière du groupe mais également de celles de chaque entreprise qui le compose. Les comptes et le bilan consolidé ainsi que le rapport du commissaire aux comptes doivent lui être communiqués. Il peut également se faire assister par un expert-comptable rémunéré par l'entreprise dominante. Il reçoit un bilan prévisionnel des emplois et des actions

1. Ce droit d'alerte n'est pas étendu au comité d'établissement. Cass. soc., 1er mars 2005, *RJS*, 2005, n° 538 : « L'exercice du droit d'alerte étant subordonné à l'existence de faits de nature à rendre préoccupante la situation de l'entreprise, les comités d'établissement ne sont pas investis de cette prérogative. »

éventuelles de prévention contre les licenciements économique au niveau du groupe mais aussi de chaque entreprise. Le comité d'entreprise européen a pour objet de « garantir le droit des salariés à l'information et à la consultation à l'échelon européen » (art. L. 2341-4 du Code du travail). La consultation se traduit par « l'organisation d'un échange de vues et l'établissement d'un dialogue » (art. L. 2341-6 du Code du travail). Ainsi, les attributions du comité d'entreprise européen sont limitées par rapport au droit interne. Ce comité s'inscrit essentiellement dans une politique de dialogue social.

SECTION III
LA PROTECTION DES REPRÉSENTANTS DU PERSONNEL

Les représentants du personnel bénéficient d'un statut protecteur pour pouvoir exercer leur mandat en toute indépendance (I). Le licenciement d'un représentant du personnel est soumis à des règles strictes (II). L'employeur qui empêche les représentants de personnel d'exercer leur mission commet un délit d'entrave (III).

I. Le statut protecteur

Les représentants du personnel bénéficient d'un statut protecteur exorbitant du droit commun. Toute forme de rupture du contrat de travail de ces salariés est entourée de mesures protectrices. Les dispositions relatives au licenciement des représentants du personnel ont institué au profit de tels salariés, et dans l'intérêt de l'ensemble des travailleurs qu'ils représentent, une protection exceptionnelle et exorbitante du droit commun qui interdit par la suite à l'employeur de poursuivre par d'autres moyens la résiliation du contrat de travail et notamment d'engager devant la juridiction prud'homale une action tendant à la résiliation judiciaire du contrat[1]. De plus, l'employeur et le salarié ne peuvent déroger au statut protecteur en signant une transaction[2]. Le salarié protégé ne peut renoncer à une protection d'ordre public dont il bénéficie pour exercer sa mission en toute indépendance. Toutefois, la transaction est valable si elle intervient à la suite d'un licenciement même illégal et qu'elle règle les conséquences financières de la rupture du contrat de travail si le salarié renonce à demander sa réintégration[3]. L'employeur doit également respecter la procédure statutaire en cas de mise à la retraite d'un salarié pro-

1. Cass. ch. mixte, 31 juin 1974, *D.,* 1974, 593, concl. A. Touffait, Cass. ass. plén., 28 janvier 1983, *Droit social,* 1984, 511, note P. Couvrat et M. Massé ; Cass. soc., 18 juin 1996, *RJS,* 8-9/96, n° 944.
2. Cass. soc., 21 février 1996, *RJS,* 4/96, n° 421 ; Cass. soc., 14 octobre 1997, *RJS,* 11/97, n° 1257 ; Cass. soc., 3 avril 2001, *RJS,* 6/01, n° 764.
3. Cass. soc., 5 février 2002, *RJS,* 4/02, n° 457.

tégé, même s'il ne s'agit pas précisément d'un licenciement[1] ou de rupture de la période d'essai[2].

Le statut protecteur doit également être respecté lorsque l'employeur envisage de rompre de manière anticipée un contrat à durée déterminée pour faute grave et lorsqu'il n'envisage pas de renouveler un contrat à durée déterminée qui comporte une clause de report du terme (art. L. 2421-8 du Code du travail). Même en l'absence de clause de renouvellement, l'arrivée du terme n'entraîne la fin du contrat à durée déterminée que si l'inspecteur s'est assuré que le salarié ne fait pas l'objet d'une mesure discriminatoire. Dans ce dernier cas, la procédure est allégée dans la mesure où cette hypothèse ne peut être assimilée à une rupture unilatérale[3]. En cas de transfert d'entreprise ou d'établissement, le transfert du représentant du personnel doit être préalablement autorisé par l'autorité administrative. L'inspecteur du travail doit s'assurer qu'un tel transfert ne constitue pas une mesure discriminatoire à l'encontre du salarié protégé. Si l'autorisation de transfert est refusée, l'employeur doit proposer au salarié un emploi similaire assorti d'une rémunération équivalente dans un autre établissement ou une autre partie de l'entreprise. Le salarié peut refuser cette proposition.

Le champ d'application des personnes couvertes par le statut spécial couvre diverses périodes. En effet, pour les salariés élus et représentés, la protection s'étend avant et après les élections ou la désignation. En amont du mandat, sont ainsi protégés : les salariés demandant la mise en place des élections, les candidats aux fonctions électives, ceux dont la désignation ou l'élection est imminente et, bien sûr, les représentants en fonction. En aval, afin d'éviter toute mesure discriminatoire ou de rétorsion après le mandat, les anciens représentants du personnel élus restent couverts pendant six mois à dater de l'expiration de leur mandat ou de la disparition de l'institution (en cas de réduction de l'effectif) et les délégués syndicaux pendant douze mois après la cessation de leurs fonctions à condition qu'ils aient exercé leur fonction pendant au moins un an (art. L. 2411-3 du Code du travail). D'autres salariés bénéficient du statut protecteur. Ce sont les salariés qui exercent un mandat extérieur à l'entreprise lequel est susceptible d'avoir des incidences sur l'exécution du contrat de travail : conseillers prud'homaux salariés, les salariés qui exercent des mandats locaux, les administrateurs des caisses de sécurité sociale... En principe, à l'issue de la période de protection, l'employeur retrouve la liberté de licencier le salarié selon les règles de droit commun. Mais tout licenciement fondé sur des faits commis pendant la période de protection est sans cause réelle et sérieuse, peu important que ceux-ci aient déjà donné lieu ou non à une demande d'autorisation administrative de licenciement.

1. CE, 8 février 1995, *RJS*, 3/95, n° 228 ; Cass. soc., 5 mars 1996, *RJS*, 4/96, n° 422 ; Cass. soc., 6 juin 2000, *RJS*, 7-8/00, n° 827.

2. Cass. soc., 26 octobre 2005, *RJS*, 1/06, n° 63 : « Les dispositions légales assurant une protection exceptionnelle et exorbitante du droit commun à certains salariés, en raison du mandat ou des fonctions qu'ils exercent dans l'intérêt de l'ensemble des travailleurs, s'appliquent à la rupture du contrat de travail à l'initiative de l'employeur pendant la période d'essai. »

3. Cass. soc., 16 octobre 2001, *Droit social*, 2002, 124 : le contrat devient à durée indéterminée si l'inspecteur du travail considère que le salarié a fait l'objet d'une mesure discriminatoire.

II. Le licenciement du salarié protégé

Une procédure spécifique est prévue pour licencier un représentant du personnel (1). L'employeur doit rigoureusement respecter cette procédure sous peine de sanction (2).

1. La procédure de licenciement

L'employeur qui envisage de licencier un salarié protégé doit préalablement consulter les représentants du personnel au sein du comité d'entreprise, sauf s'il s'agit d'un délégué syndical. Les représentants du personnel donnent un avis qui ne lie pas l'employeur. Le défaut de consultation entache la légalité de l'acte administratif. Dans les quinze jours suivant la délibération du comité d'entreprise, l'employeur doit solliciter l'autorisation de l'autorité administrative. L'inspecteur du travail doit procéder à une enquête contradictoire dans un délai de quinze jours maximum. La décision de l'inspecteur du travail doit être motivée. Il peut refuser d'autoriser le licenciement pour des motifs d'intérêt général sous réserve de ne pas apporter d'atteinte excessive aux intérêts en présence.

Si l'employeur envisage de licencier un salarié pour une faute grave ou lourde, il peut prononcer une mise à pied conservatoire. Il ne s'agit alors pas d'une sanction mais d'une mesure provisoire qui est justifiée par la gravité de la faute. Cette mise à pied suspend le contrat de travail et en conséquence le paiement du salaire. Dans une telle hypothèse, la procédure de licenciement est accélérée. Le comité d'entreprise doit être consulté dans les 10 jours à compter de la mise à pied. La demande d'autorisation doit être présentée dans les 48 heures qui suivent la délibération du comité d'entreprise. L'inspecteur du travail doit se prononcer dans un délai de 8 jours. En cas de refus d'autorisation du licenciement, la mise à pied est annulée.

Il est possible d'exercer un recours hiérarchique contre la décision de l'inspecteur du travail devant le ministre de tutelle qui peut annuler ou réformer la décision prise par l'inspecteur du travail. Le ministre doit être saisi dans les deux mois à compter de la notification de l'acte (refus ou autorisation). Passé ce délai, le silence du ministre vaut décision de rejet. Le ministre exerce un contrôle de la légalité de l'acte, celle-ci étant appréciée au jour où l'inspecteur du travail a statué[1]. En cas d'illégalité, la décision est annulée. Il doit alors statuer sur la demande d'autorisation en tenant compte des circonstances de fait ou de droit existant au jour où il se prononce mais également des motifs mentionnés dans la demande initiale[2]. Les juridictions administratives peuvent être saisies dans les deux mois à compter de la notification de la décision prise par l'autorité administrative d'un recours pour excès de pouvoir.

1. CE, 6 juillet 1990, *RJS*, 8-9/90, n° 700.
2. CE, 10 mars 1997, *RJS*, 5/97, n° 571 ; CE, 28 mars 1997, *RJS*, 6/97, n° 708.

2. Les sanctions en cas de non-respect de la procédure

En cas de licenciement intervenu sans autorisation préalable, le licenciement est nul. Le salarié peut demander sa réintégration dans son emploi et sa fonction. Le salarié qui ne demande pas la poursuite de son contrat peut obtenir, au titre de la méconnaissance de son statut protecteur, le montant de la rémunération qu'il aurait dû percevoir entre son éviction et la fin de la période de protection, les indemnités de rupture (indemnité compensatrice de préavis et de licenciement) et une indemnité réparant l'intégralité du préjudice résultant du caractère illicite du licenciement (cette indemnité doit au moins être égale aux six derniers mois de salaire). Lorsqu'il existe un groupe de personnes morales ou physiques constitutif d'une seule entreprise, le périmètre de réintégration d'un salarié protégé s'étend à toute personne juridique constituant ce groupe.

Le retrait d'une autorisation administrative de licenciement produit les mêmes effets que son annulation. Le salarié a droit à sa réintégration s'il l'a demande dans les deux mois qui suivent la notification qui lui a été faite de la décision du ministre ou du juge annulant l'autorisation (il ne peut l'exiger une fois ce délai expiré). S'il a demandé sa réintégration, il a droit à une somme couvrant le préjudice subi jusqu'au jour où il est effectivement rétabli dans son emploi. S'il ne demande pas sa réintégration, l'indemnisation couvre la période allant du licenciement à la fin du 2e mois suivant la notification à l'employeur de la décision d'annulation. Pour d'autres indemnités, la situation du salarié licencié en vertu d'une autorisation ensuite annulée est similaire à celle du salarié licencié sans autorisation : il peut prétendre au paiement des indemnités légales de rupture qui ne lui auraient pas été versées, mais seulement s'il apparaît qu'il n'avait pas commis de faute grave, et à une indemnité pour licenciement injustifié, mais seulement s'il est établi que son licenciement était, au moment de son prononcé, dépourvu de cause réelle et sérieuse.

III. Le délit d'entrave

L'employeur qui empêche le non-fonctionnement des institutions représentatives du personnel, par exemple en refusant de communiquer au comité d'entreprise les documents auxquels ce dernier peut prétendre, se rend coupable du délit d'entrave sanctionné par les juridictions répressives.

La répression pénale concerne tous les domaines de l'action des représentants du personnel : l'exercice des fonctions (refus aux représentants d'utiliser des heures de délégation), les élections professionnelles (refus de les organiser, non-convocation de toutes les organisations syndicales représentatives), les syndicats (refus de la présence du représentant syndical aux réunions du comité d'entreprise)...

2

La négociation collective

La négociation collective occupe une place privilégiée en droit du travail. Les conventions et accords collectifs constituent une source de droit très riche. La convention collective se distingue de l'accord collectif. La convention collective a vocation à traiter de l'ensemble des matières visées dans le champ d'application de la négociation collective alors que l'accord a un champ d'application plus restreint. Ce dernier tend à traiter un ou des sujets déterminés comme les salaires ou le temps de travail. Il existe trois niveaux de négociations. L'accord national interprofessionnel est négocié par les syndicats et groupements situés à l'échelon national et représentant toutes les professions. Ce type d'accord a pour objet de traiter de grands problèmes sociaux communs à tous les secteurs d'activité. La convention (ou l'accord) de branche régit les conditions de travail de tout un secteur d'activité (métallurgie...). La convention (ou l'accord d'entreprise) est négociée par le chef d'entreprise et les syndicats représentatifs présents dans l'entreprise. Elle paraît mieux adaptée aux réalités sociales. La négociation collective quel que soit son niveau (sect. II) obéit à certaines modalités (sect. I).

SECTION I
LES MODALITÉS DE LA NÉGOCIATION COLLECTIVE

Les partenaires sociaux doivent respecter certaines règles lors de l'élaboration d'un accord collectif ou d'une convention collective qui conditionnent sa validité (I). Ils peuvent toujours être plus favorables au salarié en application du principe de faveur (II). Par la suite, une convention collective ou un accord collectif peuvent toujours faire l'objet d'une révision ou d'une dénonciation (III).

I. L'élaboration d'un accord collectif ou d'une convention collective

L'article L. 2231-1 du Code du travail énonce que la convention collective ou l'accord collectif de travail est conclu entre, d'une part, une ou plusieurs organisations syndicales de salariés reconnues représentatives sur le plan national ou qui sont affiliés auxdites organisations ou qui ont fait la preuve de leur représentativité dans le champ d'application de la convention ou de l'accord et, d'autre part, une ou plusieurs organisations syndicales d'employeurs ou tout autre groupement d'employeurs, ou un ou plusieurs employeurs pris individuellement. Ainsi, du côté des salariés, les syndicats représentatifs sont normalement seuls habilités à négocier des normes collectives. L'employeur doit inviter toutes les organisations syndicales à la négociation. Du côté des employeurs, la situation est différente. Les organisations syndicales ne sont pas les seules à avoir la capacité de négocier. Tout autre groupement d'employeurs et les employeurs individuellement peuvent conclure un accord collectif.

L'accord doit, pour être valable, avoir recueilli l'adhésion d'une représentation majoritaire des salariés (art. L. 2232-6 du Code du travail). L'existence de cette adhésion peut être établie de deux façons. En premier lieu, les organisations majoritaires ont un droit d'opposition aux accords signés par des syndicats minoritaires. Cette opposition doit être écrite, motivée et notifiée dans un bref délai[1]. En second lieu, l'accord est valide s'il a été signé par les organisations majoritaires ou directement approuvé par une majorité de salariés. Un groupement d'employeurs ou un syndicat de salariés qui n'a pas signé la convention peut adhérer postérieurement à cette convention s'il a la capacité de négocier une convention collective (art. L. 2261-3 du Code du travail). Dans cette hypothèse, l'adhésion doit porter sur toutes les clauses de la convention, être notifiée à l'ensemble des signataires de la convention et être déposée à la direction départementale du travail et au secrétariat-greffe du conseil de prud'hommes.

La convention collective doit être écrite sous peine de nullité (art. L. 2231-3 du Code du travail). Elle fait également l'objet de mesures de publicité. Elle doit être déposée en 5 exemplaires au service départemental du travail et de l'emploi et au secrétariat-greffe du conseil de prud'hommes. Les salariés doivent également être informés de l'existence de cette convention. L'employeur doit remettre au salarié une notice d'information lors de son embauche, communiquer un exemplaire de la convention collective applicable aux représentants du personnel dans l'entreprise et afficher un avis indiquant aux salariés le lieu où la convention collective est accessible dans l'entreprise. Le bulletin de paie doit également indiquer la convention collective applicable.

1. Ce délai est de quinze jours pour les accords interprofessionnels et les conventions de branche, et huit jours pour les accord d'entreprise.

II. La notion d'ordre public social

L'objectif de la négociation collective est d'améliorer les conditions de travail des salariés. L'article L. 2251-1 du Code du travail affirme que la convention collective ou l'accord collectif « peuvent comporter des dispositions plus favorables aux salariés que celles des lois et règlements en vigueur. Ils ne peuvent déroger aux dispositions d'ordre public de ces lois et règlements ». Ainsi, certains textes législatif et réglementaires sont d'ordre public absolu et échappent au domaine de la négociation collective. Il s'agit principalement de la compétence des agents publics et des juridictions, des sanctions pénales et de l'interdiction générale des indexations fondées sur le SMIC ou sur le niveau général des prix. Il existe également un ordre public qui assure une protection minimale des salariés : salaire minimum, congés payés, procédure de licenciement, indemnité légale de licenciement. La clause d'un accord collectif qui priverait le salarié d'une de ces dispositions protectrices serait nulle.

En revanche, un accord collectif peut toujours comporter des dispositions plus favorables pour les salariés que les lois et les règlements. Lorsqu'il existe un conflit de normes, la norme la plus favorable s'applique pour le salarié[1]. Ce principe général appelé « principe de faveur » signifie que « la loi ne peut permettre aux accords collectifs de travail de déroger aux lois et règlements ou aux conventions de portée plus large que dans un sens plus favorable aux salariés ». Il s'agit selon le Conseil constitutionnel d'un « principe fondamentale du droit du travail » et non pas d'un « principe fondamental reconnu par les lois de la République ». En conséquence, le législateur peut réduire la portée de ce principe. En outre, le contrat de travail ne peut être moins favorable que la convention collective. Mais, le contrat de travail peut toujours déroger à la loi et à la convention collective en faveur du salarié[2].

III. La révision et la dénonciation des conventions et accords collectifs

Les conventions et accords collectifs peuvent être conclus à durée déterminée ou indéterminée. Mais, comme tout contrat, ils peuvent, au cours de leur existence, subir certaines modifications visant à les adapter aux réalités sociales.

Les textes conventionnels doivent en principe prévoir les modalités de leur révision, qui se concrétisent par des avenants (art. L. 2222-5 du Code du travail). Mais,

1. Cass. soc., 17 juillet 1996, *Bull. civ.*, V, n°s 296 et 297 ; CE, 27 juillet 2001, *RJS*, 1/02, n° 107.

2. Cass. soc., 19 novembre 1997, *Bull. civ.*, V, n° 386 ; Cass. soc., 25 février 1998, *Bull. civ.*, V, n° 104 ; Cass. soc., 3 juillet 2001, *Bull. civ.*, V, n° 207.

tous ne les prévoient pas. Dans cette hypothèse, une révision est possible selon certains principes. Le droit de conclure des avenants de révision est réservé aux signataires, mais toutes les organisations syndicales représentatives doivent être invitées à participer à la négociation. Il faut distinguer la négociation de la conclusion d'un accord de révision. L'avenant de révision signé par une ou plusieurs organisations syndicales représentatives de salariés se substitue de plein droit aux stipulations anciennes qu'il modifie et est opposable à l'ensemble des salariés liés par la convention. Un droit d'opposition est ouvert aux organisations syndicales non signataires de l'avenant de révision. Si cet avenant réduit ou supprime un avantage individuel ou collectif, les syndicats représentatifs qui ne l'ont pas signé peuvent s'y opposer à condition que l'avenant remette en cause des avantages conventionnels antérieurement accordés et que les syndicats remplissent des conditions de majorité. L'avenant n'est toutefois pas opposable aux groupements d'employeurs ou aux employeurs qui ne l'ont pas signé car il faut alors recourir aux procédures légales d'extension ou d'élargissement.

Les signataires ont toujours le droit de dénoncer une convention collective à durée indéterminée (art. L. 2261-9 du Code du travail). Lorsque tous les signataires employeurs ou tous les signataires salariés entendent dénoncer la convention, ils doivent respecter un préavis qui est de trois mois en l'absence de stipulation expresse. Une nouvelle négociation doit s'engager, à la demande d'une des parties intéressées, dans les trois mois qui suivent la dénonciation. La convention dénoncée continue à s'appliquer jusqu'à l'entrée en vigueur de la convention qui lui est substitué ou, à défaut, pendant une durée d'un an à compter de l'expiration du préavis[1] sauf si la convention fixe une durée supérieure. Au-delà de cette période, la totalité de l'ancienne convention collective disparaît mais les salariés conservent les avantages individuels acquis sous l'empire de cette convention. La Cour de cassation a défini l'avantage individuel acquis : c'est celui « qui procurait au salarié une rémunération ou un droit dont il bénéficiait à titre personnel et qui correspondait à un droit ouvert et non simplement éventuel »[2]. L'avantage individuel acquis est celui dont l'objet est individuel, c'est-à-dire qu'il bénéficie personnellement au salarié (prime d'ancienneté). L'avantage est collectif lorsqu'il bénéficie à l'ensemble des salariés sans pouvoir individualiser le bénéfice de cet avantage (système collectif de répartition des pourboires). Les avantages individuels acquis sont incorporés au contrat de travail[3] ce qui signifie que l'employeur ne peut le réduire ou le supprimer sans l'accord du salarié.

La convention collective est également mise en cause lorsqu'une entité économique n'entre plus dans son champ d'application. C'est le cas notamment lorsque intervient une fusion, une cession, une scission ou un changement d'activité. Les effets de la mise en cause sont identiques à ceux de la dénonciation. La convention collective continue de s'appliquer jusqu'à l'entrée en vigueur de la convention collec-

1. Cass. soc., 23 janvier 1985, *Bull. civ.*, V, n° 49.
2. Cass. soc., 13 mars 2001, *Bull. civ.*, V, n° 90 ; Cass. soc., 15 mai 2001, *Bull. civ.*, V, n° 170 ; Cass. soc., 2 juillet 2003, *RJS*, 10/03, n° 1195.
3. Cass. soc., 13 mars 2001, *Bull. civ.*, V, n° 90.

tive qui lui est substituée ou à défaut, pendant un an à compter de l'expiration du délai de préavis. Au-delà, les salariés conservent les avantages individuels acquis en application de cette convention.

Les conventions collectives peuvent être à durée déterminée. La durée de la convention ne doit pas être supérieure à cinq ans. Elles expirent à l'arrivée de leur terme. Mais, si les parties n'ont pas prévu des modalités de reconduction ou de négociation, le texte continue de produire des effets. Il devient ainsi à durée indéterminée et est applicable jusqu'à sa dénonciation.

SECTION II
LES DIFFÉRENTS NIVEAUX DE NÉGOCIATION

La convention collective ou l'accord collectif peuvent être négociés au niveau de la branche (I) ou de l'entreprise (II). La négociation collective interprofessionnelle est également possible (III).

I. La convention collective ou l'accord collectif de branche

Les organisations liées par une convention de branche doivent négocier chaque année sur les salaires, tous les trois ans sur l'égalité professionnelle entre hommes et femmes et sur la formation professionnelle et au moins une fois tous les cinq ans sur les classifications professionnelles. Les organisations d'employeur doivent remettre aux organisations syndicales de salariés un rapport au moins quinze jours avant l'ouverture de la négociation. Ce rapport établit la situation économique et sociale de la branche et contient des informations relatives à la situation de l'emploi et à l'évolution des salaires moyens effectifs par catégorie et par sexe.

La convention collective de branche doit déterminer son champ d'application territorial et professionnel. L'employeur qui n'est pas membre du groupement qui a signé la convention n'est pas lié par celle-ci[1]. Par contre, s'il est membre du groupement signataire, il doit appliquer la convention dès lors que son entreprise se situe dans son champ d'application géographique et professionnel. L'applicabilité d'une convention de branche est déterminée en fonction de l'activité principale de l'entreprise[2]. C'est l'activité réelle de l'employeur[3] qui doit être prise en compte. La convention collective s'applique à tous les salariés de l'entreprise quel que soit leur métier

1. Ass. plén., *RJS,* 1990, n° 490 ; Cass. soc., 29 mai 1996, *Droit social,* 1996, 613 ; Cass. soc., 30 avril 2002, *Bull. civ.,* V, n° 140.
2. Cass. soc., 29 mai 2002, *RJS,* 8-9/02, n° 959.
3. Cass. soc., 19 juillet 1995, *RJS,* 10/95 ; Cass. soc., 30 mai 2000, *Bull. civ.,* V, n° 208 ; Cass. soc., 4 décembre 2001, *RJS,* 2/02, n° 204.

lorsque l'activité de l'entreprise entre dans le champ d'application professionnel de la convention. Mais la convention collective peut prévoir que pour certaines catégories de salariés une autre convention collective sera appliquée (par exemple pour les VRP. Dans ce cas particulier, l'activité professionnelle du salarié est essentielle pour déterminer la convention collective applicable[1]. Enfin, la convention collective ne s'applique que si l'entreprise se situe dans l'espace géographique couvert par celle-ci.

Un employeur qui n'est pas membre du groupement d'employeurs signataire ou qui n'entre pas dans le champ d'application géographique et professionnel de la convention peut toujours y adhérer. Cette adhésion doit être notifiée aux signataires de la convention et être déposée à la direction départementale du travail et au secrétariat-greffe du conseil de prud'hommes. Dans l'hypothèse où l'entreprise n'entre pas dans le champ d'application professionnel ou géographique, l'adhésion est subordonnée à l'agrément des organisations syndicales représentatives dans l'entreprise. En outre, un employeur peut en l'absence d'adhésion, choisir d'appliquer une convention collective qui n'est pas applicable. L'employeur doit alors manifester une volonté claire et non équivoque. Celle-ci peut résulter d'une mention dans le contrat de travail. Les droits issus de la convention collective s'incorporent alors dans le contrat. La jurisprudence considère également que la mention sur le bulletin de paie d'une convention collective « vaut reconnaissance de l'application de la convention collective à l'entreprise dans les relations individuelles de travail »[2]. Toutefois, la Cour de cassation a admis dans un arrêt du 15 novembre 2007 que l'employeur pouvait apporter la preuve contraire[3].

La convention collective ou l'accord collectif de branche peuvent être étendus ou élargis et s'appliquer ainsi de manière obligatoire à des tiers par définition non signataires. Une extension d'un acte collectif permet d'appliquer un régime conventionnel unique à l'ensemble d'une branche d'activité. La procédure d'extension appartient au ministre chargé du travail[4]. Si un accord collectif ou une convention collective ne peuvent être conclus par suite d'une carence des organisations syndicales et pour éviter tout vide conventionnel, le ministre du Travail peut également décider de rendre obligatoire un texte déjà étendu à un secteur d'activité ou à une profession à d'autres secteurs d'activité ou à d'autres professions en procédant à son élargissement.

1. Cass. soc., 2 mai 2000, *Bull. civ.,* V, n° 160.
2. Cass. soc., 16 novembre 1999, *Bull. civ.,* V, n° 295 ; Cass. soc., 18 juillet 2000, *Bull. civ.,* V, n° 295 ; Cass. soc., 10 janvier 2001, *RJS,* 3/01, n° 320 ; Cass. soc., 10 décembre 2002, *RJS,* 2/03, n° 221.
3. Cass. soc., 15 novembre 2007, *RJS,* 1/08, n° 54 : « Si, dans les relations collectives de travail, une seule convention collective est applicable, laquelle est déterminée par l'activité principale de l'entreprise, le salarié peut demander l'application de la convention collective mentionnée sur le bulletin de paie. Cette mention vaut présomption de l'applicabilité de la convention collective à son égard, l'employeur étant admis à apporter la preuve contraire. »
4. Le ministère du Travail procède par arrêté.

II. La convention collective ou l'accord collectif d'entreprise

La possibilité de négocier au niveau de l'entreprise est un principe fondamental du droit du travail. La négociation peut avoir lieu au niveau de l'entreprise mais également au niveau d'un établissement ou d'un groupe d'établissements d'une même entreprise (art. L. 2232-16 du Code du travail). Les accords de groupe d'entreprise sont également possible (art. L. 2232-11 du Code du travail). Un tel accord doit déterminer son champ d'application qui peut tout ou partie seulement des entreprises constituant le groupe. Cet accord est négocié par l'employeur de l'entreprise dominante ou par un ou plusieurs représentants, mandaté à cet effet, des différents employeurs entrant dans son champ d'application. Toutes les organisations syndicales représentatives dans le groupe doivent participer à la négociation.

La loi Fillon du 4 mai 2004 a consacré la négociation dérogatoire. Dans les entreprises dépourvues de délégués syndicaux ou de délégués du personnel en faisant fonction, les représentants élus au comité d'entreprise ou à défaut les délégués du personnel peuvent être habilités par un accord de branche à négocier et conclure des accords d'entreprise ou d'établissement (art. L. 2232-23 du Code du travail). Ces accords doivent être approuvés par une commission paritaire de branche. Dans les entreprises dépourvues de toute institution représentative du personnel, l'accord de branche peut autoriser la négociation et la conclusion d'accords d'entreprise ou d'établissement par un ou plusieurs salariés expressément mandatés pour une négociation déterminée par une organisation syndicale représentative au plan national (art. L. 2232-25 du Code du travail). L'employeur doit informer les unions locales ou départementales de syndicats de sa décision d'engager des négociations et un seul salarié peut être mandaté par une même organisation syndicale. Ce salarié mandaté bénéficiera d'un statut protecteur. L'accord une fois conclu doit être approuvé à la majorité des suffrages exprimés par référendum organisé auprès des salariés. La négociation dérogatoire n'est possible que s'il existe une clause l'autorisant dans une convention ou un accord de branche étendu. Cette clause doit préciser la liste des thèmes qui peuvent faire l'objet d'une négociation dérogatoire, les conditions de majorité pour que l'accord soit conclu, les conditions du mandat de négociation et les modalités de suivi des accords ainsi conclus.

La loi Fillon a également considérablement étendu les possibilités de déroger à la loi et aux conventions de niveau supérieur par la négociation d'entreprise. Ainsi, dans les domaines précisément définis par la loi, une convention d'entreprise peut contenir des dispositions moins favorables que la loi ou les conventions de niveau supérieur. Ces dérogations portent gravement atteintes au principe d'ordre public social. Les dérogations à la loi concernent principalement les salaires, la durée du travail et l'emploi précaire. S'agissant des dérogations aux conventions collectives de niveau supérieur, le principe de faveur ne s'applique plus qu'aux salaires minima, aux classifications, à la protection sociale complémentaire et à la mutualisation des fonds destinées à la formation professionnelle. Sur tous les autres thèmes, la convention d'entreprise peut prévoir des dispositions moins favorables que celles de branche.

Selon l'article L. 2242-1 du Code du travail, « dans les entreprises où sont constituées une ou plusieurs sections syndicales d'organisations représentatives (...), l'employeur est tenu d'engager chaque année une négociation ». C'est à l'employeur de prendre l'initiative de la négociation. En cas de carence de l'employeur pendant plus de douze mois suivant la précédente négociation, une organisation syndicale représentative peut demander l'engagement d'une négociation. Chaque année, la négociation est obligatoire sur les salaires effectifs, la durée effective du travail, l'organisation du temps de travail, les objectifs en matière d'égalité professionnelle entre hommes et femmes dans l'entreprise ainsi que les mesures permettant de les atteindre. Tous les trois ans, l'obligation de négocier porte sur les questions de l'accès et du maintien dans l'emploi des salariés âgés et de leur accès à la formation professionnelle. Chaque année, l'employeur doit engager des négociations sur les thèmes de la mise en place d'un régime de prévoyance maladie, d'un système d'intéressement, de participation financière ou d'épargne d'entreprise en l'absence d'accord applicable sur ces sujets.

III. L'accord interprofessionnel

Le champ d'application des accords interprofessionnels peut être national, régional ou local (art. L. 2232-2 du Code du travail). Les accords interprofessionnels prévoient en faveur des salariés d'entreprises participant aux négociations des dispositions concernant les modalités d'exercice du droit de s'absenter, la compensation des pertes de salaires ou le maintien de ceux-ci et l'indemnisation des frais de déplacements (art. L. 2232-3 du Code du travail).

Les accords nationaux interprofessionnels sont conclus entre les organisations patronales et les confédérations syndicales. La négociation au niveau national interprofessionnel s'est considérablement développée. Les thèmes sont variés : congés payés (ANI du 20 mai 1965, emploi, ANI du 10 février 1969), mensualisation (ANI du 10 décembre 1977), durée du travail (ANI du 21 mars 1989), formation professionnelle (ANI du 9 juillet 1970, du 3 juillet 1991 et du 20 septembre 2003)... Ces accords permettent de préparer, voire d'accompagner les réformes législatives. Les accords nationaux interprofessionnels peuvent également faire l'objet d'une procédure d'élargissement ou d'extension.

Le législateur tente de favoriser l'élaboration d'accords professionnels, interprofessionnels ou interentreprises au niveau territorial : il permet en l'absence d'institutions représentatives du personnel d'instituer des commissions paritaires professionnelles ou interprofessionnelles au plan local, départemental ou régional. Chaque commission paritaire est créée par un accord collectif conclu entre les chefs d'entreprise concernés ou leurs représentants et les organisations syndicales représentatives. Cet accord doit déterminer le statut des salariés appelés à participer aux travaux de la commission (protection contre le licenciement, droit de s'absenter...). Ces commissions peuvent examiner les réclamations individuelles ou collectives des salariés ainsi que toute autre question relative à leurs conditions d'emploi et de travail. De plus, elles négocient et concluent des accords d'intérêt local, notamment en matière d'emploi et de formation continue.

3

Les conflits collectifs

La grève a marqué l'histoire des luttes sociales. Elle a constitué pendant longtemps une faute civile justifiant la rupture du contrat de travail et ce malgré l'abolition du délit de coalition par la loi Émile Ollivier du 25 mai 1864. Elle est devenue une liberté publique inscrite dans le préambule de la Constitution de 1946. La grève est une liberté à valeur constitutionnelle. Le préambule de la Constitution de 1946 affirme qu'elle s'exerce « dans le cadre des lois qui la réglementent ». Cependant, le Code du travail ne définit pas la grève et ne fixe pas les limites de cette liberté. Il n'existe qu'une loi qui réglemente l'exercice du droit de grève dans les services publics et depuis peu une loi relative à la continuité du service public dans les transports terrestres réguliers de voyageurs. Ainsi, le droit de la grève est essentiellement jurisprudentiel (sect. I) même si le législateur est intervenu récemment pour réglementer avec précision la grève dans les entreprises de transports terrestres de voyageur en instaurant un principe de continuité du service public dans ce secteur (sect. II).

SECTION I
LE DROIT DE LA GRÈVE

La définition de la grève émane de la jurisprudence (I). De même, l'exercice du droit de grève est essentiellement soumis à des règles jurisprudentielles (II). Pour assurer l'effectivité du droit de grève, notre droit assure la protection des salariés grévistes (III).

I. La définition de la grève

La jurisprudence a défini la grève comme une interruption de travail collective et concertée en vue d'obtenir la satisfaction de revendication de caractère professionnel. L'interruption du travail signifie que le travail doit totalement cesser. Il ne doit pas s'agir seulement d'un ralentissement de la production ou de l'inexécution d'une partie des obligations contractuelles.

De plus, le droit de grève constitue un droit individuel mais il ne peut s'exercer que de façon collective et concertée sauf si l'entreprise ne compte qu'un seul salarié[1]. Un seul salarié peut être qualifié de gréviste s'il répond à un mot d'ordre national ou régional. Par contre un salarié qui cesserait le travail dans une entreprise d'au moins deux salariés pour un motif qui ne serait pas collectif (comme un rappel de salaire) n'est pas gréviste.

Enfin, le mouvement doit avoir pour objet la défense d'intérêts professionnels. Le fait de cesser le travail pour répondre à l'appel d'un syndicat qui s'oppose à une politique sociale émanant du gouvernement ou de l'employeur constitue l'expression d'une solidarité professionnelle[2]. Par contre, l'arrêt du travail dans le but de soutenir un salarié de l'entreprise qui a subi une sanction injustifiée n'est pas une grève en l'absence d'intérêt collectif à défendre[3]. Il en est autrement si un intérêt collectif peut se dégager. C'est notamment le cas si les arrêts de travail ont lieu en raison du licenciement de plusieurs salariés qui ont refusé le fractionnement de leurs congés[4] ou en cas de licenciement économique concernant l'emploi de tout ou partie du personnel[5].

II. L'exercice du droit de grève

La loi du 31 juillet 1963 concernant la grève dans les services publics impose un préavis obligatoire et motivé de cinq jours déposé par une organisation syndicale représentative (art. L. 2512-2 du Code du travail). Ce préavis permet de mettre en place un service minimum pour assurer la continuité du service public. La loi du 19 octobre 1982 lui a attribué une autre finalité : favoriser le règlement du conflit par la négociation à la charge des parties intéressées. Cette obligation a pour objet de résoudre le conflit et d'éviter ainsi le déclenchement de la grève. La loi du 21 août 2007 sur le dialogue social et la continuité du service public dans les transports terrestres réguliers de voyageurs[6] apporte une modification importante aux règles qui régissent le préavis dans le secteur public. Lorsqu'un préavis a été déposé par une ou plusieurs organisations syndicales représentatives, un nouveau préavis ne

1. Cass. soc., 13 novembre 1996, *RJS*, 12/96, n° 1312 ; J. Savatier, « Un salarié isolé peut-il user du droit de grève à l'appui d'un revendication individuelle ? », *RJS*, 1/97, 8.
2. J.-J. Dupeyroux, *Droit social*, 1988, 621.
3. Cass. soc., 16 novembre 1993, *Droit social*, 1994, 35, rap. Ph. Waquet et note J.-E. Ray ; Cass. soc., 18 janvier 1995, *Droit social*, 1996, 204.
4. Cass. soc., 27 novembre 1985, *Droit social*, 1986, 132, obs. J. Deprez.
5. Cass. soc., 22 novembre 1995, *RJS*, 1/96, n° 61.
6. Loi n° 2007-1224, 21 août 2007, *JO*, 22 août 2007, *JCP S*, 2007, 1663.

peut être déposé par la ou les mêmes organisations et pour les mêmes motifs qu'à l'issue du délai de préavis en cours. Cette nouvelle disposition n'empêche pas le dépôt de préavis successifs par les organisations syndicales différentes ou des dépôts successifs fondés sur des motifs différents.

En dehors des services publics, la grève suppose que l'employeur ait connaissance des revendications professionnelles des salariés. La revendication doit être préalable et connue de l'employeur. Mais il n'existe aucune obligation de déposer un préavis de grève. Il n'est pas nécessaire que l'employeur ait refusé de satisfaire la revendication en question[1]. Les grèves tournantes qui n'ont pas lieu dans le service public sont admises quels que soient leur durée ou le nombre de participants. Ces mouvements particulièrement efficaces sont licites à condition qu'ils n'entraînent pas une désorganisation de l'entreprise[2].

Pendant la grève, l'employeur doit fournir du travail aux salariés non grévistes. À défaut, il doit les indemniser pour leur perte de salaire. L'employeur peut leur demander effectuer des tâches différentes de celles qu'ils assument habituellement. Il peut avoir recours à la sous-traitance ou au bénévolat pour assurer la continuité de l'activité[3]. Mais, le recours à des contrats à durée déterminée ou à du travail intérimaire n'est pas possible.

La grève peut s'accompagner de l'occupation de l'entreprise : les grévistes restent présents dans l'entreprise même en dehors du temps de travail. Les grévistes mettent alors très souvent en place des piquets de grève qui contrôlent les entrées, voire interdisent l'accès à toute personne non gréviste. Le chef d'entreprise peut alors demander en référé au tribunal de grande instance de faire cesser le trouble en prenant une ordonnance d'expulsion. Lorsque l'occupation porte atteinte à la liberté du travail et à la liberté d'entreprendre, le juge prend une ordonnance d'expulsion pour faire cesser ce trouble manifestement illicite. Le juge peut également nommer un expert pour déterminer si les parties ont commencé une négociation. L'autorité administrative peur refuser de prêter main forte lorsque le concours de la force publique est de nature à cause une atteinte grave à l'ordre public. La responsabilité de l'État peut être engagée si « la situation s'est prolongée au-delà du délai normal dont l'administration dispose compte tenu des circonstances de la cause pour exercer son action », en l'absence même de faute lourde[4].

Le lock-out, c'est-à-dire la fermeture préventive ou répressive de tout ou partie de l'entreprise afin de faire pression sur le conflit collectif est interdit. En effet, le lock-out a pour but de faire échouer la grève et porte donc atteinte à la liberté pour les travailleurs de faire grève. Il entrave également la liberté du travail des non-grévistes qui restent à la disposition de l'employeur. Le lock-out constitue une faute contractuelle. L'employeur peut être condamné à verser le salaire aux non-grévistes. Par contre,

1. Cass. soc., 11 juillet 1989, *RJS,* 10/89, n° 794 ; Cass. soc., 22 novembre 1995, *D.,* 1996, IR, 5.
2. Cass. soc., 7 avril 1993, *Droit social,* 1993, 607 ; Cass. soc., 18 janvier 1995, *Droit social,* 1995, 183, rap. Ph. Waquet ; Ph. Waquet, « La grève, les mouvements illicites et l'abus du droit de grève », *RJS,* 3/95, 139.
3. Cass. soc., 11 janvier 2000, *RJS,* 2/00, n° 203.
4. CE, 8 décembre 1989, *RJS,* 3/90, n° 242.

lorsque le conflit s'enlise, l'employeur peut faire appel au chômage technique. La fermeture temporaire de tout ou partie de l'entreprise est licite si elle n'a pas pour but de porter atteinte au droit de grève. La fermeture peut se justifier par le risque d'atteinte à l'ordre et à la sécurité lorsque des troubles graves et des menaces révèlent un risque d'atteinte à l'intégrité physique et aux biens[1]. La fermeture temporaire de l'entreprise entraîne la perte de salaire pour les non-grévistes même s'il restent éventuellement à la disposition de l'employeur.

Il existe plusieurs pratiques pour résoudre des conflits collectifs. D'abord, la conciliation permet de sortir d'un conflit. Le procès-verbal de conciliation a valeur d'accord collectif. Les commissions de conciliation sont tripartites car les pouvoirs publics y participent. Le recours à la conciliation est facultatif. Ensuite, l'arbitrage comme la conciliation est une technique qui peut être envisagée mais qui rencontre peu de succès. Il suppose un accord commun entre les partenaires. L'arbitre est un juge désigné par les parties qui tranche le différent. L'arbitre statue en droit ou en équité selon la nature des conflits. La sentence arbitrale peut faire l'objet d'un recours devant la Cour supérieure d'arbitrage. En outre, la médiation peut être utilisée à l'initiative du ministre dans les grands conflits lorsque la situation est bloquée. Enfin, les partenaires peuvent avoir recours à la médiation judiciaire qui consiste à porter le conflit collectif en référé devant le tribunal de grande instance. L'accord des parties est encore nécessaire. La négociation dans l'entreprise permet de prévenir les conflits collectifs mais également de les régler. La grève prend souvent fin avec la signature d'un procès-verbal de fin de conflit ou un protocole d'accord. Ces protocoles règlent notamment les questions disciplinaires du conflit et celle du paiement de tout ou partie des salaires.

III. La protection des salariés grévistes

Le salarié ne bénéficie du statut protecteur que si le mouvement est qualifié de grève. Dans une telle hypothèse, la grève entraîne la suspension du contrat de travail. L'employeur n'a pas l'obligation de verser le salaire correspondant à la période de grève en l'absence de contrepartie. Toutefois, les salariés grévistes ont droit à une indemnité compensatrice de salaire pour le temps de la grève lorsqu'ils se trouvent en face d'une « situation contraignante telle qu'ils ont été obligés de cesser le travail pour faire respecter leurs droits essentiels, directement lésés par suite d'un manquement grave et délibéré de l'employeur à ses obligations »[2]. La situation contraignante peut être constituée par le non-paiement injustifié du salarié qui constitue une atteinte à un droit essentiel de nature alimentaire[3], le manquement grave aux règles d'hygiène et

1. Cass. soc., 21 mars 1990, *RJS,* 5/90, n° 420.
2. Cass. soc., 11 décembre 1985, *Bull. civ.,* V, n° 601 ; Cass. soc., 27 novembre 1990, *RJS,* 1/91, n° 77.
3. Cass. soc., 21 mai 1997, *RJS,* 7/97, n° 854.

de sécurité... Dans cette dernière hypothèse, les salariés peuvent aussi user du droit de retrait lorsqu'il est raisonnable de penser que la situation de travail présente un danger grave et imminent pour la santé (art. L. 4131-1 du Code du travail). Les salariés qui ont légitimement usé de leur droit de retrait ne peuvent subir une perte de salaire.

Aux termes de l'article L. 2511-1 du Code du travail, « la grève ne rompt pas le contrat de travail sauf faute lourde imputable au salarié ». Aucune faute ne peut être imputée au salarié gréviste en raison de l'inexécution de ses obligations. L'employeur ne peut infliger une sanction disciplinaire au salarié gréviste quelle qu'elle soit (avertissement, mise à pied...) pour fait de grève sauf si le salarié commet une faute lourde[1]. Celle-ci est la plus grave des fautes. Par exemple, la participation à un barrage pour empêcher tout véhicule de pénétrer dans l'enceinte d'une clinique[2], la rétention des clés de contact en cas de grève d'ambulanciers constituent des fautes lourdes. La jurisprudence exige une participation personnelle, volontaire et active du salarié aux faits illicites[3]. C'est notamment le cas lorsqu'un salarié s'oppose au passage de non-grévistes ou commet des violences volontaires à l'égard de non-grévistes. Par contre, si le salarié ne fait que participer à un piquet maintenu malgré une ordonnance d'expulsion ou s'il ne fait que participer à l'occupation des locaux, la faute lourde n'est pas constituée.

Dans un premier temps, la Cour de cassation jugeait que le licenciement d'un salarié gréviste en l'absence de faute lourde donnait seulement droit à des dommages et intérêts[4]. Mais, désormais tout licenciement pour fait de grève en l'absence de faute lourde est nul de plein droit (art. L. 2511-1 du Code du travail). Le salarié peut alors demander sa réintégration dans l'entreprise. Celle-ci peut être ordonnée en référé en raison du trouble manifestement illicite qui constitue la violation de l'article L. 2511-1 du Code du travail[5]. Le salarié peut également demander le paiement d'une indemnité compensant la perte de salaire entre le jour où le licenciement a été notifié et le jour où sa réintégration est effective.

SECTION II
LA CONSÉCRATION DU PRINCIPE DE CONTINUITÉ DU SERVICE PUBLIC DANS LES TRANSPORTS TERRESTRES RÉGULIERS DE VOYAGEURS

La loi du 21 août 2007 sur le dialogue social et la continuité du service public dans les transports terrestres réguliers de voyageurs[6] a pour objet de prévenir les conflits collectifs dans les transports terrestres de voyageurs et d'y mettre en œuvre un ser-

1. Cass. soc., 7 juin 1995, *Droit social,* 1995, 837.
2. Cass. soc., 5 décembre 1989, *RJS,* 1990, n° 59.
3. CE, 6 mars 2002, *RJS,* 6/02, n° 699.
4. Cass. soc., 31 mars 1982, *Bull. civ.,* V, n° 246.
5. Cass. soc., 28 avril 1994, *Droit social,* 1994, 719.
6. Loi n° 2007-1224, 21 août 2007, *JO,* 22 août 2007, *JCP S,* 2007, 1663.

vice garanti. Cette loi instaure des dispositifs de prévention de conflits collectifs (I) et de mise en ouvre d'un service garanti (II). Il n'existait avant cette loi que quelques réglementations spéciales qui imposait un service minimum dans très peu de secteurs : les établissements et organismes publics de radiodiffusion et de télévision, contrôle aérien, service public hospitalier, centrales nucléaires.

I. La prévention des conflits collectifs

Cette loi s'applique aux services publics de transport terrestre régulier de personnes à vocation non touristique. L'entreprise de transport est définie comme « toute entreprise ou régie chargée d'une mission de service public de transport terrestre ». Les transports de marchandises et les autres modes de transport de personnes, maritimes et aériens sont exclus du champ d'application de la loi. Il est fait référence au transport « à vocation non touristique » ce qui signifie que le tourisme ne doit pas être la vocation exclusive ou principale du service public en question. Ce dernier doit couvrir les besoins essentiels de la population. La loi vise les transports « régulier » ce qui suppose des dessertes périodiques, avec des dates et des heures fixées préalablement et portée à la connaissance du public.

L'article 2 de la loi du 21 août 2007 pose une nouvelle obligation de négocier au niveau de l'entreprise et au niveau de la branche en vue de la conclusion d'un accord organisant une procédure de prévention des conflits. En l'absence d'accord d'entreprise ou de branche, un décret en Conseil d'État doit intervenir pour mettre en place le dispositif de prévention. La loi instaure une obligation de négocier à la fois au niveau de l'entreprise et de la branche. Mais la négociation au niveau de l'entreprise est favorisée. En effet, l'accord-cadre conclu dans l'entreprise a seul vocation à s'appliquer. Ce n'est que si aucun accord d'entreprise n'a pu être signé que l'accord de branche trouvera application.

Il existe une réelle obligation de négocier. L'employeur doit réunir l'ensemble des organisations représentatives de l'entreprise ayant vocation à signer un tel accord. L'objet de la négociation est la signature d'un accord-cadre organisant une procédure de prévention des conflits et tendant à développer le dialogue social. Le dépôt d'un préavis de grève ne peut intervenir qu'après une négociation préalable et que l'accord-cadre d'entreprise « fixe les règles d'organisation et de déroulement de cette négociation ». L'accord-cadre a donc pour objet d'organiser les conditions de la négociation avant le dépôt d'un préavis de grève. Cet accord-cadre devra être respecté par tous les syndicats qui envisagent de déposer un préavis de grève même s'ils ne sont pas signataires de cet accord. Les négociations doivent être également engagées au niveau de la branche avec le même objet que la négociation d'entreprise : l'organisation d'une procédure de prévention des conflits et le développement du dialogue social. L'obligation de négocier avant tout dépôt de préavis est une condition pour la validité du dépôt de préavis lui-même. L'article 2, I, alinéa 1er de la loi dispose : « Le dépôt de préavis ne peut intervenir qu'après une négociation préalable entre l'employeur et la ou les organisations syndicales représentatives qui envisagent de déposer le préavis. »

L'accord-cadre doit fixer les règles relatives à l'ouverture de la négociation préalable au dépôt du préavis, son déroulement et ses suites. L'accord-cadre, l'accord de branche ou le décret doivent préciser les conditions dans lesquelles une organisation syndicale représentative procède à la notification à l'employeur des motifs pour lesquels elle envisage de déposer un préavis de grève conformément à l'article L. 2512-2 du Code du travail. Auparavant, l'employeur n'avait connaissance des motifs de la grève qu'au moment du préavis qui doit être motivé. Ainsi, en notifiant à l'employeur les motifs pour lesquels la grève est envisagée, le syndicat prend l'initiative de l'ouverture d'une négociation préalable. À partir de cette notification, l'employeur dispose d'un délai qui doit être fixé par l'accord-cadre d'entreprise (ou l'accord de branche ou le règlement) à l'issue duquel il est tenu de réunir les organisations syndicales représentatives qui ont procédé à cette notification. Ce délai ne doit pas dépasser trois jours.

L'accord-cadre doit également prévoir les conditions dans lesquelles la négociation préalable se déroulera[1] (notamment le nombre et la fréquence des réunions) et « les informations qui doivent être transmises par l'employeur aux organisations syndicales représentatives qui ont procédé à la notification en vue de favoriser la réussite du processus de négociation, ainsi que le délai dans lesquels ces informations doivent être fournies »[2]. L'employeur doit organiser la première réunion dans un délai qui doit être fixé par l'accord-cadre et qui ne doit pas être supérieur à trois jours à compter de la notification. L'accord-cadre doit également déterminer la durée dont les parties disposent pour conduire la négociation préalable. Cette durée ne peut dépasser huit jours francs, à compter de la notification des motifs. Enfin, l'accord-cadre doit déterminer « les modalités d'élaboration du relevé de conclusion de la négociation préalable ainsi que les informations qui doivent y figurer »[3]. La négociation ne doit pas nécessairement déboucher sur la conclusion d'un accord dans les délais prévus. Elle a seulement pour but d'éviter le déclenchement de la grève. En cas d'échec de la négociation préalable, un préavis de grève pourra être déposé à l'expiration du délai de négociation prévu par l'accord-cadre (au plus tard huit jours francs à compter de la notification des motifs).

Enfin, l'accord-cadre doit préciser les conditions dans lesquelles les salariés sont informés des motifs du conflit, de la position de l'employeur, de la position des organisations syndicales représentatives qui ont procédé à la notification ainsi que les conditions dans lesquelles ils reçoivent communication du relevé de conclusions de la négociation préalable.

1. Article 2, II, alinéa 5 de la loi.
2. Article 2, II, alinéa 4 de la loi.
3. Article 2, II, alinéa 6 de la loi.

II. L'instauration d'un service garanti

Les autorités organisatrices de transport (AOT) tiennent une place essentielle dans la mise en œuvre du service garanti. L'AOT est définie comme « toute collectivité publique, groupement de collectivités publiques ou établissement public compétent, directement ou par délégation, pour l'institution et l'organisation d'un service public de transport terrestre régulier de personnes (...) »[1]. L'AOT doit définir les contours du service à garantir en cas de perturbation du trafic. Ces perturbations proviennent des grève mais également de plans de travaux, de certains incidents techniques ou aléas climatiques et de tout événement dont l'existence a été portée à la connaissance de l'entreprise depuis 36 heures. L'AOT doit déterminer les dessertes prioritaires, les niveaux de service[2] et pour chaque niveau les fréquences et les plages horaires. Le service garanti doit assurer les besoins essentiels de la population, garantir l'accès au service public de l'enseignement les jours d'examens nationaux et prendre en compte les besoins particuliers des personnes handicapées.

Le représentant a également un rôle à jouer dans la mise en œuvre du service garanti. Le représentant de l'État est tenu informé par l'AOT de la définition des dessertes et des niveaux de service. En cas de carence de l'AOT, et après mise en demeure, il peut prendre la décision de définir lui-même les priorités de desserte ou approuver à la place de l'AOT, les plans proposés par l'entreprise de transport dans le cadre de ses missions propres. L'entreprise de transport doit établir des plans unilatéraux de transport adapté aux priorités de desserte et aux niveaux de service définis par l'AOT en précisant pour chaque niveau de service, les plages horaires et les fréquences à assurer ainsi qu'un plan d'information des usages. Ces plans doivent faire l'objet d'une consultation des représentants du personnel et être rendus publics. Lorsque ce plan n'est pas exécuté et que l'entreprise de transport est directement responsable de cette inexécution, l'AOT peut imposer à cette entreprise un remboursement total des titres de transport aux usagers. L'usager qui n'a pas pu utiliser le moyen de transport pour lequel il a contracté un abonnement ou acheté un titre de transport peut demander la prolongation de son abonnement, l'échange ou le remboursement de son titre de transport.

1. La loi tient compte des compétences désormais reconnues aux AOT pour l'organisation des transports publics, notamment par la loi du 30 décembre 1982 d'orientation des transports intérieurs et par la loi SRU du 13 décembre 2000 qui ont considérablement accru les compétences de ces collectivités chargées, dans le cadre de conventions d'exploitation conclues avec les entreprises, à la fois de définir l'offre de transport (horaires, fréquences, détermination des lignes, politique tarifaire), de financer les équipements et de réglementer et contrôler les activités de transport.

2. Le niveau minimal de service doit être évalué dans le respect du principe de proportionnalité. Il faut éviter « que soit portée une atteinte disproportionnée à la liberté d'aller et venir, à la liberté d'accès aux services publics, à la liberté du travail, à la liberté du commerce et de l'industrie et à l'organisation des transports scolaires ».

Ensuite, l'AOT doit engager des négociations dans le but de conclure un accord de prévisibilité. À défaut d'un tel accord, un plan unilatéral de prévisibilité doit être adopté par l'employeur. Ce plan de prévisibilité qu'il soit conventionnel ou unilatéral doit comporter deux parties. La première partie contient les catégories d'agents et leurs effectifs par métier, fonction et niveau de compétence ou de qualification ainsi que les moyens matériels indispensables à l'exécution des niveaux de service prévus. Dans la seconde partie, le plan doit déterminer les conditions dans lesquelles l'organisation du travail pourra être révisée et les personnels disponibles[1] réaffectés pour permettre la mise en œuvre du plan.

Les salariés qui ont été désignés dans le plan conventionnel ou unilatéral de prévisibilité du service comme étant indispensables à l'exécution du plan de transport doivent informer le chef d'entreprise de leur intention de participer au mouvement de grève au plus tard 48 heures avant cette participation[2]. Même si le salarié a informé l'employeur de son intention de participer à la grève, il peut décider de renoncer à cette participation. L'employeur sera alors obligatoirement contraint de fournir un travail à ce non-gréviste et de le rémunérer. Le salarié qui ne respecte pas son obligation d'information préalable dans les conditions prévues peut faire l'objet d'une sanction disciplinaire.

Par ailleurs, dès le début de la grève, les parties peuvent désigner un médiateur, choisi d'un commun accord, pour tenter de régler de manière amiable leurs différends. La procédure de médiation ne peut être utilisée qu'après l'échec d'une conciliation. Le médiateur aura les mêmes pouvoirs que ceux attribués à tout médiateur par l'article R. 2523-3 du Code du travail.

1. En cas de grève, les personnels disponibles sont les salariés non grévistes.
2. Le délai de 48 heures s'apprécie par rapport à la participation individuelle du salarié et non par rapport à la date de déclenchement de la grève.

Bibliographie

Ouvrages généraux

Favennec-Héry F., Verkindt P.-Y., *Droit du travail,* Paris, LGDJ, 2007.
Jeammaud A., Pélissier J., Supiot A., *Droit du travail,* Paris, Dalloz, 23e éd., 2006.
Marchand D., *Le droit du travail en pratique,* Paris, Éd. d'Organisation, 2005.
Mazeaud A., *Droit du travail,* Paris, Montchrestien, 4e éd., 2004.
Ray J. E., *Droit du travail, droit vivant,* Paris, Liaisons, 2008.
Supiot A., *Le droit du travail,* Paris, PUF, 2007.
Teyssié B., *Droit européen du travail,* Paris, Litec, 2007.

Ouvrages spéciaux

Albou P., *L'homme au travail. Les relations humaines dans l'entreprise,* Paris, Dunod, 1991.
Barbier J.-C., Nadel H., *La flexibilité du travail et de l'emploi,* Paris, Flammarion, 2000.
Baudelot C., Gollac M., *Travailler pour être heureux ?,* Paris, Fayard, 2003.
Cohen D., *Nos temps modernes,* Paris, Flammarion, 2002.
Durkheim É., *De la division du travail social,* rééd., Paris, PUF, 2004.
Kerboat J., Boutet J., Jacot H., Linhart D., *Le monde du travail,* Paris, La Découverte, 1998.
Le Crom J.-P., *Deux siècles de droit du travail. L'histoire par les lois,* Paris, Éd. de l'Atelier, 1998.
Le Goff J., *Du silence à la parole,* Rennes, PUR, 2004.
Mialon M.-F., *Les pouvoirs de l'employeur,* Paris, LGDJ, 1996.
Supiot A., *Au-delà de l'emploi. Rapport pour la Commission européenne,* Paris, Flammarion, 1999 ; *Critiques du droit du travail,* Paris, PUF, 2007.

Imprimé en France
par MD Impressions
73, avenue Ronsard, 41100 Vendôme
Janvier 2009 — N° 54 881